_____ 님의 소중한 미래를 위해
이 책을 드립니다.

혼돈의 시대, 경제의 미래

한국의 경제리더 곽수종 박사의 경제강의노트

혼돈의 시대, 경제의 미래

곽수종 지음

THE FUTURE OF THE ECONOMY

메이트북스 우리는 책이 독자를 위한 것임을 잊지 않는다.
우리는 독자의 꿈을 사랑하고,
그 꿈이 실현될 수 있는 도구를 세상에 내놓는다.

혼돈의 시대, 경제의 미래

초판 1쇄 발행 2021년 7월 30일 **ǀ 초판 3쇄 발행** 2022년 1월 10일 **ǀ 지은이** 곽수종
펴낸곳 ㈜원앤원콘텐츠그룹 **ǀ 펴낸이** 강현규 · 정영훈
책임편집 안정연 **ǀ 편집** 오희라 **ǀ 디자인** 최정아
마케팅 김형진 · 차승환 **ǀ 경영지원** 최향숙 **ǀ 홍보** 이선미 · 정채훈
등록번호 제301-2006-001호 **ǀ 등록일자** 2013년 5월 24일
주소 04607 서울시 중구 다산로 139 랜더스빌딩 5층 **ǀ 전화** (02)2234-7117
팩스 (02)2234-1086 **ǀ 홈페이지** matebooks.co.kr **ǀ 이메일** khg0109@hanmail.net
값 16,000원 **ǀ ISBN** 979-11-6002-340-4 03320

세상에서 가장 오래 생존하는 종족은
가장 강한 자도 똑똑한 자도 아닌
변화에 가장 빨리 대응하는 자다.

・ 찰스 다윈(영국의 생물학자) ・

한국경제의 미래를 말한다

▌변화를 두려워해서는 안 된다

역사에는 공백이 없다. 보이저(Voyager)호가 40여 년 전 지구를 출발해 우주로 나아간 건 새로운 시간과 공간을 매우 극미세하게 채우는 작업이다. 보이저호는 우주가 아직도 팽창하고 있다는 증거를 보내고 있다. 보이저호가 날아가는 방향이 미래이든 과거이든 시공간 여행은 항상 어떤 '흔적'을 남기게 마련이다.

역사는 이런 시공간 여행의 자취를 말한다. 이를 과학기술적으로 표현할 때 '데이터'라 부른다. 데이터 용량이 매우 클 때를 '빅데이터(big data)'라고 하는데, 얼마나 큰 데이터를 빅데이터라고 하는지에 대한 표준은 없다. 다만 데이터의 규모와 범위 및 밀집도가 커질수록 좋다. 인간의 변화, 특히 의식주와 같은 소비와 소유 등에 대한 본능 욕구는 그다지 큰 차이를 보이지 않기 때문이다.

　과거 사례로 미루어볼 때 하나의 '사건(event)'이 일어날 확률을 계산하고, 그 가능성을 바탕으로 다양한 시나리오와 대응책을 강구할 수 있다. 그래서 100%라고 말하기는 어렵지만 '일어날 확률이 높다'고 표현할 수는 있다.

　'변화'를 처음 맞닥뜨리면 두렵지만 변화를 두려워해서는 새로움을 추구할 수 없다. 강한 자에게는 변화가 두려움이 아니라 어깨 위에 잠시 내려앉은 가벼운 솜털 같은 것이라고 한다. 온갖 기득권과 텃세를 이기고 새로운 길을 개척해낼 때 지도자는 리더십을 인정받고 '영웅'으로 칭송받을 수 있다.

　경제는 사회과학의 한 분야다. 사회과학은 자연과학과 달리 사람 사는 세상 이야기를 연구하고 분석하는 학문이다. 인문학은 자연과학과 사회과학을 이어주는 교량 역할로 보인다. 딱딱한 사회과학적 표현을 바람 소리와 새 소리로 은유해 묘사한다거나, 자연의 섭리를 사회 규범과 제도, 규칙 등으로 만들어 서로 다른 관심과 욕망을 가진, 즉 이해관계가 서로 다른 구성원의 공감대를 만들어낸다. 그것을 교육과 홍보를 통해 하나의 공동체적 기능을 활성화하도록 풀어놓는다. 이런 활동이 학문적으로 '철학' 혹은 '사상' 등으로 묘사되기도 한다.

　사회과학과 자연과학 모두 '과학'이라는 공통어가 붙는다. 그 이유는 분석과 판단의 정밀성을 의미하기 때문이다. 하지만 사실상 사회과학이나 자연과학은 하나의 원리를 가지고 있다. 물리학의 여러 이론과 모델이 경제학의 모델로서 응용 및 활용된다.

경제란 포괄적인 의미에서 사회, 환경, 정치, 외교, 안보 등 모든 인간 활동의 종합적 결과물이다. 오케스트라의 마에스트로와도 같다. 즉, 마에스트로는 서로 다를 수밖에 없는 각 도시별, 나라별, 악기별 각각의 문화와 음색을 하나의 조화로운 향연으로 이끌어 낸다. 경제는 이와 같다. 정부, 기업, 가계 등 경제주체들이 갖는 서로 다른 개성과 특징을 사회, 문화, 정치, 환경 등의 다양한 변수들의 조합으로 하나의 조화로운 질서구조를 찾아 내는 것이다. 자본주의, 사회주의, 또는 혼합경제질서 역시 서로 다른 오케스트라의 연주인 셈이다. 어느 연주가 더 관중들에게 호소력 있고, 가까이 다가갈 것인가는 연주 중에 또는 후에 느끼는 여운으로 결정된다.

경제 오케스트라가 연주되는 공연장을 '시장'이라고 한다. 시장은 모든 정보의 공유처이기도 하지만, 반드시 모든 정보가 시장 참여자 모두에게 골고루 투명하게 공유되지는 않는다. 이것을 두고 수많은 경제학 이론이 나오기도 한다. 현실적으로 정보 공유는 제한적이다. 누구나 정보를 똑같이 가지고 있으면 아이러니하게도 시장 활동은 무의미하다.

따라서 이런 정보의 차이, 즉 경제활동에서 모든 참여자가 서로 주고받을 수 있는 내용에 대한 차이가 존재해야 하고, 그 차이를 통해 소위 경제활동이 이루어진다. 이런 정보의 '크기(scale)'와 '범위(scope)'

그리고 정확도라 할 수 있는 '밀도(density)'의 차이가 각 시장 참여자마다 다를 수밖에 없다는 점에서 서로 다양한 '게임(game)'에 참여하게 된다. 게임의 성공과 실패는 정보의 양과 질에 따라 결정되지만, 안다고 해서 반드시 승리하는 것도 아니다.

때로는 시기와 운이 절대적으로 필요하다. 이런 시기와 운을 두고 다양한 방법론적 접근과 해석을 하는 분야가 경영학이다. 물론 경제학과 경영학을 두고 그 경계를 가르는 것은 불필요한 일이다. 사회과학은 그것이 사회학이든 심리학이든 모두가 하나의 목적함수를 갖기 때문이다. 그것은 바로 '행복(Happiness)'이다.

▌멀리 내다보는 직관과 비전도 중요

사회과학, 특히 경제학의 중요한 목적은 과거의 자료를 토대로 현재를 분석하는 것이며, 미래를 예측하는 기능도 있다. 이를 위해서는 때로 겉보다는 속을 들여다봐야 하고, 각 경제사건의 행간을 읽어내야 한다. 원래 경제학과 같은 사회과학은 수많은 참여자의 서로 다를 수밖에 없는 욕망과 본능에 따라 이뤄지는 행위와 심리적 상태를 전제로 한다.

경제, 사회, 철학과 같은 인문사회과학적 내용을 이해하려면 여러 변수에 대한 종합적인 통찰력이 전제되어야 한다. 예를 들어 교육이 뒷받침되어야 산업이 발전하고, 산업발전이 소득증대로 이어진다.

소득증대는 다시 소비증가 및 투자증가로 이어지고, 이런 선순환은 국가경제를 지속적으로 성장시킨다.

이 같은 양적 성장은 국민의 의식과 가치관과 같은 질적 성장과 같은 방향으로 진행되어야 한다. 교육이 왜 중요한지를 강조하는 순환구조다. 국가경제가 일정 궤도에 진입하면, 교육보다 투자가 더 중요해진다. 충분한 기술개발과 교육 시스템에 기반한 인프라로 R&D 투자가 새로운 파생기술을 개발해야 하기 때문이다. 이러한 기술개발의 범위는 국가의 시장 규모와 범위 등 경제 크기에 따라 다양해진다.

미국의 경우 대륙에서 해양으로, 다시 우주로 그 시장의 영역을 확대해오고 있다. 이에 따른 추가적 기술력과 시장성이 미래진행형인 이유다. 수많은 벤처와 스타트업이 이 과정에서 창립되고, 이들은 다시 이합집산, 즉 인수합병(M&A) 등을 통해 기업의 크기와 부가가치를 키워나간다.

이런 역동성을 자연스러운 성장과 발전과정으로 이해하려면 변화에 대한 자연스러운 반응이 유전인자 속에 갖추어져 있어야 한다. 한국은 유목민(Nomad)의 피를 이어받았기에 이미 이런 유전인자를 지니고 있다. 한국인만큼 디지털 유목민(Digital Nomad)의 개성을 마음껏 뿜어내는 글로벌 소비자가 얼마나 될까? 문제는 시장이 없기에 선제적으로 대응하지 못하고, 변화를 추구하지만 철학과 가치관이 부족하다는 점이다.

왜 변해야 하는지에 대한 인식과 분석, 인문학적 지혜 축적을 반드시 병행해야 한다. 몽골이 1230년대 이후 세계정복에도 불구하고 왜 제국으로서 영속할 수 없었는지 생각해볼 필요가 있다.

이 책에서는 여러 가지 이야기를 해볼 예정이다. 경제를 보는 눈이 단지 근시안적이서는 곤란하다. 미시적이고 가까운 미래를 보는 것도 중요하지만, 멀리 내다보는 직관과 비전도 중요하다. 후자를 가질 수 있어야 글로벌 기술혁신과 표준화에서 선도자가 된다. 그래야 로열티를 받으며 유유자적 지낼 수 있는 경제국가도 될 수 있다.

만일 우리나라 국민연금공단이 1990년대부터 해외 주요 기술주에 대한 투자를 시작했다면 어땠을까? 우리나라의 국민연금 관리·감독 능력과 국민에게 지급할 수 있는 연금 액수 등이 엄청나게 커지지 않았을까? 적어도 선진 금융기법과 운용에 대한 관리능력은 크게 증가했을 것이다.

이게 왜 중요한가? 여기에서 배출된 금융인력이 한국 금융시장에서 적극적으로 활동했다면 라임이나 옵티머스, 부산저축은행 등과 같은 금융사고 방지는 물론이고 삼성의 승계 과정에서 불거져 나온 여러 이슈 또한 더욱 투명하게 처리될 수 있었기 때문이다.

PART

1

코로나19 이후
마주하게 될 위기와 기회

PART 2 변화의 본질을 이해하면 경제의 미래가 보인다

코로나19 이후
마주하게 될 위기와 기회

　　2021년 이후 세계경제의 변화 방향을 예측하기는 그다지 어렵지 않다. 2020년 뜻하지 않은 코로나19 팬데믹 때문에 침체했던 경제가 백신과 치료제 개발 등으로 어느 정도 반등할 것은 분명하다. 하지만 그 반등의 의미는 2020년이 워낙 어려웠기에 팬데믹 이전 상태로 회귀하는 정도로 이해할 수 있을 뿐, 그 이상은 결코 쉽지 않을 전망이다.

　　2022년 이후 본격적인 회복 반등이 예상된다. 코로나19 팬데믹에 따른 경기침체를 각 개인의 관점에서 보면 어쩌면 21세기에 처음이자 마지막 부자가 될 기회를 맞이한 것이고, 국가경제의 관점에서 보면 21세기 세계경제에서 국가경제가 새로운 변화의 정형(定型,

paradigm)에 누가 빨리 적응하거나 글로벌 표준화를 설정할 것인가 하는 본선 경쟁을 의미한다.

하지만 '검은 겨울의 터널'을 지나 새로운 빛을 보게 될 때, 그 빛이 영원하리라는 보장은 없다. 개인과 기업처럼 국가도 무한경쟁 시대를 맞이한 셈이다. 21세기의 1분기가 지나는 시점에 코로나19 팬데믹이 주는 의미를 미국과 중국이 각기 다르게 해석할 수 있다. 우리도 과연 이 변화가 무엇을 의미하는지 행간을 빨리 읽어내야 할 것이다. 하나씩 짚어보기로 한다.

먼저 '세계경제가 왜 2022년부터 회복 사이클을 지날 것인가?'를 살펴보자. 경제학적으로 계량적 기법인 경기순환이론을 사용할 수도 있다. 뒤에서도 설명하겠지만, 경기순환상 회복기에 접어들게 된다. 미국경제와 세계경제의 순환성을 두고 많은 경제학자가 연구하여 다양한 경기순환이론을 발표한 바 있다. 50년 주기설인 쿠츠네츠 사이클, 20년 주기인 쥐글라 사이클, 5년 단위인 키친 사이클 등이다. 이렇게 기간별로 나눈 건 이들 학자들이 사용한 데이터의 크기와 관심도의 차이에 있다.

요약하면, 경기 사이클상 10년 주기로 세계경제와 미국경제의 변화를 전망하는 것이 일반적이다. 과거 세계경제에 모두 15차례의 대공황 혹은 대불황 사태가 있었다. 대부분 부동산 버블붕괴로 일어난 경기침체였고, 대개는 전쟁이라는 가장 나쁜 방식을 통해 해법을 찾은 게 사실이다. 여기에서 중요한 것은 현대 세계경제가 심지어 20세기 경제와 구조와 가치사슬 체계에서 많이 바뀌고 있다는 점이다. 첫째, PART 2에서 설명하겠지만, 고대에서 근대 세계까지, 심지어 제2차 세계대전까지 전쟁은 사회적·경제적·정치적 문제를 해결하는 하나의 수단이었다. 둘째, 그 수단은 가끔 생산과 소비의 불균형을 바로잡는 '필요악(necessary evil)' 역할을 불가피하게 한 것도 사실이다. 셋째, 하지만 21세기 들어 디지털 기술과 바이오 기술의 새로운 버전 업그레이드 때문에 세계경제는 화폐적 금융 혹은 신자본주의적 새로운 구조체계로 접어든 상태다.

1980년대 중반 이후 영국과 미국 등 세계 주요국 경제는 모두 '신자유주의 경제' 체제를 강조했다. 제조업 중심의 세계경제였기 때문이다. 이제 세계경제는 자본과 기술 중심의 구조로 재편되고 있다. 따라서 앞서 얘기한 경기순환이론도 더는 30~50년 같은 장기적 순환이론에 관심을 두지 않을 수 있다. 과거 30~50년에 걸쳐 변화하던 인간의 생활과 경제적·정치적·사회적 활동의 변화는 이제 채 5년도 걸리지 않을 것이다.

따라서 경기회복 국면은 매우 빠르게 진행된다. 첫째, 디지털 기술이 발전하면서 무인자동차, 6G 기술의 발전 및 도입, 드론, AI 및

IoT, 가상 및 증강 현상기술 등 신기술에는 막대한 투자가 필요하다. 투자는 자본이 바탕이 되고 인재개발로 이어지며 생활의 변화를 유발한다. 따라서 이미 21세기가 20년이 지난 시점에서 이러한 변화 조짐은 21세기의 코너를 돌아 바로 우리 곁에 와 있다.

둘째, 코로나19 백신접종이 활발하다. 물론 우선은 미국의 얘기다. 유럽은 아스트라제네카(AZ) 백신 부작용 때문에 간헐적으로 접종하고 있다. 4차 파동도 예상되는 상황이다. 아마 이 책이 나오는 시점에 선진국들은 대개 지금까지 나와 있는 네 가지 백신, 즉 존슨앤드존슨, 모더나, 화이자 및 AZ(러시아의 스푸트니크와 중국의 시노팜 백신을 포함하면 모두 6종)를 충분한 양만큼 확보할 수 있을 것이다.

바이든 정부는 2021년 5월 초까지 모든 미국인을 접종할 수 있는 백신을 확보한다고 공언했었다. 미국의 경우 백신 접종자에 한해 2021년 5월부터 마스크 벗기에 나섰고, 스포츠 경기장에서는 마스크를 벗은 관중 수만 명이 경기를 관람하는 등 정상생활 복귀를 눈앞에 두고 있다. 역시 이 책이 나오는 시점에 미국 시민은 항공, 관광, 스포츠, 학교생활 등이 대부분 정상화되었을 가능성이 크다. 마치 이스라엘처럼.

미국의 연방준비은행은 두 가지 정책 목표를 가진다. 인플레이션 억제와 실업률 안정이 그것이다. 8년 전인 2013년 5월 앨런 그

린스펀(Alan Greenspan) 전 미 연준의장이 물러나고, 벤 버냉키(Ben Bernanke) 연준의장이 2008년 글로벌 금융위기 이후 풀렸던 유동성을 회수하기 위해 '양적완화(Quantitative Easing)'를 거론하자 곧바로 세계 자본시장이 출렁거렸던 기억이 있다. 신흥국 통화가치와 증시가 폭락한 것이다. 이를 '긴축발작(Taper Tantrum)'이라고 부른다. 이후에도 2015년과 2018년에 걸쳐 모두 세 차례 긴축발작을 경험한 바 있다.

2021년 3월 말에도 미국 발 긴축발작이 터키에서 발생한 기록이 있다. 미국 재무성 채권금리가 1%대 초반에서 1.7%대로 급격히 상승하자, 터키의 증시와 리라환율이 폭등한 사태다. 4월 초에는 인도 증시가 1%가량 급락한 사실도 있다. 이는 코로나19에 따른 경기불안이 요인이었다. 이 두 신흥국의 경기발작은 형식적으로는 다르게 비춰질 수 있지만 근본은 같다. 미국경제가 성장하면서 인플레이션 우려가 존재하고 기대 인플레이션이 2%를 넘어서게 되면 미 연준은 금리 인상을 하지 않겠나 하는 합리적 의구심이 존재한다.

물론 제롬 파월(Jerome Powell) 미 연준의장은 인플레이션보다 실업률 개선에 주목한다. 2021년 4월 첫째 주, 미 취업자 수가 2020년 8월 이후 처음으로 90만 명 이상을 나타냈을 때 시장의 움직임과 미 10년 만기 재무성 채권금리의 움직임은 크지 않았다. 오히려 다우지수, S&P500, 나스닥이 사상 최고치를 갈아치우는 형태로 나타나기도 했다. 이는 무엇을 말하는가? 크게 두 가지다. 첫째, 미국에서 2021년 안에 백신 접종이 완료되고 미국 국민에게 항체가 형성될 때(이스라엘의 경우를 주목한다), 미국경제는 확실하게 원상태로 복원될 수 있다. 둘째, 세계경제는 미국만 회복된다고 해서 해결될 수 있는 간단한 문제가 아니다. 미국경제의 70%가 소비에 의존한다고 하지만, 세계인구의 유출입이 자유롭지 않으면 미국경제의 회복세도 제한적일 수밖에 없다. 관광객 수요가 있어야 식당 및 기타 서비스 업종에서 고용이 증가할 것이기 때문이다.

다른 한편으로는 앞서 지적한 바대로, 디지털 기술과 바이오 기술의 발전 때문에 고용 자체가 문제가 될 수 있다. 코로나19가 종국적으로 끝이 난다면, 더불어 또 다른 팬데믹이 당분간 발생하지 않는다면 미국경제는 확실하게 회복되지만, 그렇다고 실업률이 크게 개선되기는 어렵다. 여기에서 '어렵다'는 말은 지금과 같을 것이라는 얘기는 아니다. 속도가 다소 느릴 것이라는 의미다.

더구나 코로나19 백신 접종은 1년에 두 번 해야 한다. 독감이 아니라 1년 내내 위험성을 안고 있다. 백신 효력이 6개월임을 가정한다면 변종 발생, 또 다른 팬데믹 발생 가능성 등을 차치하고서라도 회복 속도가 '백신이 없는 것보다는 낫'지만, 그렇다고 초고인플레이션을 촉발할 만큼 급속하지는 않다.

마지막으로 세계경제의 큰 구조상 양극화가 명확해질 것이다. 기술이 없는 나라, 분배구조가 취약한 국가 등은 엄청난 사회정치적 소용돌이에 휘말릴 수 있다. 굳이 국가 간 전쟁이 일어나지 않아도 국가 내에서 벌어지는 계층 간, 세대 간, 성 간 대결 양상과 소위 '가진 자와 갖지 못한 자' 간의 격차가 발생시키는 문제가 어느 선까지 변화를 촉발할지 주목해야 한다.

미국의 양극화 문제는 상위소득 10%가 전체 국가 부의 74%를 차지한다는 통계에서 그 상황을 짐작할 수 있다. 코로나19 팬데믹 이전의 통계다. 그렇다면 코로나19 팬데믹 이후는 이 상황이 개선되어 있을까, 아니면 더 악화될까? 개인적으로 후자에 주목한다. 또 다른 경제주체 가운데 기업은 어떨까? '좀비'기업이 이곳저곳에 퍼져 있을 것이다.

다양한 정부 지원 덕에 시장에서 사라져야 했을 기업들이 다양한 세제혜택과 임금지원, 이자연체 등에 대한 지불연기 등으로 버티고 있지 않을까? 그렇다면 과연 이들 기업은 코로나19 팬데믹 이후 새로운 생명의 싹을 키울 수 있을까? 가능성이 낮다. 왜냐하면 디지털 기술과 바이오 산업은 이들 좀비기업들이 '좀비'임을 더욱 입증할 것이기 때문이다. 미 연준이 실업률에 주목하는 배경이다.

뒤에서 더 자세히 설명하겠지만 국가, 가계, 기업 모두 빚더미에 앉아 있다. 정부의 총부채 규모가 2020년 말 기준 2천조 원에 다다랐다. 2019년에 비해 무려 214.6조 원 늘었다. 정부, 기업 및 가계 부채를 모두 더하면 국가 빚은 5천조 원에 육박한다.

국가 빚은 누가 갚을까? 국민이 세금으로 갚는다. 이 부채는 누구의 부채인가? 60세 이상 베이비부머의 부담이 될까, 지금 태어난 아이들 아니면 2030세대의 빚이 될까? 여기에서 계층 간, 세대 간, 성별 간 양극화 문제 심화까지 이어지는 것이다. 상황이 이러니 코로나19 팬데믹이 끝나고 나면 양극화는 세계의 경제·정치·사회 문제를 야기할 수밖에 없다.

사람들은 대개 '근시안(myopic)'적이다. 보통 먼 미래를 생각하기보다 내 앞에 닥친 문제에 집중한다. 정책과 국가를 운영하는 사람들, 공무원과 정치인 그리고 언론의 역할이 '미래'에 초점을 두어야 하는 이유가 여기에 있다. 한국 정치를 보아도, (미얀마 등) 신흥국 정치를 보아도 지도자와 국가 공무원들이 미래에 지향점을 두고 철저한 경험과 지혜를 동원해서 '직관과 비전'을 국민에게 제시하는가가 바로 승부처다.

2021년 하반기에 들어가면, 세계경제는 미국을 필두로 회복세가 완연해질 전망이다. 백신 접종이 완료되는 국가부터 경기회복 속도는 빨라진다. 경기회복과 함께 두 가지 경제지표가 관심을 받는다. 인플레이션과 실업률이다.

물가가 올라가는 건 당연하다. 돈이 풀렸으니 돈 가치가 떨어지는 것이고, 경기가 살아나니 수요가 증가하기 시작하기 때문이다. 실업률을 지켜보는 이유는 과연 경기회복이 일시적인지, 아니면 지속 가능한지 알 수 있기 때문이다. 결국 2022년부터 세계경제는 이 두 가지 지표를 들고 본격적인 상승세로 전환할 가능성이 높다. 디지털 기술을 바탕으로 한 무인자동차, 드론, AI 등 신산업에 대한 투자가 증가한다.

증시와 부동산 시장이 버블인가? 인플레이션이 발생하면 자산시장은 어떻게 될까? 다우와 S&P500이 사상 최고치를 돌파한다. 중국 증시도 만만치 않다. 문제는 버블인가 아닌가의 문제일 것이다. 버블은 맞다. 하지만 붕괴보다는 큰 조정이 불가피한 정도다.

1장

코로나19 이후 한국경제가
직면하게 될 위기와 기회

한국경제와 세계경제,
이젠 회복기로 접어든다

—————————— 2021년 이후 세계경제가 회복기에 접어들 것은 분명하다. 다만, 미 증시의 최고치 경신 기록은 지극히 정상적이라 할 수 없다. 미국 수출, 제조업 및 서비스업 경기가 주가를 최고치로 갈아 치울 만큼 강하다고 볼 수 없기 때문이다. 따라서 2021년 하반기 또는 2022년 상반기 증시와 부동산 등 자산시장의 가치 조정은 발생할 가능성이 크다. 즉, 미국 실업률이 크게 개선되지 않은 상태에서 물가상승(인플레이션)은 미국경제가 급격히 개선되고 있다는 지표로 보기엔 무리가 있다. 2008년 미국 발 글로벌 금융위기와 2010년 유럽 국가부채 위기에 따른 급락 이후 2020년 코로나19 바이러스 때문에 세계경제가 다시 한 번 큰 폭으로 마이너스 성장

을 기록할 것이기 때문이다. 2020년 성장률이 중국을 제외하고 모두 마이너스이니 2021년에는 세계경제가 반등한다. 이를 '기저효과 (Base Effect, 基底效果)'라고 한다.

시간이 지날수록 백신 접종과 치료제 개발 효과로 인구 및 물자 이동이 좀더 활발해지면서, 소비와 고용이 조금씩 살아날 가능성이 있다. 결국 소비와 생산이 늘면서 소득이 증가하고, 다시 고용과 소비가 증가하는 선순환이 되돌아온다는 의미다.

국가경제의 경쟁력 회복속도와 질의 차이는 세계경제 질서상에 어떤 제품과 서비스를 누가 소비하고 누가 부가가치가 높은 제품 및 서비스의 생산을 담당할 것인가에 달려 있다. 만일 재화소비가 늘어나면 생산업자는 투자를 받아야 한다. 따라서 건설과 설비투자가 생

| 세계경제 실질 GDP 성장률 변화추이: 2007~2025년 |

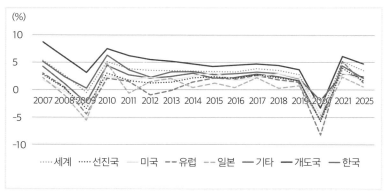

자료: IMF, World Economic Outlook text report, 2010~2020. October

주: 여기에서 '기타'는 OECD 선진국 가운데 미국, 유럽, 일본 등을 제외한 회원국들의 평균 실질경제성장률을 의미한다. 한국도 여기에 포함된다. 아울러 한국경제의 실질성장률은 비교 편리성을 위해 또 한 번 표시했다.

산의 증가 가능성을 미리 반영한다.

만일 국가경제가 이와 같은 경제구조적 특성을 제대로 파악하고 있고, 경기회복에 따른 재화와 서비스에 대한 수요예측을 선제적으로 분석하고 운영할 수 있다면, 그런 국가경제의 향후 생산과 투자 및 소비 방향은 매우 긍정적이다.

아울러 신기술과 부가가치가 높은 지식산업에 대한 연속적인 연구개발과 투자를 통해 세계소비를 창출해낼 수 있는 '지속 가능한 성장' 모델도 보유하게 된다. 이를 위해서는 '기술력과 자본력'이 국가경제가 갖추어야 할 경쟁력과 성장의 기본요건이 된다.

왼쪽 그림에서 2008년 경기침체와 2020년 경기급락을 비교해보자. 먼저 2008년 당시 경제상황을 '대불황(The Great Recession)'이라고 불렀다. 워싱턴 디시가 G20 정상회담으로 11월 15일 난리가 났었다. 하지만 이것도 과거의 사실이 되어버렸다. 그림에서처럼 미국 발 서브프라임 모기지 부실화에 따른 2008년 글로벌 금융위기와 2019년 12월 시작된 코로나19의 경제적 파급효과를 뚜렷하게 비교할 수 있다.

첫째, 2008년 글로벌 금융위기보다 2019년 코로나19의 경제적 파급효과가 더 뚜렷하고 급격하다. 2008~2009년을 '대불황' 상황이라고 한다면, 2020년은 '공황'이다. 하지만 공황을 버티고 있다. 왜 그런가?[1]

중국이라는 경제가 버팀목 역할을 하고 있고, 세계경제가 2008년 경기침체의 내성을 길렀을까? 미국 가계저축률이 6%대로 높고, 최근 다시 13.6%로(전년동기 대비 7.5%p 증가, 미 GDP 대비 6.6%) 높아졌다는 것은 소비를 하지 않는다는 의미다. 이것으로 버티기에 충분한 기간은 얼마나 될까?

둘째, 2008년 서브프라임 위기 이후 2011~2012년 유럽과 일본 경제의 침체가 연이어 뚜렷하게 나타나지만, 한국과 기타 선진국의 경기침체는 다소 연착륙 형태 혹은 완만한 둔화를 나타낸다. 반면 2020년 이후 세계경제의 회복국면은 2021년을 기점으로 다소 가파르게 보이지만 2025년 세계경제가 다시 둔화된다는 전망이다. 왜 그런가?

2020~2021년 사이에 미국, 유럽, 중국, 일본, 한국 할 것 없이 모든 국가가 돈을 마구잡이로 푼 대가는 치러야 하지 않을까. 아울러 바이든 정부와 함께 미·중 간의 첨예한 이해관계 대립은 경제적·군사적 안보 측면에서 모두 긴장관계를 유지할 전망이다. 미국의 바이든 정부보다 상하 양원 의회의 대중 관점이 그다지 부드럽지 않기 때문이다.

셋째, 정책관점에서 뚜렷한 차이가 있다. 예를 들어 2008년 글로벌 금융위기는 말 그대로 '금융'위기였기 때문에, 미 재무부와 연준 등의 통화 및 재정 확대정책(Quantitative easing)과 저금리정책이 어느 정도 경기회복의 대안이 되었다.

---

1   2분기 연속 마이너스 성장을 보일 때를 불황이라고 정의하지만, 공황은 정의가 없다. 개인적으로 한 분기 경제성장률이 -5%로 빠질 때를 공황, -10%대로 급락할 때를 대공황이라고 정의한다.

하지만 2020년 코로나19 팬데믹에 따른 경기침체는 경제 외적 변수, 즉 질병에 따른 경기둔화라는 점에서 통화 및 재정 팽창정책이 가지는 한계는 분명히 있을 듯하다.

경기침체라는 공통점에서 '임금지원정책(PPP; Payroll Protection Program)'처럼 어느 정도 중소기업, 자영업자 및 소상공인과 노동자에게 일시적인 도움이 될 수 있지만, 2020년 8월 8일 중단되었듯 지속 가능하지 않고 혜택범위가 제한적이다.[2]

더구나 므누친 미 재무장관은 2020년 11월 20일 바이든 대통령 당선자가 재무장관 후임에 대해 논의하자, 곧바로 미 연준에 연락해서 긴급지원금 가운데 집행하지 않고 남은 금액을 신임 장관이 새

---

2 2020년 3월 코로나19 대응을 위해 미 의회가 통과시킨 2조 2천억 달러 규모의 경기부양 패키지 중 하나다. 직원 500명 이하 중소기업에 최대 1천만 달러(약 119억 원)를 무담보와 금리 1%로 대출해주고, 일정기간 직원고용을 유지하면 대출상환을 면제해준다. 하지만 실시 후 불과 한 달여 만에 2020년 4월 미 연방정부의 중소기업 긴급대출 프로그램 3,490억 달러가 모두 소진되었다. 한편 중소기업청 자료에 따르면, PPP에 있어 지출의 25%가 지원기업 1%에 집중되었다고 한다.
여기에는 트럼프 대통령 자신의 회사와 사위 쿠슈너가 보유한 건물에 입주한 업체들도 PPP를 통해 총 25건 이상, 약 365만 달러(약 40억 원) 규모의 대출금 지원을 받은 것으로 조사되었다. 더구나 이들 기업 중 상당수는 자기 회사의 일자리 유지에 쓰지 않고, 트럼프와 쿠슈너의 부동산 회사에 임대료 지급을 위해 사용한 것으로 조사되었다. 정부의 돈에는 미국도 '도덕적 해이'가 상당하다는 점을 보여준다.
일부 기업은 인력 상황변화에 대해 신고조차 하지 않았으며, 아예 아무도 고용하지 않은 채 PPP의 지원만 챙긴 것으로 추정되었다. 당시 느슨한 지원기준도 문제가 되었다. 당초에 PPP는 직원고용을 유지하는 조건으로 기업에 대출상환을 면제해주었으나, 점차 미 의회는 기업이 직원 수를 일부 감축하더라도 상환을 면제받을 수 있도록 요건을 완화하기도 했다.
결국 PPP는 코로나19 팬데믹 초기 일자리 유지에는 기여했지만, 현재는 사실상 그 효력이 전무하다는 평가가 있다. 2020년 11월 3일 미 대선 전후, PPP의 재지원 등 9,080억 달러 규모의 추가지원에 대한 논의가 있었다.

정부 출범 후에 즉각적으로 사용하지 못하도록 회수를 지시한 적도 있다. 그리고 다시 2020년 12월 3일 미 상원 청문회에서 경기부양을 위한 지원책의 중요성을 재강조한 바 있다. 결국 코로나19 팬데믹이 퇴치되거나 그 가능성이 어느 정도 확실시될 때만 완전한 경기회복이 가능하다.

인플레이션에
선제적으로 대응해야 한다

──────────── 여기에는 또 다른 잠재적 위험요인도 있다. 경기부양을 위해 통화 및 재정 팽창정책에 따른 후폭풍(back fire)이나 부작용, 즉 하이퍼인플레이션(Hyperinflation) 혹은 인플레이션에 선제적으로 대응해야 한다. 향후 인플레이션, 즉 물가상승 요인은 다음과 같이 다섯 가지로 요약해볼 수 있다.

첫째, 코로나19 사태 진정 이후 기저효과에 따른 물가상승이다. 둘째, 백신 및 치료제 개발로 정상적인 소비가 급격히 나타날 수 있다. 셋째, 수요가 급증하면 생산력 제한과 인력부족이 발생할 수 있다. 넷째, 바이든 정부의 지속적인 경기부양책에 따른 통화팽창정책이다. 다섯째, 미 연준의 물가관리 지침의 한계 등이다.

2021년 세계경제는 확실히 플러스로 전환될 것이다. 하지만 2022년 이후에는 2020년부터 전개된 다양한 경기부양책 때문에 지역과 국가별 불확실성을 가지게 된다.

예를 들어 이런 고민들이다. 첫째, 금리는 언제 어떻게 올리기 시작할 것인가? 둘째, 좀비기업과 부실기업은 어떻게 정리할 것인가? 셋째, 기업과 가계 등의 부실대출과 부실채권은 어떤 방식으로 해결할 것인가? 넷째, 경기부양책으로 인한 중앙정부 또는 지방정부의 재정적자 문제는 어떻게 해결할 것인가? 다섯째, 풀린 돈이 몰렸던 증시와 부동산 등 자산시장의 버블 붕괴 가능성에 대한 선제적 대응 전략은 무엇인가?

이들을 단지 지연뇌관으로 두어서는 곤란하다. 이미 1991년 이후 일본 부동산 시장 버블 붕괴, 1998년 아시아 외환위기, 2008년 미국 발 금융위기 등에서 부동산 등 자산시장 붕괴가 어떻게 금융경제에 파급되고, 이 또한 다시 실물경제에 얼마나 엄청난 붕괴를 가져오는지 알고 있기 때문이다.

회복국면 진입 후
또 다른 10년의 상승기가 온다

──────── 우리나라 원화가치가 올라가면 미국 소비자에게 한국 전기차는 비싸질까, 더 저렴해질까? 당연히 비싸진다. 1달러에 1,300원 가치를 쳐주던 것을 900원대로 전환한다는 것은 미국 소비자에게 수입가격 급등을 의미한다.

전기자동차는 배터리 충전소와 충전기술이 중요하다. 배터리 충전과 관련된 기술이 핵심이다. 누가 빨리 충전하는 배터리 기술을 가지고 있는가, 누가 안전한 배터리를 먼저 생산해낼 것인가 등은 전기자동차의 유행을 결정할 가장 기초적인 질문이다. '기술개발에 필요한 자금지출 여유는 누가 더 큰가? 아울러 이런 경제상황이 언제쯤 끝나고, 언제쯤 전기자동차 수요가 증가할 것인가? 고용이 어떻게 증가하고, 어떻게 소득증가로 이어질 것인가?' 이런 다양한 고민과 시간의 파장 등을 모두 감안해야 한다.

특히 이번 코로나19와 같은 팬데믹이 끝나면 그동안 치우지 못했던 다양한 쓰레기와 잔류물 등을 먼저 정리해야 한다. 이는 그리 쉬운 문제가 아니다. 예를 들어 한국경제의 절반 이상 인구와 제조 및 금융 등 서비스업이 집중된 서울과 수도권에서 자영업자와 소상공인이 힘들 때 지방의 중소기업과 자영업, 소상공인은 이를 피할 수 있을까? 시간만 늦을 따름이지 피하지 못한다.

잔잔한 호수에 돌을 던지면 파장은 커지게 마련이다. 지금은 긴축의 시간이다. '위기는 기회'라는 말은 이럴 때 쓰는 것이 아니다. 위기를 일단 넘겨야 기회가 오는 것이다.

오른쪽 그림에서 미국의 경기상승국면과 경기하강국면의 과거 자료를 살펴볼 수 있다. 먼저 1861~1865년은 미국의 19세기 역사상 남북전쟁 동안 46개월에 걸친 개혁으로 인해 가장 긴 호황기를 맞이했던 시기다. 하지만 1873~1879년 금본위제도가 채택되면서 국제 금융시장에 일대 혼란이 야기되었고, 금융기관 부실화가 미국

경제를 흔들었다. 이로 인한 68개월에 이르는 장기불황은 미국 역사상 가장 긴 불황이었다.

커다란 호황과 불황의 격변을 겪은 후에 1893~1894년과 1895~1897년 각 2년씩 두 번에 걸쳐 '1893년의 공포'가 철도회사와 은행 간의 분리로 발생했다. 20년 후 1915~1918년 제1차 세계대전으로 미국경제는 10년간 호황기를 맞이했던 시기다. 그러나 호황의 끝에 1929~1933년 대공황이 기다리고 있었다. 이후 1938~1945년 제2차 세계대전으로 호황이 시작되었고, 1961~1969년에는 기술 발전에 따른 노동생산성 증가, 무역수지 증가에 따른 통화팽창이 있었다.

❙ 팬데믹 상황과 미국경제의 경기순환 변화추세 ❙

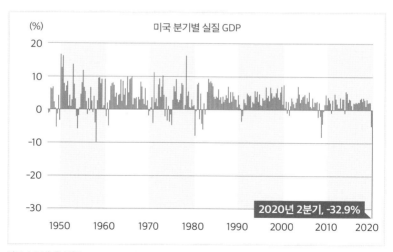

자료: US 경제분석국, International Business
주: 전분기 대비 비율, 연율에 따른 계절적 조정 지표

물론 그 틈새에는 베트남 전쟁에 따른 군비확충과 전비증가에 따른 달러화 환율불안에 대해 통화긴축 등의 조치가 번갈아가며 나타나기도 했다. 결국 1971~1975년 브레턴우즈 체제[3]가 붕괴되고 미달러화의 세계 결제통화적 지위가 흔들리자 오일쇼크와 함께 또 한번의 경기불황이 닥쳐왔다. 이후 1991년부터 2000년까지 디지털 기술과 정보통신 기술의 급속한 발전 및 '닷 버블'의 영향으로 미국 경제의 호황이 지속되면서 2008년 서브프라임 모기지 사태의 씨앗이 뿌려지기 시작했다.

이미 눈치챘겠지만 호황과 불황의 반복 사이클은 약 '10년'을 주기로 한다. 그렇다면 2008년 이후 10년이 지나는 2019년 우연히 코로나19로 불황이 시작되었고, 2021년 이후 경기회복이 가능하다면 2022년부터 본격적인 회복 국면 진입 후 또 다른 10년의 상승기를 기대할 수 있다.

하지만 여기에는 몇 가지 불확실성이 동시에 존재한다.

첫째, 코로나19 바이러스의 다양한 변종(variant)이 출현할 수 있다. 미국의 화이자(Pfizer)나 독일의 모더나(Moderna), 영국의 아스트

---

3   브렌트우즈는 미 뉴햄프셔(New Hampshire)주에 있는 스키 리조트 도시다. 여기에서 1945년 제2차 세계대전 종전 후 미국 달러화를 금에 고정시키고, 금 1온스당 미 35달러로 금본위 고정환율제도를 채택했다. 따라서 이 체제를 '브레턴우즈 체제'라 한다. 브레턴우즈 체제는 1960년대 베트남 전쟁과 냉전체제 등의 영향으로 미국 달러화의 통화 공급이 늘어나자 금 1온스당 60달러까지 하락하면서, 미 달러화를 외환보유고로 가지고 있던 프랑스 등 유럽국가들이 이를 금으로 대환해줄 것을 당시 닉슨 대통령에게 요청했으나 닉슨은 이를 거절했다. 이를 두고 '닉슨 쇼크(Nixon Shock)'라 부른다. 닉슨 쇼크가 일어난 것은 1971년이었다. 이어 4년 만에 브레턴우즈 체제, 즉 금본위 고정환율제도는 파기되고, 미 달러화가 기축통화 지위를 유지한 채 자유변동 환율제도가 도입되었다.

라제네카(AstraZeneca) 등의 백신 개발 소식은 일단 긍정적이지만 완전한 해법은 아니다. 적어도 백신 접종 후 80%에서 소위 집단면역이 발생해야 코로나19를 극복할 수 있기 때문이다. 인류역사상 백신 개발은 평균 10~15년 걸렸고, 에볼라(Ebola) 백신 개발이 가장 빨랐다.[4]

둘째, 경기부양책으로 실시한 각종 정책에 대한 후속조치가 필요하다. 설사 백신 접종 후 3~6개월이 지나 세계경제가 다행히 회복기조를 탄다 하더라도, 통화 및 재정 팽창을 통한 경기부양의 부작용 문제와 노동시장의 고용 및 임금 문제, 환율문제, 국제 원자재 가격 급등과 소비자물가 상승문제 등은 여전히 풀어야 할 숙제로 남아 있게 된다.

특히 추정컨대 미국만 해도 약 3조~4조 달러 이상 풀린 자금으로 미 증시가 사상 최고점을 기록하는 등 버블 가능성을 경계할 필요가 있다면, 향후 버블붕괴에 따른 급속한 금융경제 하락을 우려하지 않을 수 없다.[5] 코로나19 이후 경기부양으로 인한 '버블경제' 혹은 '좀비경제'의 후폭풍이 일어날 불확실성도 있다. '검은 겨울(Black Winter)'에 이어 자산시장의 '검은 요일(Black Days)'에 대한 대비도 필요한 시점이다.

---

4 에볼라 바이러스는 1976년 콩고에서 최초로 발병했으며, 2013~2016년 서부 아프리카 지역에서 대유행을 나타내기 시작해 2만 8천 명이 감염되고 1만 1천 명이 사망했다. 2020년 10월 미 FDA가 에볼라 백신을 승인했다.

5 유럽중앙은행(ECB)은 1.5조 유로 규모의 추가 경기부양 자금을 풀었고, 미국은 팬데믹 이후 약 6조 달러에 달하는 경기부양책을 펼쳤다.

셋째, 금융경제와 실물경제가 모두 커다란 후폭풍 없이 안전하게 회복기조를 탄다 하더라도 중국 후베이성(湖北省) 우한시 발 코로나19가 가져올 세계변화의 향방과 글로벌 질서의 헤게모니 경쟁에서 누가 리더십을 발휘할지에 대한 궁금증도 가볍지 않다. 21세기 첫 1분기의 주인공은 어찌 되었건 '중국'이다.

다가올 10년, 세계경제의 큰 그림은?

──────────── 2020년 코로나19로 본격화된 세계경제 둔화는 2022년부터 회복기조로 진입해야 하며, 2023년 이후 본격적인 성장을 보여야 한다. 경기회복의 따뜻한 군불이 서민경제 밑바닥까지 스며들기까지는 1년 이상 시간이 걸릴 전망이다. 그 신호는 실업률과 저임금, 소외계층의 생활여건이 점차 개선되는 거시경제 지표들이 나올 때로 보면 된다. 경기 선행지표보다 후행지표에 주목해야 한다.[6]

6　국가경제의 상황을 판단하는 자료로 선행, 동행 및 후행 지수들이 있다. 그 가운데 경기 선행지수는 경기전망을, 동행지수는 현재의 경기상황을, 후행지수는 경기흐름을 확인하는 데 각각 사용하는 지표다. 재고가 얼마나 쌓여 있는지와 제작 주문량, 주택 등 건설 수주량 등은 미래 경기전망 자료가 되고, 실업률과 이직 인구, 소비지출 및 회사채 유통 수익률 등은 경기 후행지표로 사용된다. 후행지수는 현재의 경기를 나중에 확인하기 위해서 작성하는 것이다. 재고지수, 비농가 실업률, 도시근로자 수 등의 지표를 사용하는데, 그리 많이 쓰이지는 않는다. 네이버 지식백과 참고.

결론은 다음과 같다. 2021년 하반기부터 세계경제는 본격적으로 회복세에 진입하고, 2022년부터는 재상승 기조에 진입한다. 다만 경기부양에 따른 저금리, 통화 및 재정 팽창에 따른 인플레이션 압력과 정부부채 급등 문제의 해법은 찾아야 한다. 그렇지 않으면 증시와 부동산 버블은 지연뇌관이다. 언제 터질지 아무도 모른다.

중국 역시 국가기업들의 부실채권 문제가 자주 언급되고 있다. 1840년대 초반 이후 1860년대까지 아편전쟁으로 청이 멸망하고 중국 근대사가 질곡의 시대를 지났지만, 1978년 시장 개방 이후 30년이 지난 2008년에 베이징 올림픽이 열렸다.

그리고 같은 해 미국 발 금융위기 속에 중국은 유유히 세계경제 2인자로 부상하기 시작했다. 마침내 2010년 일본을 제치고 세계

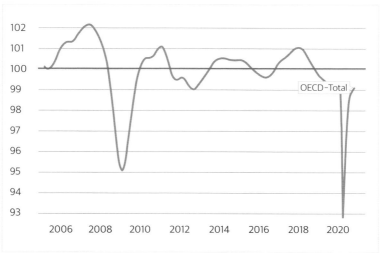

ㅣ OECD 경기선행지표 변화 추이 ㅣ

자료: OECD 경기선행지표, 미국 Businessroundtable

2위 경제대국으로 부상했다. 그로부터 10년이 지난 후 코로나19를 세계에 던졌다. 유발 하라리(Yuval Noah Harari)가 말하는 "코로나 이전 세계(Before Corona)와 코로나 이후 세계(After Corona)"는 2001년 9·11 테러 이후 또 하나의 거대한 문명사적 방향전환을 제기하고 있다.

인류 문명사적으로 중국이 질문을 던졌다. "자, 어떻게 할 것인가? 우리는 공산당 창당(1921년 창당) 100주년이 되는 2021년부터 2025년까지 산업구조 전환을 통해 최첨단 디지털 정보통신 혁명을 주도할 것이다.[7] 그리고 중국 공산화(1949년 10월 1일) 100주년이 되는 2050년, 중국은 글로벌 강대국으로 재부상할 것이다. 미국을 능가하는 군사, 외교, 경제 및 문화의 리더십을 가질 것이다."

이것이 '중국의 꿈(中國夢)'이다. 허상(虛像)일까, 아니면 실상(實狀)이 될까? 이 질문의 답은 이미 2001년 9·11 테러, 2008년 미국 발 서브프라임 모기지 사태와 글로벌 금융위기, 2012년 유럽 재정위기, 2020년 코로나19 팬데믹 등으로 구체화되고 있다.[8]

---

[7] 재미있는 사실은, 이렇게 엄청난 '중국의 꿈' 앞에 삼성전자 주가는 2020년 12월 8일 종가기준 7만 3,900원이다. 중국 정부가 2014년 이후 1조 위안(약 170조 원) 규모를 반도체 굴기에 투자했지만, 중국 메모리반도체 기업들은 '시장점유율 0%' 함정에 빠져 있다. 동시에 중국 생산 비중 의존도를 나타내는 반도체 자급률도 10%대를 벗어나지 못하고 있다. 반도체 무역적자는 2019년 한 해에만 250조 원 규모다. 최근에는 중국을 대표하는 반도체 그룹 YMTC(양쯔메모리)의 자회사인 칭화유니마저 2020년 11월 16일 만기가 도래한 13억 위안(약 2,200억 원)을 상환하지 못함으로써 채무불이행을 선언했다. 중국 공산당의 교육부가 최대주주다. 중국의 반도체 굴기가 허상이라면 '중국의 꿈'도 결국 허상이 될 수 있다. <한국경제(2020년 11월 20일)> 보도자료 참고.

[8] Roger Scruton, The Uses of Pessimism: And the Danger of False Hope, 2014. 8. 30.

기업이 신사업에 투자하면 고용이 늘고 소득이 증가하면서 소비가 뒤따른다. 현존하는 기업은 코로나19 여파로 투자방식이 달라질 수밖에 없다. 20세기와는 전혀 다른 시장 환경이다. 가까운 미래에 AI가 기업 거버넌스와 관련된 주요 투자 및 경영을 판단하게 될 때, 코로나19 팬데믹 이후 사회·경제 및 정치 체제가 어떤 모습으로 만들어질 것인 가? 한 번도 경험해보지 못한 시대가 곧 시작될 것이다. 어쩌면 한국경제는 비교우위가 있을 법하다. 과거 50년의 변화가 불과 1~5년 만에 빠르게 진행될 수 있기 때문이다.

기업이 맞닥뜨릴 불확실성은 크게 여섯 가지다. 먼저, 새로운 기술 습득과 이를 위한 투자 비중이 얼마나 높은가의 문제다. 둘째, 기업 양극화 문제다. 즉, 자산시장 버블이 붕괴될 즈음에 기업의 재무 건전성 문제 역시 중요한 이슈가 될 전망이다. 셋째, 새로운 수요 창출 방식과 응용 방법이 달라져야 한다. 더 이상 물리적 국경을 넘나드는 전통적 오프라인 무역에 의존해서는 안된다. 넷째, 노동 생산성보다 기술 생산성의 의미가 더욱 확대될 전망이다. 다섯째, 기후 환경 변화와 산업구조 전환의 문제. 즉 전략적 유연성이 큰 기업일수록 생존 확률이 높다. 마지막으로, 기업문화 특히 노동시장의 구조적 전환을 기업이 어떻게 선도해 나갈 것인가의 문제.

2장

코로나19 이후 기업이
마주하게 될 기회와 위기

리더가 던지는
비전과 직관

──────────── 기업환경 변화는 엄청나다. 기업을 이야기하려면 기업가와 경영인의 차이를 이야기해야 한다. 그리고 기업도 '법인(法人)'으로 인격적 대우를 한다는 점에서 기업가의 생각, 즉 기업을 일구어낸 사람의 생각을 먼저 이해해야 한다.

블루오션에 뛰어드는 건 창업이 아니다. 새로운 제품과 서비스를 창출해내야 한다. 따라서 기업가는 초기에 '오너(Owner)'가 많다. 하지만 기업이 커질수록, 즉 매출 규모가 늘어날수록 사람이 아니라 시스템이 움직여야 한다. 따라서 전문경영인이 필요하고 이때 기업가, 즉 창업주의 생각과 주주의 이해관계를 합리적으로 실천할 수 있는 전문경영인을 주주총회에서 선출한다.

전문경영인을 외부에서 초빙할 수도, 내부에서 발탁할 수도 있다. 당연히 신산업인 경우 외부 영입이 빠르다. 기업인은 철학을 가질 수 있지만, 경영인은 기업가의 철학과 달리 철저히 주주들의 이해관계를 대변한다. 기업가, 즉 창업주의 전문경영인이라면 기업경영의 자질과 함께 창의적 사업 발굴과 개척 의지가 남달라야 할 것이다.

코로나19 여파로 글로벌 산업구조 조정이 본격화되었다. 코로나19 이후 기업의 위기와 기회를 보려면 크게 다음 세 가지를 생각해야 한다. 첫째, 대면 대 비대면, 둘째, 정보통신, 디지털 및 빅데이터 산업, 셋째, 양자컴퓨터와 AI다.

전기자동차, 수소자동차 등은 아마존, 구글, 애플, 줌, 페이스북 등의 기능을 융복합화한 것이다. 즉 전기자동차 기술과 판매에 따른 부가가치를 이야기하려면 그 국가경제 혹은 기업경제에 이를 지지할 수 있는 연관산업의 분포와 기업층이 두꺼워야 한다. 대기업이 아니라 중소기업군이 강해야 한다. 그렇지 않고서는 센서와 같이 자동차, IoT 등에 필요한 주요 디지털 기술과 부품, 소재를 외국에서 수입해야 하는 상황이다.

삼성의 셀룰러 전화기 한 대를 600달러에 판매할 때 주요 부품과 소재, 정보처리 칩 등의 수입 부분을 제외하고 삼성이 남기는 순부가가치 규모를 60달러라고 하면, 애플의 아이폰은 270달러 정도라고 추정할 수 있다. 그 차이는 디지털 정보통신 기기를 제작하는 데 드는 주요 원천기술을 얼마나 보유하고 있는가에 있다. GPS 기능을 처리할 수 있는 인공위성 없이는 GPS 기술의 반도체 칩을 설계할 수도 없고, 설사 개발한다 해도 그 자체만 놓고 보면 무용지물이다.

코로나19 이후 기업환경의 위기와 기회의 본질도 역시 '변화'에 있다. 기업이 맞닥뜨리는 변화의 속도와 깊이 정도가 예전 같지 않을 전망이다. 즉 전기자동차만 놓고 보더라도 부품이 3만 개 들어가는 내연기관에서 부품 1만 개로 움직이는 전기차의 대유행 전조가 시작된다고 가정해보자. 부품 2만 개와 연관된 일자리가 '위기'라면, 정밀 부품 1만 개와 관련된 새로운 일자리는 '기회'다. 만일 전기자동차가 단순히 부품 2만 개를 줄이는 새로운 자동차라면 엄청난 일자리 문제가 일어나는 것이다.

하지만 그렇지 않다. 부품 1만 개는 더는 내연기관의 부품이 아니다. 모든 부품에는 센서와 인공지능적 기능이 탑재되어야 한다. 심지어 크랭크축에 연결된 자동차 바퀴도 단순한 내연기관의 바퀴가 아닐 수 있다. 센서가 장착되어 주행 후 마모 정도를 중앙통제장치에 입력하고 교체 시기를 예측할 수도 있다. 주행 구간의 미끄럼 정도를 센서로 읽어낼 경우 주행속도의 제어에 활용되거나, 아예 엔진의 구동량을 크게 자동제어할 수도 있게 된다.

문제는 전기자동차 이야기를 할 때 충전소 설치와 같은 하드웨어 인프라에 대한 논의는 부가가치가 크지 않다는 점이다. 오히려 부가가치는 전기자동차가 필요로 하는 다양한 정보취합과 전달체계 기능 같은 '소프트웨어 인프라'에 있기 때문이다.

여기에 무인자동차 기술까지 이야기한다면, 도로마다 구축해야 할 구간 센서와 교통통제 기능의 신속 정밀도, 자동차 안과 밖의 탑승자와 행인의 정보 등을 자동차 자체가 가지고 있는 데이터 처리 능력으로 수집하고 전달 처리 및 판단을 할 수 있어야 한다. 이런 소프트웨어 인프라 기술을 우리가 얼마나 가지고 있을까?

융합하고 적용할 수 있는 기술이 축적되지 않았다면, 원천기술이 많지 않다면, 개인정보보호와 통신비밀보호법과 같은 규제정책이 구체적으로 수립되지 않았다면, 코로나19 이후 비대면 시대에 급속한 발전을 가져올 디지털 혁명의 변화에 대한 효율적이고 합리적 대응을 논하는 것은 매우 모순적이다.

국가경쟁 전략의 근간은 인문학이다. 그리고 경쟁의 승리를 제어하는 것 역시 인문학적 소양과 문화다. 한국기업은 다음 세 가지 분야에서 산업의 기회를 찾아야 한다. 첫째, 무인자동차, 둘째, 우주항공기술, 셋째, 인공지능 분야의 빅데이터 산업이다. 반도체는 이미 세계시장 점유율 1위이므로 지켜야 하는 위치에 있다. 위 세 가지에서 가장 기본이 반도체다. 그 가운데서도 비메모리 반도체 분야다.

인간은 우주를 보면서 늘 꿈을 키워왔다. 언젠가 저 넓은 우주로 여행하고 우주인과 거래하는 꿈을 간직해왔다. 그 꿈을 실현하기 위해 피타고라스의 기하학, 아이작 뉴턴(Isaac Newton)의 고전물리학, 요하네스 케플러(Johannes Kepler)의 천체물리학, 막스 플랑크(Max Planck)의 양자역학, 알베르트 아인슈타인(Albert Einstein)의 일반 및 특수 상대성이론도 필요했다.

인류 최초로 달에 가겠다는 의지를 실천한 것이 1957년 10월 14일 구소련의 '스푸트니크(Sputnik)'였다. 우주 시대의 경쟁이 시작된 것이다. 미국과 소련은 제2차 세계대전 이후 재래식 무기 경쟁과 자본주의와 사회주의 간에 이념논쟁의 대립과 '냉전체제'를 지속하고 있었다. 그러다 구소련이 인류 최초로 지구궤도 밖으로 우주선을 발사한 것은 실로 엄청난 충격이었다. 특히 미국을 위시한 서구 세계는 이념경쟁에서 패배했다는 느낌마저 들었을 것이다.

사회적으로는 당시 미국에서 흑백 갈등이 점차 고조되던 시기였다. 사회문제가 정치문제화하면서, 1960년 케네디와 닉슨 간의 대선 결과는 2020년 11월 3일 대선 이후 트럼프의 대선 불복과 비슷한 사태였다.[9] 이처럼 미국이 흑백 분리주의를 놓고 남북전쟁 이후 또 한 번 곤욕을 치르고 있을 때, 구소련은 보란 듯이 우주에 대한 인류의 오랜 꿈을 실천함으로써 체제우위를 선점하는 상징적 결과를 만들었다.

---

[9] 미국의 제35대 대통령을 뽑는 1960년 대선에서 케네디는 총 6,900만 명 투표에 11만 3천 표 차로 공화당 닉슨 후보를 제치고 승리했다. 당시 선거인단 표결에서 이 사안을 놓고 흑백 갈등의 남부 주 선거인단 가운데 미시시피주 8명, 앨라배마주 11명 중 6명이 케네디에게 투표하지 않을 것을 천명했다. 하지만 닉슨은 차후에 그가 1968년 대선에서 승리한 후 일관되게 유지하려 했던 흑백 갈등 문제에 대해 공화당 대선후보로서 전향적 입장을 유지하면서 승복한 바 있다. 하지만 이들 남부 주의 반발하는 선거인단들이 주축이 되어 흑백분리법에 대한 지지 철회와 공산권 국가 지원 등에 대한 철회를 케네디에게 요구하고, 만일 케네디가 이를 거부하면 대선 결과와 반대로 린든 존슨을 대통령으로, 케네디를 부통령으로 선출한다는 계획도 가지고 있었다. 시카고에 50개 주 공화당 선거인단이 모여 아칸소 주지사며 흑백분리주의자였던 해리 버드(Harry Byrd) 상원의원, 미시시피주 로스 바넷(Ross Barnett) 상원의원, 조지아주 리처드 러셀(Richard Russell) 상원의원 등을 지지하려 했으나 실패했다. 선거인단 표결 결과는 케네디 303석, 닉슨 219석, 버드 15석(오클라호마 선거인단 1명과 앨라배마주와 미시시피주 선거인단 14명)으로 케네디가 당선되었다. 하지만 2년 후인 1963년 텍사스에서 암살되었다. 미국 역사에서 이와 같은 선거 불복 사례는 1800년 토머스 제퍼슨 당선, 1825년 존 퀸시 애덤스 당선 불복 등 두 번 더 있었다.

이에 1962년 9월 12일, 존 케네디(John F. Kennedy)는 텍사스주 휴스턴 소재 라이스대학교(Rice University)[10]에서 "우리는 달에 갈 것입니다(We choose to go to the Moon)"라는 격정적인 연설을 했다. 미국의 우주항공산업의 시작과 달 탐사 프로젝트를 공식화한 것이다. 이로써 미국 국민에게 '아폴로 계획(Apollo Program)'을 설득했고, 달에 인간을 착륙시키겠다고 약속했다.

리더는 이처럼 국민을 향해 정치적 비전과 직관을 메시지로 던진다. 이런 메시지가 국민의 가슴속에 하나의 공감대를 형성하고 같은 의지를 공유할 때 비로소 '국민과의 신뢰(Public Trust)'가 형성된다. 국민과의 신뢰가 존재할 때 국가의 정치, 경제, 사회 및 문화 등 모든 분야에서 새로운 '변화'의 바람을 성공적으로 추진할 수 있는 동력을 갖게 된다.

케네디 대통령은 당시 연설에서 우주를 새로운 '개척의 불모지(a new frontier)'로 정의하며, 이 새로운 영역을 개척해나갈 것을 주문함으로써 미국민이 지닌 서부개척 DNA와 청교도 DNA를 일깨운 셈이다. 케네디는 당시 연설에서 우주항공산업은 미국이 반드시 개척해야 하는 절대적이고 운명적인 것이며, 미국민 스스로 자유를 찾기 위한 여정의 한 순간임을 강조했다. 미국 국민의 이런 염원은

---

10 텍사스주 휴스턴 소재 라이스대학교는 1891년 사업가 윌리엄 마시 라이스(William Marsh Rice)가 등록금 없는 대학으로 설립했다. 응용과학 분야에서 두각을 나타내는 대학이며 나노테크놀로지, 인공심장연구, 구조화학 및 우주과학과 신호공정 분야에서 미국 내 명문대학 중 하나다. 특히 2010년 미국 <타임스> 선정 최고 대학에서 양자역학과 통계역학을 기초로 해 물질의 성질을 구명하고자 하는 물성물리학(material science) 분야 1위 대학으로 선정되었다.

1969년 7월 1일, 미국 독립기념일을 3일 앞두고 극적으로 아폴로 11호가 달에 착륙함으로써 절정에 달했다.

'기업의 기회'라는 소주제를 다루는 2장에서 달 착륙과 관련한 존 케네디 대통령의 계획을 설명하는 이유는 무엇일까?

존 케네디가 대통령에 당선되었을 때 당시 미국인은 우주경쟁에서 구소련에 뒤처졌다는 일종의 패배감을 안고 있었다. 더구나 1961년 4월 15일 쿠바의 카스트로 정권 전복 시도마저 실패로 돌아간 '피그만 사태(Bay of Pigs)' 때문에 미국민의 자존심과 자존감에 상처를 입은 상태였다.

이에 미국의 자존심 회복을 위한 획기적 프로젝트가 필요한 상황에서 케네디 대통령은 린든 존슨(Lyndon Johnson) 부통령에게 '국가우주항공위원회(National Aeronautics and Space Council)' 위원장을 맡아 미국이 우주항공 분야 우위를 재점할 수 있는 방안을 마련하도록 했다. 여기에서 케네디 대통령은 우주 정거장 개념을 입안하도록 제안했으며, 달에 인류를 직접 착륙시키는 프로젝트를 실행하라고 주문한 것이다.

존슨 부통령은 당시 나사(NASA; National Aeronautics and Space Administration) 책임자였던 제임스 웹(James Webb)에게 "우주 연구소 설치와 달 궤도 순항 능력이 구소련보다 앞서고 있다는 자신은 없으나, 달에 인류를 처음으로 착륙시키는 것은 가능할 것 같다"는 의견을 듣고 이를 실행에 옮기게 된다. 당연히 비용은 만만치 않았다. 1970년 기준으로 220억 달러가 드는 막대한 사업이었다.

이 사업에 참여하거나 자문한 기관과 사람들은 우주항공 엔지니어 베르너 폰 브라운(Wernher von Braun), 육군 중장 버나드 슈리버(Bernard Schriever), CBS 방송국의 프랭크 스탠턴(Frank Stanton), 미국전력회사(American Electric Power)의 도널드 쿡(Donald Cook), 브라운앤드루트(Brown & Root)사의 조지 브라운(George Brown) 등 기업가 3명을 포함한다.

마침내 1961년 5월 25일 케네디 대통령은 미 의회에서 "미국은 또 다른 10년이 가기 전에 반드시 이 사업을 수행해야 하며, 달에 인간을 착륙시키고 다시 지구에 무사히 귀환시키는 목적을 이뤄야 한다"라고 연설했다. 당시 이 연설 후 갤럽이 발표한 여론조사 결과에 따르면 무려 미국민의 58%가 이런 케네디의 시도가 무모하다며 반대했다.

하지만 케네디 대통령의 우주항공산업에 대한 실천은 기업가와 정치, 정치와 국민의 '공공신뢰(Public Trust)'가 얼마나 중요한지를 이해하는 데 좋은 사례다. 한 국가 지도자로서 미국 사회 내 흑백 갈등의 문제에 미국의 정체성이 함몰되지 않고, 미래를 향해 나아갈 꿈을 '개척정신'에 비추어 제시한 것이다.

구소련과의 경쟁에서 우주항공 분야의 우위를 점하기 위한 케네디의 역할은 나사(NASA)에 주어졌다. 아폴로 계획이 그것이다. 과연 1960년대 초반 이후 케네디의 우주항공산업 육성정책이 미국의 경제, 산업 및 기업, 시민(근로자)에게 어떻게 얼마나 큰 영향을 주었을까? 시대를 관통하는 새로운 도전을 수행하는 데 있어 기업과 정치적 리더의 역학관계, 기업의 역할과 산학협동의 실질적 의미 등을 충분히 반추해볼 수 있지 않을까.

기업의 경우 시민단체와 노조 및 경영층의 이해관계를 모두 다룰 수 있어야 한다. 이런 사회적 시스템이 갖추어질 때 비로소 국가경제와 정치질서는 사회 구성원의 원활한 소통과 민주적 절차를 통해 합리적 의사결정과 정당한 분배제도 속에서 지속 가능한 성장을 구현할 수 있다.

정치와 기업의
공동 이해관계

──────────── 정치와 경제에 공통점이 있을까? 있다면 무엇일까? 여러 공통점 가운데 하나가 권력의 영속성이다. 앞의 설명을 토대로 생각해보면, 더는 경제와 권력이 무슨 상관관계가 있는지 의심하지 않을 것이다.

여기에서 '정치권력은 과연 무엇을 추구하는가'라는 질문이 다시 던져진다. 정당의 목적이 정권 창출에 있다면 그 목적은 무엇을 위한 목적인가? 그 목적의 추상적이거나 함축된 실천적 내용은 헌법(憲法, Constitution)에 나와 있다. 우리나라 헌법 제119조에 이와 관련한 내용이 명시되어 있다.

제119조 ①대한민국의 경제질서는 개인과 기업의 경제상의 자유와 창의를 존중함을 기본으로 한다. ②국가는 균형 있는 국민경제의 성장 및 안정과 적정한 소득의 분배를 유지하고, 시장의 지배와 경제력의 남용을 방지하며, 경제주체간의 조화를 통한 경제의 민주화를 위해 경제에 관한 규제와 조정을 할 수 있다.

헌법 제119조 1항은 시장경제체제가 한국경제의 근간임을 밝히고 있고, 2항은 정치권력과 경제권력의 담합과 결탁을 금지한다. 이들의 결탁은 시장 지배력과 경제력의 남용을 야기하기 때문이다. 어떤 정치적 권력도 경제발전과 성장이라는 거시적 문제와 실업률, 물가안정, 부동산 및 자산 시장 안정, 조세정책 등 미시적 경제문제를 제대로 해결하지 않고서는 국민적 공감과 신뢰를 유지하기 어렵다.

기업(경제권력)이 경제활동을 하는 목적은 주주의 이익 극대화다. 지배구조상 대주주가 창업주 일가인 경우, 이 목적함수는 당연히 개인 일가의 목적함수가 된다. 기업의 경영권 승계 문제는 원래 기업의 경제활동 목적함수는 아니다. 개인의 이해관계일 뿐이다.

그렇다면 기업가 자신이 창업주이면서 자신의 기업을 자녀들에게 승계하려는 목적은 무엇일까? 이 점에서 정치와 경제는 하나의 공통된 이해관계, 즉 목적을 갖는다. '잡은 권력을 놓지 않겠다'는 것이다. 생멸(生滅)의 경쟁환경 속에서 살아남은 기업들의 목적은 정치권력의 야망처럼 기업 승계와 이를 통한 '영속성'이 아닐까? 그 이유는 이윤이 남기 때문이다. 정치적·경제적·사회적·문화적 이윤 등 종합적 경제권력의 이윤이 생기기 때문이다.

그렇다면 정치와 경제의 순행적 연결고리는 무엇일까? 정치 리더십은 국가발전의 미래와 사회문명에 대한 진보적 가치를 토대로 직관과 비전을 제시함에 있다. 시대변화를 제대로 읽고 이를 국민과 공유함으로써 공감대와 신뢰를 구축하는 것이다. 물론 이 과정은 말처럼 그리 쉽지 않다. 변화와 개혁의 과정은 늘 그랬다. 이런 변화와 개혁에는 늘 세 가지 주요요소가 필요하다.

첫째, 교육을 통한 인재 육성이다. 둘째, 합리적이고 정의로운 경제정책을 통해 변화와 개혁의 성과가 국민 개개인에게 투명하고 공평하고 공정하게 돌아가야 한다. 여기에 부동산, 조세 및 교육 등의 정책이 연결되어 있다. 셋째, 외교적 노력을 통해 국가발전과 성장의 결과가 이웃 및 기타 국가들과 그 가치를 공유할 수 있어야 한다. 국가 리더십은 글로벌 리더십으로 발전할 때 더 큰 파이와 시장을 가질 수 있다. 따라서 경제, 외교 및 교육의 세 가지 축이 리더십의 직관과 비전을 이행하고자 할 때 꼭 갖추어야 할 국가적 인프라다.

만일 국민 등 사회 구성원 대다수가 이에 공감하고 정부와 기업의 역할을 신뢰한다면 정치적·경제적·외교적·안보적 차원에서 국가와 국민, 기업의 역할은 유기적으로 융합할 수 있다. 그 결과 지속가능한 성장이 이루어지며 민주주의의 궁극적 목적, 즉 자유와 평등 정신이 구현될 수 있는 것이다.

여기에서 보수의 가치로 흔히 언급되는 '자유'는 근대 시민사회 이후 개인의 권리가 공공제도 속에 기능할 수 있게끔 정비가 이루어지는 과정에서 나오는 세 가지 자유를 말한다. 즉 개인이 종교활동과 의사표현을 자유롭게 할 수 있다는 '정신의 자유', 정치참여에 대한 '정치적 자유', 경제활동의 자유와 사회계층 이동의 자유 및 법에 따라 안전을 보장받을 자유를 나타내는 '물질의 자유'가 그것이다. '빵을 사 먹을 수 있는' 자유도 물질의 자유에 속한다.

사회 구성원 모두는 각자 이기적이다. 각자의 이해관계를 극대화하는 것이 목적이다. 소비자와 공급자 역시 마찬가지다. 소비자는 더 싼 양질의 제품을 원하기에 완전시장경쟁 체제가 이상적이다. 하지만 공급자 입장에서는 더 낮은 비용으로 합리적 품질의 제품을 만들고, 특히 독점적 지위를 가질수록 기업 이윤은 극대화되기에 이를 원한다. 한편 노동자는 비싼 임금을 원하고, 기업가는 자본과 노동비용을 최소화하려 한다.

이러한 경제주체들의 경쟁은 모두 시장(市場, market)에서 이루어진다. 그 균형가격은 각 공급자와 수요자가 가지는 구매력(bargaining power)에 따라 결정된다. 즉 수요가 공급보다 많으면 재화와 용역의 가격은 올라간다. 수요가 공급보다 늘 많을 경우 경제는 계속 성장한다. 경제가 성장하면 고용이 늘고 소득이 증가하며 주택, 식품, 의류, 자동차 등 모든 재화와 용역에 대한 수요가 확대된다.

이럴 때 만일 시장에 하나 또는 두 개 정도의 기업만 존재한다면 가격은 왜곡되기 쉽다. 따라서 독과점 기업경쟁은 정부가 관리 및 감독해야 한다. 자원배분의 효율성을 떨어뜨리기 때문이다. 이때 만일 정부가 이러한 역할을 소홀히 하거나 한쪽 입장에만 귀를 기울인다면 시장의 기능은 왜곡된다. 가격결정 기능이 왜곡되면 노동과 자본의 공급 기준이 왜곡되고, 한쪽이 더 많은 이윤을 남기게 된다.

이처럼 시장경쟁에서 자칫 자본의 힘에 따라 기업 소유의 독점적 지위가 이루어지고 정부에 의해 용인될 경우, 자원과 부의 분배 왜곡은 정치적·사회적 문제로 연결된다. 1980년대 중후반 신자유주의 운동, 즉 레이거노믹스(Reaganomics)와 대처리즘(Thatcherism)이 지금 미국의 양극화와 영국의 브렉시트(Brexit)로 귀결된다. 특히 양극화 문제는 2020년 1월 이후 코로나19 팬데믹의 영향으로 더욱 뚜렷하게 정치적·사회적 문제로 나타났다.

미국 의료보험체계의 단점과 함께 소득 양극화에 따른 의료비용 부담 차별화 때문에 많은 노인과 극빈자의 생명이 희생된 것이다. 질서 혹은 사회적 행위 매뉴얼 또는 '놈(norm)'은 사회적 비용을 절약하고 자원배분의 효율성을 높이기 위한 것이다. 그것이 곧 '상식(常識, common sense)'이 된다. 만일 이런 상식이 존재하지 않는다면, 인류는 지금도 다투고 경쟁하는 방식을 통해 각자 필요한 것을 취하려 들 것이다.

따라서 정치와 정치인은 국가와 사회의 경제활동에서 이루어지는 자원배분의 효율성을 관리하고 감독한다. 예를 들어 과거 '성군(聖君)'이라는 칭송을 들은 동서양의 제왕들은 전쟁과 세금징수에 있어 합리적이고 투명하며 일관된 정책 덕을 보았다. 정치는 경제활동의 '정당하고(just) 합리적이며(reasonableness) 누구나 실천 가능한

(affordability)' 원칙을 바탕으로 '국민과의 신뢰'를 쌓는 행위여야 한다. '민심즉시천심(民心卽是天心)'과 같은 말이다.

'헌법적 가치'가 곧 '상식'이라는 것이다. 헌법은 결코 어려워서는 안 된다. 비록 추상적일 수는 있지만, 그 추상성이 구체성과 객관성을 갖출 수 없는 것이어서는 안 된다. 따라서 헌법 역시 상식에 준해야 한다. 공권력(公權力)과 정치권력은 무제한적 시장간섭과 사회간섭을 정치적 이념을 토대로 독점 및 독재하고자 한다. 그런 유혹이 늘 존재한다. 하지만 이 역시 늘 성공할 수 없다. 국가적 신뢰와 국민적 상식에 맞지 않기 때문이다.

이런 반시장적이며 반민주적 정치와 경제기업의 권력욕이 합쳐질 때 헌법 제119조 2항은 '상식'에서 이를 비토(veto)한다.

코로나19 이후
기업이 처한 환경이 변하다[11]

────────── 어쩌면 코로나19는 기업과 개인에게 21세기 초입에 맞닥뜨린 위기이자 기회일 듯하다. 생존하면 기회일 것이고, 그렇지 못하면 경제 생태계에서 도태된다. 여기에서는 기업이 맞이

---

11 이 장은 <파이낸셜타임스(Financial Times)> 마틴 울프(Martin Wolf)의 2020년 12월 16일 기고문, 'Five powerful forces will affect the world in 2025'에서 아이디어를 얻었다. 일부는 마틴 울프의 생각을 인용해 옮긴 부분도 있으니 기사를 참고하면 더욱 상세한 내용을 알 수 있다.

할 코로나19 이후 환경으로 먼저 세계경제 환경의 변화 추세를 전망하고, 그다음 한국경제와 기업의 위기와 기회요인을 정리한다.

먼저 주목해야 할 점은 다음과 같다. 첫째, 포스트코로나19 세상이 갑자기 퀀텀점프라도 하듯 지금과는 완전히 별다른 세상이 될 것이라고 착각해서는 안 된다.

둘째, '전환기(transition period)'라는 말이 옳다. 오히려 코로나19 팬데믹과 함께 세계는 다양한 문제점을 더 안게 되었다. 예를 들어 급한 불을 끄다 보니 돈을 많이 풀었고, 미·중 간 갈등처럼 잠재하던 국가경제, 시장, 기술, 사회계층 등 간의 갈등 문제는 여전하다. 오히려 더 악화될 소지도 다분하다.

셋째, 따라서 향후 10년 이후 펼쳐질 세계질서와 2021년 이후 2~3년간 세계경제 환경의 변화는 다르다. 중장단기 세계질서의 변화를 구분할 수 있어야 한다. 근시안적(myopic) 접근은 경계하되 코로나19 팬데믹 진행과정과 1~2년 후 세계질서의 변화를 잘 예측하고 분석할 때 10년 후 세계질서 변화의 중요한 단서를 얻게 될 것이다.

정성적(定性的, qualitative) 결론부터 이야기하자면, 향후 1~2년간 변화의 핵심은 '불확실성 해소'와 국가발전의 '비전' 제시에 있다. 이후 10년간 변화의 핵심은 신뢰(trust)와 동맹(alliance)이 될 것이다. 다소 추상적인 기준이지만, 그 안에 포함된 양적이고 기술적인 내용을 지금부터 하나씩 정리해가도록 한다.

먼저 코로나19 팬데믹 후 세계경제는 다음과 같은 다섯 가지 질문을 주고 있다.

첫째, 지역별·국가별 경제환경의 변화는 어떻게 될 것인가? 둘째, 글로벌화는 계속될 것인가? 셋째, 자유무역과 보호무역 중 어떤 정책을 선택할 것인가? 넷째, 신산업 성장동력으로서 기술과 바이오 산업의 향배와 이를 주도할 수 있는, 즉 글로벌 표준화와 글로벌 룰 제정 국가 혹은 경제는 누가 될 것인가? 다섯째, 미래 글로벌 경제환경의 주도권을 향한 패권다툼의 승자는 누가 될 것인가?

또 한 번의 '미드웨이 대해전'이 경제, 외교, 군사, 기후환경 문제 전반에 걸쳐 펼쳐지고 있다. 미국의 또 다른 100년인가, 중국의 뒤집기인가, 아니면 예상하지 못한 제3의 국가 혹은 경제가 나타날 것인가?

먼저, 지역별·국가별 경제환경 변화는 다음과 같이 요약된다. 다만 여기에서 한 가지 모순되는 전문가들의 전망을 먼저 정리해둘 필요가 있다. 선진국 경제보다 개도국 경제 성장률이 여전히 높을 것이라는 견해가 있다. 그러나 실상은 이와 반대다. 선진국 경제가 좋아야 개도국 경제도 좋다.

물론 개도국의 인구와 시장 규모로 보아 선진국의 그것보다 월등한 규모를 가지고 있으나, 개도국 경제는 선진국 경제에 대한 수출의존도가 높다. 심지어 중국조차도 수출의존도가 65%다. 따라서 선진국 경제가 좋아야 후진국 경제도 좋다. 선진국 경제가 좋으면 원자재 수요가 증가함에 따라 유가와 구리·철 등 원자재 가격도 상승한다. 이런 순차적 가치사슬에 따른 가격상승이 호경기에 나타나는 물가상승으로 이어지게 된다.

지역적으로 미국과 유럽 경제가 좋아야 중국 등 개도국 경제가 좋아진다는 지역경제의 부가가치 사슬도 설명된다. 특히 코로나 19에 따른 경기침체와 금융위기에 따른 경제위기 사이에 정책대응의 미묘한 차이가 있지만, 개도국과 개도국이 많이 분포된 지역의 경제는 선진국과 선진국 지역 경제가 좋아짐으로써 파급효과의 수혜를 기대할 수 있다. '기대효과(Expected effect)'에 따른 개도국 경제와 지역경제에 선반영된 부분을 마치 개도국 경제가 세계경제 성장의 엔진이라고 해석하는 것은 옳지 않다.

한 가지 눈여겨봐야 할 점은 미국과 유럽 성장률 차이의 의미다. 적어도 2025년까지 유로존 경제는 독일 의존도가 높다는 뜻이고, 세계경제는 여전히 미국경제의 향배에 초점을 맞추고 있다는 의미

I 2020년 이후 세계경제성장률 변화추이 I

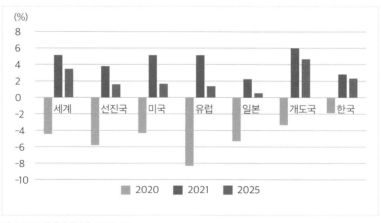

자료: IMF, 세계경제전망, 2020. 10.

다. 특히 미국과 독일의 경우, 기술력과 함께 달러화와 유로화라는 기축통화국과 같은 지위를 보유하는 이상 1~2%대 성장률은 개도국의 10%대 성장률과 맞먹는 수준임을 이해할 필요가 있다.

둘째, 글로벌화는 잠시 정체될 가능성이 높다. 글로벌화의 완전 중단은 아니다. 만일 이 가정을 비교적 확률적으로 세계경제 성장률 변화의 높은 가능성으로 참고할 경우, 앞에서 예측한 세계경제 성장률 전망을 0.2%p 정도 떨어뜨려도 무방하다. 특히 개도국 경제성장률은 1%대까지 추가 하락할 것이다. 트럼프 정부 동안 미 경제는 '리쇼어링(Reshoring)'이 중요 이슈였다. 리쇼어링은 해외에 진출한 다국적 기업을 다시 자국으로 불러들이는 정책이다.

셋째, 자유무역과 보호무역의 갈등 양상은 어떻게 될까? 미·중 갈등 양상의 변화를 예상하면 된다. 미·중 갈등의 강도는 미국의 재정적자와 경상수지 적자, 중국 위안화의 절상 속도 등과 밀접한 관련이 있다. 미국경제가 중국의 협조로 코로나19 팬데믹 이후 빠르게 불확실성과 불안정성을 극복할 수 있다면 자유무역은 힘을 얻는다. 그 반대는 보호무역이 된다.

그렇다면 미국의 향후 20년을 결정할 수 있는 바이든 정부의 대중국 정책은 어떤가를 잘 살펴봐야 한다. 바이든 정부의 주요 4대 핵심과제는 ① 코로나19 팬데믹 백신 개발 등 치료책 대응 ② 기후환경 변화 ③ 이민과 인권 문제 ④ 경기부양책을 통한 경기회복이다. 한편 미국의 대외정책 결정에서 중요한 것은 조약체결과 외교관계 수립 등의 주요 의사결정 기관은 다름 아닌 미 의회라는 점이다.

따라서 대중국 관계의 변화 방향을 보려면 미 상하 양원 구성의 성격을 봐야 한다.

미 의회의 대중국 기본 시각은 적어도 무역과 관련해 '불공정 무역거래'를 바로잡지 않고서 미·중 관계를 지속하기는 곤란하다는 것이다. 즉 미국은 중국을 지구상의 정치적·경제적·사회적·문화적 '블랙홀(black hole)'로 보는 것이다. 그동안 중국은 '암흑물질(dark matter)'로 존속해왔지만 이제는 빛을 내는 행성으로서 역할과 권한을 주장하고 있다.

미국과 중국의 '속내'와 '겉내'를 분석하고 해석하는 능력은 미래 한국경제의 중요한 핵심전략과 전술적 능력에 달려 있다. 예를 들면 '동맹'은 신뢰를 바탕으로 일정한 기술과 정보를 나눌 수 있다. 하지만 반대의 경우 결코 제한적으로라도 공유하지 않는다는 것이 미국의 이해관계에 부합한다. 이런 맥락에서 한미 간 FTA는 서로 아주 강력한 '동맹'임을 인정한 것이다.

바이든 대통령 당선자가 시진핑의 한국전 승전 70주년 기념사 이후 펜실베이니아주에 있는 한국전 참전기념비를 찾아간 것에 이와 관련한 메시지가 담겨 있다. 첫째, 한국은 미국의 강력한 우방이자 동맹이다. 둘째, 한국은 중국에 대해 분명한 포지션을 취해야 할 것이다. 미국의 이해관계에 한국이 '강력한 동맹'으로서 합리적이고 신뢰가 가는 역할을 할 것으로 기대한다는 의미다.

미·중 무역 갈등이 미 의회의 주요 관심사이며, 이는 미국의 핵심 국가 이해관계다. 따라서 중국에 대한 시장개방 압력, 특히 금융 및 투자 시장에 대한 개방압력과 규제완화, 중국 위안화에 대한 절상 요구 재개, 중국 반체제 인사들과 소수민족에 대한 인권문제 제기 등은 피할 수 없다. 미국의 대중국 보호무역 정책 강화를 예상하는 이유다. 즉 미국은 대중국 긴장 상태를 전혀 낮추지 않을 것이다. 그러므로 중국은 이에 동의하거나, 부정하거나, 협력하거나, 독립하거나 해야 한다.

미국은 이를 위해 강온 양면 전략을 정확하게 구사하고 있다. 1990년대 중반 이후의 '제3 이웃(The Third neighbor country) 정책' '중국 때리기(China bashing)' '중국 포위하기(China containment policy)' 등이 표면적으로 나타난 대중국 강경책이다.

미국 바이든 정부는 '동맹'외교를 통한 미국 재정부채 문제, 특히 경상수지 적자 문제를 중국과 원만하게 해결하지 않고서는 달리 묘책이 없다. 코로나19 팬데믹 이후 가계, 기업, 정부 등 경제주체들이 부담한 '부채(indebtedness)'의 해법은 제3국으로 이전시키거나, 자국에서 해법 찾기를 할 수밖에 없다. 이를 두고 '소프트 긴축(soft contraction)'으로 부르기도 하지만, 그냥 재정부채 문제의 '연착륙(soft landing)'으로 이해하면 된다.

미국은 기축통화국으로서 1970년대 후반 이후 자유변동환율 체제하에서 1985년 '플라자 합의' 등을 거친 경험이 있다. 미국이 코로나19 팬데믹 이후 발생한 국가부채, 즉 기업·가계·정부의 부채를 제3국에 '폭탄 돌리기'식으로 던지기에는 그 규모가 너무 크다. 코로나19 팬데믹 이후 전 세계가 2020년 12월 7일까지 쏟아부은

돈의 규모는 16조 달러다.[12]

이 가운데 60%가 미국이 부양책 등으로 풀어낸 규모이며, 나머지는 선진국 중 독일·일본·영국 등이, 개도국에서는 중국·브라질·인도 등이 부담한 규모다. 이 비용의 대부분은 사회적 거리두기와 국경 및 주, 시, 공동체 내 이동 중지와 폐쇄 조치에 따른 비용 증가분이다. 약 10조 달러에 달하는 국가채무 문제를 미국이 여타 국가에 풀어낸다면 세계경제는 어떻게 될까?

그런 과정에서 미국의 일시적 보호주의 무역에 대한 목소리는 '자유무역'을 강조하기 위한 역설적 강조다. 결국 중국과 협력하는

ㅣ 코로나19 팬데믹에 따른 글로벌 경제위기와 이에 따른 정부부채 급증추이 ㅣ
(부문별 GDP 대비 글로벌 부채 비율)

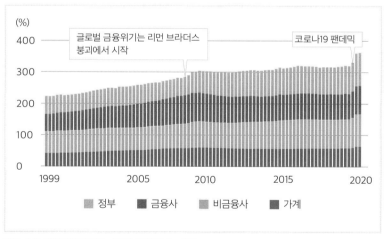

자료: IMF 데이터에 근거한 <파이낸셜타임스> 자료

12 S&P Dow Jones Indieces의 Howard Shilberblatt의 분석결과임.

것이 미국과 세계경제에 모두 '윈-윈' 결과를 가져온다는 것은 너무나 분명하고 간단한 명리다. 세계무역기구(WTO)와 기후환경변화와 관련한 국제기구 등에서 중국을 끊임없이 설득하는 노력이 온건책이다.

재정적자 문제의 연착륙이 무엇보다도 최우선 목표다. 국제금융협회(Institute for International Finance)에 따르면, 세계 총생산 대비 글로벌 총부채 비율은 2019년 321%에서 2020년 6월 말 기준 362%로 증가했다. 단기간에 이 같은 급격한 증가는 평화시에는 찾아볼 수 없는 경험이다.

이 문제는 향후 많은 과제를 우리에게 안길 것으로 보인다. 여기에서 파급되는 문제들은 금값 변동, 자유변동환율 제도하에서의 기축통화 지위 문제, 위안화 절상과 대미 무역수지 흑자국에 대한 환율조작국 지정 혹은 제2의 플라자 합의 도출 등 갈등과 타협의 조건이 되어가고 있다.

이러한 파장이 시작될 때 글로벌 주요 선진국과 중국과 아시아에 흩어져 있는 주요 개도국의 부동산 및 주식 시장의 움직임 등 금융경제와 실물경제의 아슬아슬한 줄타기가 시작될 수도 있다. 결국 정부, 기업 및 가계 모두가 부채규모 축소에 얼마나 빠르게 대응정책을 마련하고 순응하느냐에 달려 있다.

기업에 주어진
기회는 무엇인가

─────────── 기업의 위기에 대한 이야기도 없이 바로 '기회' 인가? 아니다. 위기감은 이미 기업이 철저하게 느끼고, 대응하고 있다. 먼저 기업의 정의를 간단히 정리하자. 기업의 종류는 크게 대기업, 중견기업, 중소기업으로 나눈다. 이 가운데 코로나19 팬데믹과 관련한 기업의 문제는 62만여 중소기업에 더욱 심각하다. 한국기업 가운데 자산규모 5천억 원 미만인 기업이 전체의 99%를 차지하고, 전체 근로자의 88%를 중소기업이 고용하고 있다.[13]

대부분의 중소기업 운영상태는 그야말로 주먹구구식인 경우가 많을 수 있다.

첫째, 회계규칙에 맞지 않는 재무제표 구성으로 생산과 서비스상

---

13 2019년 기준 우리나라 중소기업 수는 62만 1,336개이며 전체 기업의 99%, 전체 일자리의 88%를 차지한다. 기업은 크게 대기업, 중견기업, 중소기업 및 강소기업 등으로 분류할 수 있다. 강소기업은 임금, 일과 생활의 평균, 고용안정 등을 통해 청년들의 안정적 생활을 보장할 수 있는 중소기업 가운데 선정된다. 자산규모로 대기업은 10조 원 이상, 중견기업은 5천억 원 이상, 중소기업은 5천억 원 미만으로 나눈다. 중소기업 가운데 제조업은 매출액 규모가 120억 ~1,500억 원일 때 중기업, 120억 원 미만일 때 소기업으로 나눈다. 대기업과 중소기업의 중간 지점인 중견기업의 경우 자산 5천억 원 이상, 3년 매출 평균 1,500억 원 이상, 상시 근로자 1천 명 이상, 자기자본 1천억 원 이상을 만족하는 기업으로 2019년 기준 약 4천 개가 있다. 중견기업은 대기업이 영위하는 금융, 보험 및 보험 관련 서비스업을 가지고 있지 않으며, 외국인 지분이 30% 미만이어야 한다. 하지만 중견기업이 대기업으로 진입하려 하지 않는 것이 흔히 얘기하듯 세금 문제와 각종 규제 때문인지는 정확한 연구와 분석이 필요하다. 기술적으로나 경영 측면에서 더는 부가가치산업 생산을 기대할 수 없거나 대기업에 종속된 형태의 원청·하청 관계에 포함될 때, 중견기업이 대기업으로 정의되는 것에 어떤 불이익이 존재하는지 구체적 사실을 검토할 필요가 있다.

의 다양한 부가가치 창출 구조를 정확하게 기록하지 않고 있을 가능성이 크다.

둘째, 첫째 문제는 자주 세금, 특히 상속세와 증여세 등 후계 구도와 문제를 공유한다.

셋째, 한국의 산업구조에서 중소기업은 대기업 중심의 피라미드 구조에서 제일 하단에 위치한다. 대개 원청기업의 밑단을 구성하는 제2 및 제3 하청기업이 중소기업에 속한다.

넷째, 근로자의 근로 의욕 역시 매우 낮다. 상대적 저숙련 및 저임금 구조 때문에 인재육성과 고용안정이라는 두 마리 토끼를 잡는 데 의욕이 없다. 사주는 직원의 능력을, 직원은 사주의 탐욕을 탓하기 일쑤다.

다섯째, 기업의 규모가 커지면 그만큼 갖추어야 할 시스템과 인적자원의 중요성이 커지는데도 한국의 교육과 급여, 기업 이미지 등이 혼재해 이를 갖추기는 쉽지 않다.

여섯째, 사주의 도덕적 해이 문제도 중소기업이 안고 있는 심각한 문제 중 하나다. 예를 들어 지역에서 정부기관과 기업 간의 다양한 인간관계 및 사회적 유대관계가 오랜 구습으로 남아 있는 게 현실이다. 국민의 세금이 이곳저곳에서 누수되는 현상 중 하나가 이런 도덕적 해이에서 발생한다.

요약하면, 중소기업의 실무적 문제의 핵심은 사람과 시스템이 부족한 것이고, 사주의 도덕적 해이와 도덕적 불감 때문에 이를 방치하고 있다. 정부의 규칙과 제도를 따르지 않아야 '한계적 이익', 즉 자신의 부를 축적할 방법이 생길 수 있다고 믿는 것은 아닐까. 이 점에서 이번 코로나19 팬데믹이 중소기업에는 커다란 위기다.

코로나19 팬데믹 때문에 수많은 '좀비기업'이 생겨났다. 물론 좀비기업이 급증한다는 것이 곧바로 경제 취약성을 악화시킨다는 근거로는 취약하다. 그러나 만약 다음과 같은 시나리오가 전개된다면 그 지연뇌관이 지니는 폭발력은 대단하다.

현재 많은 좀비기업은 대출이자 연체, 세금납부 지연 및 정부의 연기 등으로 근근이 버티고 있을 것이다. 만일 연체해도 금융기관 등에서 재촉하지 않을 가능성도 있다. 버텨야 고용이 그나마 존속될 수 있다는 논리다. 아울러 다행인지 불행인지는 모르지만, 땅과 아파트 가격이 폭등하고 있어 담보물건 가치가 충분하다고 생각할 수 있다.

더구나 오랜 저금리 영향으로 부채비용이 매우 저렴해졌다. 제1, 제2 금융권도 은행 수익성이 정부의 돈풀기 지원대책의 결과로 개선되고 있다는 가정이 충분히 성립된다. 그렇지 않다면 금융기업들의 아우성은 불 보듯 뻔하기 때문이다. 만일 부동산 거품이 터진다면 어찌 될까?

부동산 거품이 꺼질 이유가 없다고 가정하자. 그렇다면 코로나19의 영향으로 확대된 과잉 유동성이 기업 파산과 금융 및 실물경제 괴리 확대로 향후 후폭풍(backfire)을 가져올 가능성이 충분히 잠재되고 있다는 가정은 기우(杞憂)인가.

이번 팬데믹으로 기업경영의 기회라는 측면에서 분명한 것은 기업환경이 대기업, 특히 글로벌 기업에 더욱 유리해졌다는 점이다.

먼저 대기업은 구조조정을 이유로 해고나 무급휴직을 통해 노동비용을 절감했다. 아울러 공급체인을 간소화하면서 이에 따른 비용 역시 줄일 수 있었다. 더구나 은행이나 정부기관에서 각종 재난지원금을 수령하거나 세제혜택을 받아 금융비용도 줄일 수 있게 되었다. 소비자 역시 소비 패턴이 언택트 중심으로 바뀌면서 온라인 쇼핑을 활용하고, 외식과 해외여행을 줄이면서 지역경제 혹은 저축률 증가 현상이 나타나고 있다.

코로나19 팬데믹 여파로 가장 피해가 큰 기업은 중소기업이다. 중소기업의 피해는 제조업 및 서비스 업종과 관련된 고용불안 또는 실업으로 곧바로 연결된다. 백신 접종을 시작했어도 당장 낙관적 경기회복을 기대하기는 어렵다. 미국의 경우 추수감사절부터 시작되는 연말 쇼핑 분위기는 거의 사라진 형국이다. 코카콜라와 GE 같은 기업이 더 많은 인원에 대한 구조조정 계획을 밝히고 있듯, 적어도 2021년까지 완전한 경기회복과 고용확대를 기대하기는 어렵다.

이런 현상은 최근 각국의 증시 호황을 이해하는 데 도움이 된다. 기업의 수익은 매출이익에서 비용을 뺀 것이다. 매출이익은 온라인 쇼핑으로 어느 정도 감소를 줄여가면서 비용, 특히 노동비용을 크게 줄임으로써 증가했다.

2008년 글로벌 경제위기와는 상황이 다르다. 당시 서브프라임 모기지 부실채권으로 발생한 부동산 버블이 꺼지면서 주택시장은 붕괴했다. 하지만 지금은 상황이 반대다. 예를 들어 부동산 시장은 호경기다. 미국만 해도 저금리와 주택 모기지 비율이 크게 떨어지면서 부동산 시장으로 자산이 몰려드는 것이다. 이러한 현상은 한국이라고 다르지 않다.

그렇다면 이런 의문을 가져볼 만하다. '재난이라고 해서 정부와 중앙은행, 시중은행 등이 돈을 풀었다는데, 그 돈이 과연 위기상황에 처한 중소기업과 극빈층 가계에 얼마나 제대로 흘러들어갔을까?'

미국의 경우 2021년 6월경 주식 전문가들이 3분기 기업이익은 25% 정도 하락할 것이라고 예상한 바 있다. 결과가 고작 6%였다는 점은 앞서 설명한 내용을 뒷받침하지 않는가. 의료, 소비자 비내구재 및 기술 관련 주식은 에너지와 여타 산업군의 이익감소를 충분히 상쇄했다는 의미가 된다. 특히 코로나19 팬데믹과 같은 재난상황에서 이러한 실적이 오히려 주식과 부동산 같은 자산시장의 분위기를 열광하도록 했다는 측면은 주목해야 할 부분이다.

흥미로운 사실은 많은 기업이나 자영업자가 비록 문을 닫고 있지만, 소비자의 지갑은 언제든지 열려 있다는 점이다. 이 '틈새'를 찾아내는 역할은 기업가와 자영업자의 책임일 뿐 소비자는 강요하지도, 요구하지도 않는다.[14]

14　2020년 12월 18일 <월스트리트저널>의 보도에 따르면, 지난 4월에 미국 Neiman Marcus Group Inc.는 7캐럿짜리 다이아몬드(약 140만 달러, 16억 원)를 직접 보지도 않고 주문한 고객에게 판매한 적이 있다. 두 가지 점을 눈여겨봐야 한다. 대기업과 규모가 있는 자영업자만 온라인 쇼핑몰과 같은 소비창구를 열고 운영할 수 있는 문제는 아니다. 또 한 가지는 소비자의 '신뢰'를 가질 수 있는 기업과 자영업자는 향후 '신뢰' 관계를 더욱 공고히 할 수 있는 기회와 위기를 동시에 얻는다는 점이다. 배달음식에서 만일 '쥐'가 나온 경우, 기업과 자영업자의 브랜드 가치는 더는 시장에 존속할 수 없게 될 것이다. Neiman Marcus는 9월에 파산보호에서 회생했으며, 새로운 투자자가 나타나면서 현재는 뉴욕시 Bergdorf-Goodman을 비롯해 40개 점포를 모두 재개점했다.

사례로 본
기업의 위기와 기회[15]

─────────── 2020년 12월 17일 〈뉴욕타임스〉는 영국의 경기부양금 지원 내용에 대한 자체 분석결과를 기사화한 적이 있다. 그 결과는 매우 충격적이었다. 경기부양책의 결과를 세 가지로 요약해 '낭비(Waste)' '무시(Negligence)' '정실배분(Cronyism)'의 극치로 표현했다.

영국 정부의 감사원 격인 국가감사국(National Audit Office)은 코로나19 팬데믹 이후 첫 7개월간 지급된 모든 대출 및 지급 계약서와 사용처에 대한 정보 공개를 거부했다고 한다. 2020년 12월까지 영국의 지원금 규모는 220억 달러이며 제2차 세계대전 이후 최대 규모 재난지원금이다.

이 가운데 절반 정도인 110억 달러를 과거 정부 정책에 순응했거나 어떤 불평도 하지 않은 기업, 보수당 정치인과 친분이 있거나 친구가 운영하는 회사 지원에 사용했다는 것이다. 그러다 보니 정치적 연결고리가 전혀 없는 중소기업과 일반 국민은 전혀 혜택을 받지 못했으며, 오히려 역설적으로 어려운 상황에서 이들을 십시일반 도운 결과가 된 셈이다.

---

15 2020년 12월 18일 〈월스트리트저널〉, Liz Hoffmand and Jennifer Maloney의 "For Many Big Business, 2020 Was a Surprisingly Good Year," 기사를 요약 정리했다.

이와 같은 문제점은 존 케인스(John M. Keynes)의 '절약의 역설'에서도 설명된다. 즉 정부와 중앙은행 등의 경기부양책은 유동성을 확대하지만, 소비자의 수요가 급감해 오히려 재정부담이 가중되고 소득 양극화를 극명하게 초래하는 단초가 된다. 코로나19 이후 세계 경제는 첨단기술 및 소득 격차, 정부·기업·가계의 부채 문제, 글로벌화 추세 악영향과 둔화 및 정치적 갈등과 긴장이 점차 증가하면서 새로운 질서 혼란과 불확실성의 변수가 될 전망이다.

그렇다면 '왜 기업에 기회인가'의 한 부분은 설명되었다. 둘째 이유는 앞에서 간단히 설명한 '공짜 돈'과 관련되어 있다. 저금리라서 돈 빌리기가 너무 쉽다는 의미다. 물론 글로벌 대기업에나 가능한 이야기다.

돈을 빌리기 쉬워졌다
(Easy Money)

———————— 예를 들어 2020년 3월 크루즈 여행으로 유명한 로얄캐리비안 그룹(Royal Caribbean Group)은 코로나19 영향으로 모든 운항을 중단하고 재정문제에 적극적으로 접근했다. 당시 그룹 이사회 의장이던 리처드 페인(Richard Fain)이 즉각적인 구조조정을 단행하면서 은행 차입과 채권 판매 등을 통해 재무건전성을 강화한 것이다.

당시 로얄캐리비안 그룹은 항구에 정박한 크루즈 배를 관리하는 데만 한 달에 약 3억 달러가 드는 상태였다. 10월에 미국 내 근로자의 23%를 유급 또는 무급 휴직으로 정리하고, 마침내 총 4만 4천 명 이상 선박운항 관련 노동자를 해고한 바 있다. 결국 캐리비안 크루즈에 투자한 투자자들은 화수분처럼 돈만 끌어다 넣었을 뿐 수익은 생각도 하기 어려운 형편이었을 것이다.

글로벌 기업 재무 관련 데이터 회사인 리피니티브(Refinitiv)에 따르면, 미국 포드사도 4월에 약 30억 달러를 모으려 했지만 80억 달러를 모았고, 보잉사 역시 당초 미 재무부에 지원을 요청하려던 계획을 바꾸어 250억 달러 규모로 채권을 발행해 이 돈을 모은 바 있다. 2020년 한 해에 투자자들이 투자한 금액은 11조 달러 규모에 이르며, 이 가운데 절반 정도가 기업채무와 관련한 것이었다고 한다.[16]

그렇다면 왜 투자자들은 좀비기업 혹은 쓰러져가는 기업들에 11조 달러나 되는 돈을 투자했을까? 아폴로 글로벌 매니지먼트 투자사의 수석 자산운용가인 39세 존 지토(John Zito)의 말을 빌리면 그 안에 답이 들어 있다. 지난 3월 31일 재택근무지에서 그가 팀원들에게 한 말이다.

---

[16] 여기에서 말하는 정부의 범주에는 미국의 패니메이(Fannie Mae), 프레디맥(Freddie Mac) 및 세계은행(World Bank) 등이 포함된다. 자산담보부 증권은 정부기관 및 주택담보대출 증권을 포함한다. 한편 주식은 IPO와 우선주, Follow-On(기업공개 후 발행하는 2차 발행 주식과 주식 매도분을 포함)과 SPACs 주식[비상장기업 인수합병을 목적으로 하는 서류상 회사(paper company)]을 포함한다.

┃ 펀드의 홍수 ┃

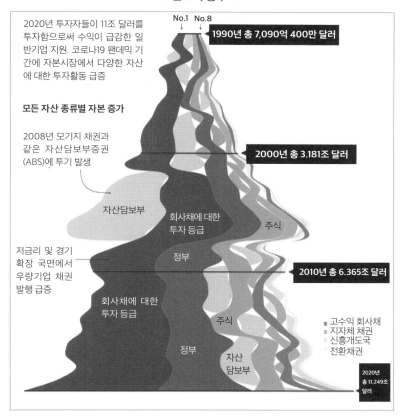

2020년 투자자들이 11조 달러를 투자함으로써 수익이 급감한 일반기업 지원. 코로나19 팬데믹 기간에 자본시장에서 다양한 자산에 대한 투자활동 급증

No.1 No.8

1990년 총 7,090억 400만 달러

모든 자산 종류별 자본 증가

2008년 모기지 채권과 같은 자산담보부증권(ABS)에 투기 발생

2000년 총 3.181조 달러

자산담보부

회사채에 대한 투자 등급

주식

정부

저금리 및 경기 확장 국면에서 우량기업 채권 발행 급증

2010년 총 6.365조 달러

회사채에 대한 투자 등급

주식

정부

자산 담보부

■ 고수익 회사채
■ 지자체 채권
■ 신흥개도국
■ 전환채권

2020년 총 11.249조 달러

주: 1990년 미국경기 침체로 7,090억 400만 달러가 지원되었다. 여기에 2008년 서브프라임 모기지 부실로 인한 부실채권 인수 등에 모두 3조 1,810억 달러가 투입되었다. 한편 2010년 저금리에 따른 글로벌 기업의 채권발행이 증가하고, 코로나19 팬데믹 여파로 6조 360억 달러가 추가됨으로써 2020년 기준 총 11조 2,490억 달러가 시중에 풀려나와 있다. 이것이 미 증시가 폭증한 배경이며, 언젠가는 이 부분의 버블 붕괴가 가져올 파장을 대비해야 한다. 물론 연착륙을 위한 노력도 중요하지만, 이 문제는 2025년까지 미국과 중국이 어떻게, 또 어떤 글로벌 리더십 문제를 풀어내고 보여주는가에 달려 있다. 중국은 위안화 절상을, 미국은 중국이 국제사회에 대한 책임과 '신뢰'를 더욱 구축할 수 있도록 가르쳐주는 일이다. 미국이 중국을 '신뢰'하지 못할 때, 레이건 대통령이 고르바초프 대통령에게 한 비슷한 말이 언젠가 미국 대통령에 의해 다시 한 번 반복될 수도 있다. "중국이여, 더는 사회주의 체제를 고집하지 마라."

"2월까지 투자는 현금화 또는 안전자산에 예치하는 등 매우 보수적 관점에서 방어적으로 이루어졌다. 하지만 이런 방식으로는 또 다른 기회를 얻을 수 없다. 매우 저렴한 가격에 큰 기업들을 사들여야 한다."

그의 콘퍼런스 콜이 끝나고 바로 다음 날부터 2주 동안 약 8억 달러가 기업 채권 매입과 보잉사가 발행한 새로운 채권매입에 쓰였다. 이들이 구입한 채권은 보잉사, PetSmart, Airbnb와 같은 글로벌 기업들이었다.

이렇게 적극적으로 투자한 배경은 무엇일까? 투자회사 역시 충분한 실탄을 공급받을 수원(水源)이 있었기 때문이다. 바로 중앙은행과 금융기관들이었다. 글로벌 정부는 28조 달러, 즉 코로나19 팬데믹 이후 전 세계 총생산의 급격한 감소로 추정되는 규모의 3분의 1에 해당하는 경기부양이었다.

그야말로 경기부양이라는 명분으로 헬리콥터에서 돈을 뿌린 거였고, 이 돈은 고스란히 미래세대와 중산층 이하 서민경제가 부담해야 할 몫으로 언젠가는 돌아올 수밖에 없다. 수십 년 지나 병 속에 들어 있는 편지가 누군가에게 전달되듯이 말이다. 정부가 금융시장의 단단한 버팀목이 되기로 작정한 셈이다. 이런 눈치를 채지 못한 다수의 소시민은 주식 시장과도, 부동산 시장과도 인연이 멀다.

기업들마다 상황은 다르다는 점도 간과해서는 안 된다. 미국의 글로벌 항공사인 유나이티드 항공사의 스콧 커비(Scott Kirby) 회장과 노조는 조종사의 직업을 보장하기 위해 코로나19 팬데믹이 종식된 후 재고용에 필요한 재교육 프로그램을 피하려고 몇 가지 제안을 논의한 바 있었다. 하지만 10월, 정부지원금이 모두 소진되자 수천 명에 이르는 승무원, 항공수리 기술자와 노동자를 무급휴직으로 정리했다.

지난 12월 14일에는 2020년 한 해 50억 달러 이상의 적자를 예상하는 가운데, 현금이 예상보다 빠르게 소진되고 있다는 내용도 발표한 바 있다. 스콧 커비 회장은 "많은 사람이 이럴수록 더 확장하라는 이야기를 하지만, 지금 확장한다는 것은 더 빠르게 사라진다는 것을 의미한다"며 매우 비관적인 전망을 내놓았다.

빨리 움직여라
(Moving Faster)

──────── 메드트로닉(Medtronic PLC)은 다른 기업들과 달리 재무상태 악화로 인한 자금이 필요하지 않았다. 메드트로닉은 의료기기 중 산소호흡기를 만드는 회사다. 2020년 3월 15일 메드트로닉의 제프 마사(Geoff Martha)는 자신의 집 지하에서 자전거를 타고 있었다.

당시 그가 운동 중에 받은 전화는 미국 백악관, 연방정부 긴급재난 구호청, 주지사 그리고 아일랜드의 총리에게 걸려온 것이었다. 그들이 전화한 내용은 돈이 아니라 산소호흡기를 더 많이, 빨리 만들어달라는 주문들이었다.

4월 당시 이들 정부에서 요청받은 산소호흡기 주문량은 전 세계 산소호흡기 시장에서 생산되는 양보다 훨씬 많은 것이었다고 한다. 그는 곧바로 메드트로닉이 보유하고 있는 산소호흡기 설계도와 디자인을 모든 회사와 공유하는 것은 물론이고, 자동화 부분을 확장하고 필요한 기술자를 더 고용하면서 조립공정에 더욱 속도를 내는 길을 선택했다.

4월 당시에 미네소타주 미니애폴리스를 비롯해 시카고 등 대도시의 병원들은 직원들이 코로나19 바이러스에 노출되는 것을 피하고자 메드트로닉에 그동안 한 번도 경험한 적 없던 주문을 했다. 환자실 외부에 산소호흡기를 설치해달라는 것이었다.

이 덕에 당시 인공심박조율기(pacemaker) 사업이 지지부진하던 바람에 어렵던 재정상황을 예상보다 빠르게 벗어날 수 있었다. 2020년 10월 30일 기준 3분기 수익은 76억 5천만 달러이며, 지난해 같은 기간 분기 수익보다 0.8% 낮은 수익을 기록했다.

디지털 시대에 적응하라
(Going Digital)

──────────── 팬데믹으로 가장 주목받는 산업 분야는 '디지털 경제'다. 학교 수업도 온라인으로 진행된다. 모든 콘퍼런스도 온

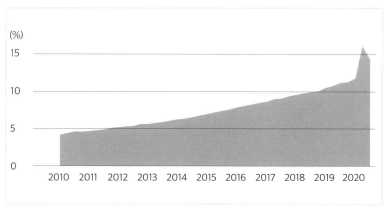

Ⅰ 미 소매 판매 가운데 전자상거래 비중 추이변화 Ⅰ

자료: 세인트 루이스 연준 자료를 통한 US Census Bureau

주: 계절적 조정치

라인 언택트로 이루어지는 상황이다. 심지어 음식 주문 배달이 늘어난 배경도 디지털화에 있다. 월트 디즈니사(Walt Disney Co.)가 처음 신사업을 시작했을 때 8,600만 가구가 가입했었다. 미국 전체 소매판매 중 전자상거래인 '이커머스(e-commerce)' 부문은 2020년 3~7월에 무려 5%p나 증가했다. 2020년 이전 5년 동안의 총 증가 규모와 같은 수치다.

소프트뱅크의 글로벌 투자회사인 비전펀드(the SoftBank Vision Fund)로서는 2020년 한때 'WeWork'와 같은 스타트업에 수십억 달러씩 투자했는데도 뚜렷한 성과가 없던 차에 그야말로 반가운 소식이 아닐 수 없었다. 당시 소프트뱅크 비전펀드의 미스라 회장은 코로나19 팬데믹 확산에 따른 수익감소에 대응하기 위해 비용절감을 고민하고 있었고, 직원들에게 더는 자금을 모으기 힘들 수 있다는 점을 강조하고 있었다.

당시 그는 1년 6개월 정도 WeWork 사업이 위기에 봉착할 것임을 직감했을 것이다. 하지만 이런 부정적 예측은 그 스스로 뒤돌아보아도 매우 비관적인 경기상황을 가정한 것이었다. 비전펀드의 포트폴리오에 포함된 24개 기업 펀드는 2020년 한 해에 예상과 달리 개인투자자들에게서 엄청난 투자금을 모으는 데 성공한 사실이 이를 말해준다. 이들 투자사들 가운데 음식물 배달 서비스 업체인 '도어대시(DoorDash)'사 등 6개 회사는 주식 시장에 성공적으로 상장되었다.

상장되는 첫날 거래가보다 한 달 지난 후 이 회사의 주가는 무려 86%나 상승했다. 즉 6억 8천만 달러 투자가 120억 달러가 되어 돌아온 것이다. "코로나19가 적기에 나타난 것이고, 우리가 그때 올바로 결정한 것이다"라는 게 미스라 회장의 말이다.

그러나 여기에도 대기업군이나 금융계의 큰손들만 경제위기 상황에서 다시 시장에 흘러나온 우량한 기업과 새롭게 투자자의 도움을 기다리는 스타트업 기업의 손을 잡을 수 있었다는 점을 간과해서는 안 된다. 즉 돈이 돈을 벌지만, 그 돈은 '신뢰'와 '브랜드' 가치를 지닌 기업과 투자자에게만 가능하다는 점이다. 개인도, 국가경제도 마찬가지다.

중심을 잡아라
(Need to Pivot)

──────── 컴캐스트사(Comcast Corp.)의 제프 셸(Jeff Shell) 회장은 미국 NBC유니버설이 수년간 정체되어온 영화-극장 체인 산업에서 코로나19 팬데믹 이후 변화하는 소비자의 새로운 취향, 즉 인터넷으로 음성과 영상, 애니메이션 등을 시청하는(streaming) 분야로 새롭게 추세가 전환되고 있다는 점에 주목하고 있다.

코로나19 팬데믹 여파로 2020년 극장산업이 완전 폐업위기로 내몰리는 가운데 애니메이션 작품 〈Troll World Tour〉를 9천만 달러에 제작해 애플과 아마존 같은 애니메이션 플랫폼(platform) 시장에 내놓았다. 문을 닫은 극장과 연극무대, 쇼비즈니스 문화의 침체를 보고만 있기보다는 다른 방법을 찾아 나섬으로써 경기둔화를 극복할 뿐만 아니라 새로운 영화 및 애니메이션 사업을 창출한다는 판단이었다.

그가 시장에 〈Troll World Tour〉를 내놓자마자 디지털 판매로 1억 달러 매출을 올렸다. 현재 넷플릭스와 유튜브 등 인터넷 매체 시장이 미래 영상산업뿐만 아니라 문화산업에 새로운 패턴을 일으킬 것은 상상하기 어렵지 않다.

하지만 여기에도 조건이 있다. 그것은 바로 '플랫폼' 시장의 잠재력과 실질적인 운용 시장이 존재할 때 경쟁력의 우위를 점할 수 있다는 것이다.

미국에서 가장 큰 극장 체인인 AMC 엔터테인먼트 지주사(AMC Entertainment Holdings Inc.)는 이에 즉각적으로 반발하면서 NBC유니버설이 새로운 사업계획을 철회하지 않는 한 NBC유니버설 제작 영화를 상영관에서 개봉하지 않겠다는 견해를 피력했다. 소비자가 때로는 아주 큰 스크린에서 영화 보기를 원한다는 점도 틀리지 않는다. 인터넷이 본격화될 때 신문사의 종이 신문이 사라질 거라고 걱정한 일도 있듯이 말이다.

하지만 서로 다르면서 같은 서비스를 제공하는 영화 제작사와 상영관 입장에서는 새롭게 부상하는 넷플릭스와 같은 경쟁사를 의식하지 않을 수 없다. 그런 점에서 머지않은 미래에 고전적 영화상영관 기업과 영화 제작사 간의 합종연횡은 불가피할 전망이다. 이미 넷플릭스는 자체 감독과 배우들을 통해 영화와 드라마 등을 직접 제작하고 있다. 이는 고전적인 두 기업에 더는 소모적 논쟁이 필요치 않음을 경고하는 것이다.

이와 같은 논쟁이 시작되고 정확히 3개월 후 여전히 미국 개봉관 시장은 매우 어려운 상황이다. 할리우드에서 이런 상황이 더 지속될 가능성은 없어 보인다. 즉 유니버설사는 향후 인터넷 매체를 통한 스트리밍(streaming) 사업에 본격 진출할 예정이다. 반면 AMC 역시 가정용 대여 상품으로 대응할 예정이다.

유니버설과 AMC는 사실상 2016년과 2018년 두 번에 걸쳐 상호 이해관계를 존중하는 선에서 경쟁하기로 합의한 바 있다. 그러나 이제 더는 협력을 기대하기 어려운 상황이 되어버렸다. 영화시장이 지난 5년간 고민하고 새로운 변화의 방향을 모색한 것은 사실이지만, 이 모든 것이 코로나19 팬데믹 여파로 단 3개월 만에 틀어져버렸다. 이에 AMC 회장 애덤 에런(Adam Aron)은 "코로나19가 모든 것을 바꾸어버렸다. 이제 유니버설과 AMC는 각자가 생각하는 길로 가면서 어느 한쪽이 모든 위험을 다 부담하는 방향을 선택한 것이다"라고 말했다.

영화산업의 향배는 이와 관련한 수많은 서비스 및 제조업 분야에 새로운 산업의 출발과 함께 전통적 산업의 도태, 적응 및 변화를 요구하고 있다. 화이자와 모더나 백신이 성공적 결과를 가져온다면, 아직도 대형 스크린에서 제임스 본드의 〈007〉 영화와 같은 블록버스터 영화를 보기 원할 것이다. 그러나 비록 결과가 AMC의 승리로 끝난다고 하더라도, 이미 영화관의 대형 스크린이 가정의 대형 스크린으로 조금씩 변화하고 있는 것도 사실이다.

이제 미국의 베스트바이(Best Buy)와 같은 홈 시어터(home theater) 전자제품을 판매하는 시장에서는 돌비(Dolby) 시스템과 같은 음향기기와 함께 좀더 안락한 소파 등 가구도 판매량이 늘어날 수 있다. 새로운 형태로 시장이 변한다는 것은 소비자의 패턴이 변화했다는 것이고, 이에 따른 다양한 수요와 공급상의 경제변수도 변화하게 마련이다.

시대가 빠르게 변화하고 있다는 점을 제대로 인식하지 못하면 언제든지 기업 생태계에서 '적자생존(the survival of the fittest)' 법칙이 적용된다는 사실을 우리는 익히 알고 있다. 우리 기업들도 이 점에 있어서 더는 '중후장대(重厚長大)'와 '경박단소(輕薄短小)'만 놓고 경쟁할 것이 아니라, 그 안에 포함되는 '콘텐츠(contents)'를 치열하게 고민해야 한다.

이러한 고민은 중소기업과 강소기업의 참신하고 창조적 아이디어에서 출발한다. 아울러 그러한 아이디어의 바탕은 '교육'에 있다. 암기식 교육이 아닌 창조력 중심 교육 말이다.

새로운 수요 창출
(Surprising Demand)

──────────── 코로나19 사태로 식당과 술집이 문을 닫기 시작하자 또 다른 업종의 영업이 중단되는 파급효과가 나타나고 있다. 하지만 소비자는 코로나19 팬데믹이 유행하는 이런 상황에서도 계속 무언가를 먹고 마시려 드는 인간의 본능적 욕구를 지워버릴 수 없다. 결국 미국 등지에서는 우리나라 김치냉장고처럼 가정용 '바(bar)'와 같은 제품을 원하기 시작했다. 이런 현상은 2020년 5월 25일 전몰장병기념일(Memorial Day) 이후 지금까지 아무런 변화 없이

---

17 더 앱솔루트 컴퍼니의 등록상표인 주류 품목이다. 깔루아는 멕시코의 베라크루스(Veracruz) 지역에서 생산되는 커피 리큐르로서 100% 아라비카 커피 원두와 사탕수수의 혼합으로 만들어진 증류주에 바닐라와 캐러멜을 더해 맛을 낸다. 칵테일의 종류 중 하나인 에스프레소 마티니(Espresso Martini)의 재료로 사용되기도 한다. 네이버 지식백과, 깔루아 참조.

지속되고 있다.

예를 들어 깔루아(Kahlua)와 한 병에 150달러씩 하는 코냑 수요가 오히려 늘고 있다.[17] 대부분의 술집과 식당이 문을 닫고 있는 상황에서 앱솔루트사의 미국 3분기 판매량이 전년대비 6% 늘어났다는 점은 무엇을 의미하는가? 온라인 판매 마케팅에 답이 있었다. 시애틀에서 주류 판매업을 하는 앤 무케르지(Ann Mukherjee)의 말이 흥미롭다. "일단 소비자가 어떻게 할지를 결정했다면, 무거운 술병을 들고

Ⅰ 미국 소매판매 전년대비 변화 추이 Ⅰ

자료: 세인트 루이스 연준 자료를 통한 US Census Bureau
주: 계절적 조정치

배달할 필요가 없지 않은가." 그들이 온라인으로 주문하면 재고에서 곧바로 배송하면 되기 때문이다.

이러한 소비 패턴이 과연 코로나19 팬데믹이 끝난다고 해서 쉽게 바뀔 것인가? 그렇지 않을 전망이다. 소비자는 이미 소비 패턴을 오랫동안 전통 장보기로 습득한 브랜드 정보와 신뢰, 여타 소비자가 올려놓은 평가 등을 참고하며 온라인 쇼핑의 비중을 크게 늘릴 수밖에 없을 것이다. 지난 2020년 3월 코로나19 사태가 터지며 미국의 식품 판매가 급격히 감소했지만, 5월과 6월부터 코로나19 팬데믹 이전의 판매량 수준으로 빠르게 회복했다. 그 배경에는 바로 '온라인 쇼핑' 플랫폼이 존재한다.

PetSmart사의 사이먼식(J.K. Symancyk) 회장 또한 이에 동의한다. 사람들이 집에 머무는 시간이 늘어나자 반려견 입양도 늘고 있다. 이에 애완견과 함께 나들이할 때 사용하는 기구 소비도 늘어나고, 특히 핼러윈(Halloween)에 자신들이 애완용으로 키우는 돼지에게 입힐 의상 수요도 늘어났다. 따라서 PetSmart사의 매출 역시 증가가 예상된다는 것이다.

수익 증가가 예상되는 또 다른 사업 분야는 바로 신규주택 건설 부문이다. 사실 2020년 3월에는 주택건설업자나 기술자의 일자리가 매우 위태로운 상황까지 갔었다. 예를 들어 주택 건설사 Toll Brothers는 주택부지 매입이나 도로건설 등의 계획을 연기했고, 심지어 10% 구조조정까지 하지 않을 수 없었다. 하지만 5월 중순부터 이런 상황은 역전되기 시작했다. 주택건설 관련 업체의 온라인 웹사이트 방문횟수가 급증하고, 언택트 프로그램 '줌(Zoom)'에서 그들이 생각하는 주택 쇼핑을 위해 신규주택 마케팅 자료를 검색하는 수가 늘기 시작한 것이다.

이들 온라인 쇼핑 소비자의 한 가지 특이점은, 그들이 구매하려는 집에 사무실과 운동할 수 있는 시설이 갖추어져 있는지에 관심을 보였다는 점이다. 요양원과 대학 캠퍼스에서 코로나19 바이러스가 확산하자 나이 든 부모와 성인이 된 자녀를 위한 방을 추가하는 요구도 증가한 것을 볼 수 있다. 한편 사고의 틀을 바꾸면 역시 새로운 길이 보인다는 점도 간과할 수 없다.

예를 들어 Toll Brothers에서 직원에게 가족과 가까운 곳이나 원하는 지역으로 근무지 재배치를 허락하자, 캘리포니아의 직원들은 네바다주와 아이다호주에 지어진 주택들을 눈여겨보았다. 마찬가지로 뉴욕 직원들은 코네티컷주에 관심을 보였고, 그동안 지지부진하게 팔리지 않던 Toll Brother의 신규주택이 모두 판매되는 재미있는 현상도 나타났다.

여기에다 2020년 7월 모기지 담보대출 이자율이 사상 최저치를 기록하자 신규주택 수요가 급증하기 시작했다. 이제 더는 미국의 주택건설사들은 경제침체로 주택판매가 줄어든다고 생각하지 않는다. 오히려 부지를 매입해 공격적으로 신규주택 건설을 시작할 태세다. 당연히 고용도 늘리고 있다.

원격근무, 근무 형태의 변화
(Remote Work)

─────────── 코로나19가 가져온 중요한 변화 중 하나는 역시 재택근무다. 굳이 직장에 출근해서 업무를 수행할 필요가 없다. 집에서 또는 제3국에서 휴가를 즐기면서도 충분히 본사 또는 다국적 기업의 현지 본사와 소통할 수 있는 길이 열린 것이다. 2020년 5월경 필자의 딸이 근무하고 있는 시카고에서 연락이 왔다. 자신과 남편의 회사에서 재택근무를 시작하라는 지침이 내려와서 회사에 나가지 않고 집에서 일을 보기 시작했다는 메시지였다.

앞서 설명했지만, '줌'은 언택트 근무에서 필수 프로그램이 되었다. 세일스포스사(Salesforce Inc.)의 회장 마크 베니오프(Marc Benioff)도 코로나19 이후 재택근무를 시작했고, 다음 날 비서에게 "재택근무는 정말 어색하다"라고 소감을 말했다. 아무래도 이전까지 사무실에서 대면 업무를 진행하던 습관이 배어 있어 변화가 다소 어색했을 듯하다. 특히 언택트 근무는 상대방과 직접 접촉과 대면 대화에서 얻는 정보보다 신뢰감이나 안정감이 뒤떨어질 수 있다.

온라인 대면 회의로는 이해하거나 소통하기 낯선 부분이 많으리라 짐작된다. 말할 때마다 미세하게 움직이는 안면근육이나 상대방의 특유한 행동을 보면서 대화를 나눌 때 상대에 대한 신뢰감을 자기 스스로 판단할 수 있는 확률이 더 높지 않을까. 하지만 베니오프의 이런 불평은 몇 달 뒤에 넋두리가 아니라 미래 유망사업으로서 온라인 콘퍼런스나 재택근무 등의 변화가 일반화될 수밖에 없다는 비전을 제시한 것으로도 볼 수 있다.

미래에 재택근무가 일반화될 때 필요한 기술력을 지닌 '슬랙 테크놀로지(Slack Technologies Inc.)'를 277억 달러에 인수한 사실이 이를 증명한다. 그가 단 하루 경험한 재택근무가 자신이 평생 내린 결정 가운데 가장 중요한 결정을 하게 된 동기가 되었다는 점은 흥미롭다. 사실상 코로나19 팬데믹이 2020년을 뒤덮고, 2021년 유행 확산에 대한 불확실성이 상존함에 따라 캘리포니아에 있는 수많은 기업이 뿌리째 흔들리고 있다.

코로나19 팬데믹 상황에서 이러한 변화와 경기불황이 반드시 암울한 미래를 예견한다며 좌절할 필요는 없다. 환경변화에 따른 새로운 제품 수요와 아이디어 창출에 주목해야 한다. 예를 들면 다음과 같다.

먼저, 온라인 인터넷 사업과 관련한 애플의 전자기기와 구글의 다양한 앱 기술은 미래 교육과 마케팅 등 사회 전반의 기본적인 활동 양식을 바꾸어버릴 수도 있다. 당장에 원격수업, 원격진료, 원격회의 등만 해도 그렇다. 여기에다 아마존과 마이크로소프트의 클라우드 서비스도 덧붙여질 것이다.

이런 기대감은 2020년 한 해 이들 기업의 가치를 2조 달러 이상 급등시킨 배경이라 해도 과언이 아니다. 더군다나 이들 4개 글로벌 기업의 사업확장은 여타 온라인 또는 언택트 서비스를 제공하는 중소기업의 지속 가능한 확장을 부추긴다. 디지털 기술의 발전이 확장할수록 이와 관련한 디지털 기술을 보유한 라이트 에이드(Rite Aid Corp.) 역시 호황을 맞이할 것으로 보인다.

아마 아무도 웹엑스(WebEx) 같은 비디오 콘퍼런스 프로그램이 2020년 3월 이후 게임 체인저가 될 것이라고는 예상하지 못했을 것이다. 미국 펜실베이니아주 캠프힐에 본사를 둔 라이트 에이드의 헤이워드 도너건(Heyward Donigan) 회장은 미국에서 의약품 체인으로 성장하던 기업을 세계 3위 의약품 체인으로 급성장시키는 데 원격 근무가 얼마나 중요한 수단이 될지를 누구보다 더 잘 알게 되었다.

2020년 11월에 그는 잠시 플로리다주 올랜도에서 좀더 자유로운 분위기 속에 직접대면 야외 그룹미팅을 계획했다. 하지만 마침 올랜도 지역에 들이닥친 태풍 때문에 쏟아진 폭우에 모두 흠뻑 젖고 말았던 기억을 떠올리면서, 향후 비대면 언택트 콘퍼런스의 중요성을 한 번 더 강조했다.

인류 문명학자 유발 하라리(Yuval Noah Harari)의 정의는 정확했다. 코로나19가 아무런 주목을 받지 못하던 2020년 초, 유발 하라리는 코로나19 이후 세계는 그 이전의 세계와 다를 수밖에 없다는 점을 지적했다. 20세기 후반 이후 나타난 글로벌화(globalization)의 파급효과는 나비효과(butterfly effect)로 정의된다.

지구상 어느 지역에서나 사람으로부터 작은 변화가 순식간에 전 세계로 파급된다. 코로나19 팬데믹이 그 중 하나다. 팬데믹의 시작일까? 아니면 끝일까? 치명률이 높은 것과 함께, 과연 사회 어느 부문에서 가장 큰 피해를 볼 것인가? '글로벌 마셜 플랜'의 필요성은 없는가? '동맹'의 새로운 정의가 확대될 것인가, 아니면 더 좁아질 것인가? 국가별 정치적 안정과 경제적 성장은 지속될 수 있을까?

3장

코로나19 이후
다시 쓰는 경제노트

코로나19 이후
세계경제를 말한다

─────────── 2021년 이후에는 지금껏 경험하지 못한 세계를 경험하게 될 것이다. 변화의 속도가 무척 빨라진다. 디지털 시대에 모든 시간과 공간, 인간의 활동 범위와 크기가 전자와 빛의 속도에 실리기 때문이다. 따라서 과거 10년의 변화가 2021년 이후에는 1년 안에 나타날 수도 있다. 2021년 이후 세계는 속도와 정보의 시대가 될 것이며, 따라서 상식과 신뢰를 우선하는 아날로그적 정신의 윤리기준은 그 가치가 더욱 중요해질 것이다.

AI와 IoT 체계에 상식과 신뢰의 가치기준이 탑재되지 않으면, 광케이블을 타고 흐르는 빛의 속도 차이로 타인의 정보를 가로채고 왜곡함으로써 인류의 문명사적 변화는 '창조적 파괴'의 길로 접어들 수도 있다. 그런 갈등의 지연뇌관은 경쟁에 속내가 담겨 있다. 미·중 간 갈등이 지니고 있는 엄중한 의미는 '누가 세계의 리더가 되는가'의 문제보다 '누가 더 많은 부가가치를 챙길 수 있는 기준을 갖는가'에 있다.

화폐의 기준인 '기축통화', 품질의 기준인 '글로벌 기술 표준', 거래의 기준인 '무역과 자본거래의 규칙' 등 이 모든 외형적 경쟁 가치의 '기준'들은 내적으로는 분배의 문제와 맞닥뜨린다. 결국 소득 양극화 문제는 교육 양극화, 사회계층 양극화, 세대 양극화, 지역 간 갈등을 비롯한 모든 사회 이해충돌의 단초가 된다. 이를 가르는 일은 정치의 영역이지만 정치와 경제 두 권력의 뿌리가 인간의 탐욕에서 비롯되었기에, 마치 메두사의 머리처럼 서로 뒤엉켜 다투는 것, 그것이 일상의 모습일 뿐이다.

역사는 '민란(民亂)'이 정치적 전환기의 필요조건이었다는 점을 늘 상기시킨다. 2021년 이후 세계는 디지털 속의 아날로그, 아날로그 속의 디지털적 속성이 잘 정리 정돈된 기준과 기초, 즉 상식과 신뢰를 바탕으로 질서를 만들어가는가에 달려 있다.

경제적 상황 전개도 이 기준을 보면 어렵지 않게 예측할 수 있다. 다만 이 예측을 고전물리학의 운명론적 결정이라고 볼지, 근현대 양자물리학처럼 확률적 운명론으로 볼지는 알지 못한다. 이를 '단지불회(但知不會)'라 한다.

이제 한국경제는
어디로 향할 것인가

─────────── 포스트코로나19 시대의 한국경제 전망은 국제
적 위상의 변화, 국내 경제 및 산업 구조의 전환과 개혁, 사회·환경·
문화의 새로운 진화 등의 관점에서 어느 정도 국가 경쟁력을 대대적
으로 개혁하고 혁신해서 새로운 시대사조의 변화에 선도적으로 대
응하느냐에 달려 있다. 이를 차례대로 살펴보자.

먼저, 국제질서 속의 위상 변화는 긍정적이다. 수출 중심의 강소
경제를 지향하는 한국경제는 21세기 새로운 글로벌 질서체제 변화
에서 중심 리더 그룹에 포함되어야 한다. 여러 전제조건이 붙기는
하지만, 포스트코로나19 세계질서 변화에서 한국경제의 위상 변화
는 매우 긍정적이다.

예를 들어 2021년 1월 25일 〈블룸버그〉는 한국경제의 1인당 국
민 총소득(GNI)이 G7 수준으로 진입했다는 분석결과를 내놓은 바
있다. 〈블룸버그〉는 2019년 세계은행(WB) 자료를 인용하면서, 한국
의 2019년 1인당 GNI가 3만 3,790달러이며, 이는 이탈리아의 3만
4,530달러와 비슷하다고 예상했다.

코로나19 팬데믹이 확산하면서 이탈리아 경제가 9%대 후반까
지 떨어진 것으로 추정하면, 한국경제는 -1.1%이니 선방한 것이나
다름없다. 단기 성과와는 별도로, 한국경제와 산업이 가지고 있는
21세기 미래 경쟁력과 산업구조는 이미 전기차와 바이오 산업 분야

등에 나름 선제적 변화와 전략적 선택을 오래전부터 갖추어온 것으로 보인다. 구체적 사실은 뒤에서 좀더 살펴본다.

하여튼 한국경제에 대한 국제사회의 평가는, 2021년 7월경 열릴 G7 회의에 영국이 인도와 오스트레일리아와 함께 한국을 초대하려는 결정에 반영되어 있다.[18] 21세기 새로운 글로벌 질서체제에서 리더 그룹에 포함되면 그만큼 이점도 많다. 주요 국가와 기후변화, 통화 및 재정, 산업기술 등 미래 변화의 흐름과 정보를 선제적으로 습득하고, 산업·사회·문화 면에서 발 빠르게 대응 및 적용할 수 있다. 그에 따른 국부 증가와 리더십 확대는 주변 개도국과 공유하는 프로그램 확장기회로 작동한다.

개인이나 기업이 새로운 변화에 빠르게 적응하고, 여기에서 나오는 부가가치 창출과 소득증대를 항상 주변 이웃과 중소기업 등과 나누어야 한다는 이치는 크게 다르지 않다. 하지만 여기에서의 '나눔'

18　보리스 존슨 영국 총리는 2020년 6월 미국 워싱턴 디시 소재 '대서양 위원회(Atlantic Council)'가 오랫동안 실무 미팅을 통해 제기해온 10개의 민주주의 국가모임, 일명 D-10을 본격적으로 고려한 바 있다. 당시 트럼프 대통령은 러시아를 포함시키고자 했으나, 중국의 급부상에 대응하고자 출범시키려는 D-10의 기본 취지에 맞지 않아 사실상 유야무야되었다. 영국이 생각하는 D-10은 규모나 형태 면에서 G20보다는 작고, G7보다는 커서 가장 합리적이라 할 수 있다. 물론 명목적으로는 D-10이 반중국 국가연합은 아니다. 하지만 2020년 중국 화웨이의 5G 기술에 대한 유럽과 아시아 국가의 적용을 놓고 미국이 강하게 경계심을 나타낸 바 있듯이, 민주주의 정부라 하면 적어도 자신들의 국가 및 기업 안보와 관련해 5G 기술과 함께 주요 생산물의 공급사슬 체계를 구축하는 데 민감하지 않을 수 없다. 따라서 미국과 유럽 등 주요 국가의 외교전략은 냉전체제 당시 미국과 구소련의 관계를 의식한 바와 같이 국제질서에서 일반적 규범을 따르는 국가와 그렇지 않은 국가를 명확히 구별할 필요가 있다는 점에서 출발한다. 이런 점에서 D-10은 중국의 급부상과 함께 국제질서와 규범을 거의 무시하다시피 하는 중국의 일방적 외교전략에 대한 일종의 연합견제 전략으로서 유용할 수 있다. 따라서 기존의 G7 국가에 한국, 호주, 인도를 포함해 D-10으로 정의하려 한다.

은 정부가 시행하는 강제적 나눔이 우선은 아니다. 시장이 '나눔'과 '분배'의 가장 합리적 환경이라는 가정을 버려서는 안 된다. 물론 시장 역시 100% 완벽할 수 없으므로 정부는 철저한 감독과 관리로 시장의 효율성·정의성·합리성을 극대화해야 한다. 정부의 역할은 여기에 있다. 따라서 굳이 '큰 정부'를 지향할 필요는 없다.

다음으로 한국경제와 한국산업의 경쟁력이 얼마나 과감하고 혁신적인 변화와 전환을 이루어내는가가 중요하다. 경제 생태계는 끊임없이 변화한다. 사회와 문화도 당연히 순차적으로 이에 맞춰 변해야 한다. 정치는 이런 변화 흐름을 리더십을 통해 먼저 제시할 수도 있고, 아니면 뒤따라가더라도 사회와 경제 변화에 제대로 순응할 줄 알아야 한다. 이런 변화의 실질적 본질은 기업의 연구개발력에 있다고 본다.

R&D 투자는 이러한 혁신에 대한 정부와 기업, 가계 등의 이해관계를 대변한다. 예를 들어 한국기업의 R&D 투자는 이미 2014년 중국에 뒤지기 시작했다. 경제규모 면에서 중국과 한국 간에 큰 차이가 존재하지만, 그만큼 세계기술 변화에 주도적 역할을 할 수 있는 모멘텀(momentum)의 변화가 있었다. 2010년에는 일본이 GDP 규모에서 중국에 뒤지기 시작했음을 간과해서는 안 된다. 한국의 국가경쟁력에 있어 중요한 핵심 내용이기 때문이다.

EU집행위원회의 연구개발 투자 스코어보드(R&D Scoreboard 2015)에 따르면, 한국기업의 R&D 투자규모는 2013년 약 29조 원에서 2014년 33조 원으로 4조 원 증가했다. 반면 같은 기간에 중국기업

	EU	EU 28	US	Japan	China	RoW	Total
기업 수	421	542	775	309	536	459	2,500
2019년 R&D(10억 유로), 전년대비 증감률 %	188.9 5.6	220.9 6.1	347.7 10.8	114.9 1.8	118.8 21.0	133.9 6.0	904.2 8.9
순매출(10억 유로), 전년대비 증감률 %, R&D 집중도	4,819.1 2.2 3.9	6,082.2 1.2 3.6	4,917.5 2.1 7.0	3,174.5 -2.3 3.6	3,608.2 10.2 3.3	4,499.2 -1.8 3.0	21,018.4 1.9 4.3
영업이익(10억 유로), 전년대비 증감률 %, 수익률 %	424.3 -6.7 9.0	571.9 -8.7 9.5	647.6 -0.3 13.3	180.6 -29.1 7.2	258.4 4.2 5.7	566.8 -18.6 12.7	2,077.6 -9.8 10.0
자본지출(10억 유로), 전년대비 증감률 %, 순매출 대비 자본지출 비중 %	319.1 9.1 6.7	391.8 7.7 6.5	300.4 0.0 6.1	222.3 3.0 7.0	246.7 7.7 9.5	316.2 -0.1 7.1	1,404.7 3.7 6.7
고용(백만 명), 전년대비 증감률 %, 고용자 1인당 연구개발비 (유로)	16.79 0.2 11,228.4	19.45 0.1 11,334.0	10.86 0.1 31,995.5	8.95 0.8 12,705.9	11.98 4.5 9,846.2	7.84 -2.0 14,864.2	56.42 0.8 15,672.6
시장자본 규모(10억 유로), 전년대비 증감률 %	4,607.9 -3.7	6,039.0 -3.1	12,779.7 -1.0	2,495.5 -12.4	2,461.6 6.0	4,925.1 -1.0	27,269.8 -2.1

자료: 유럽위원회, 2020년 EU산업 R&D 투자 스코어보드

주: EU 28개국 통계는 최우측 최종집계 통계에서는 생략

의 R&D 투자규모는 28조 원에서 49조 원으로 무려 21조 원이나 급증했다.

사실 중국 정부의 산업고도화 전략은 2013년에 시작되었다. 우주, IT, 자율자동차 등 신성장 부문에 투자를 늘린다는 '제조업 2025' 비전이 발표된 게 2013년 10월이다. 당시 전 세계 주요기업 R&D 투자에서 국내 주요기업이 차지하는 투자점유율 통계에서도

한국기업은 중국기업에 뒤처졌다.

2013년 기준 전 세계 R&D 투자총액이 5,383억 유로인데, 이 가운데 한국기업 비중은 3.8% 수준이다. 중국의 3.7%와 거의 차이가 없다. 하지만 2014년 점유율에서는 한국 3.9%, 중국 5.9%로 나타나 2.0%p 뒤처지기 시작했다.[19] 실질적인 투자, 즉 연구개발에 집중하지 않은 채 '4차 산업혁명'이니 '창조경제'니 구호만 외치는 포퓰리즘 경제를 지향했다. 경제문제는 생존의 현실적 문제이며, 행복 추구의 본질에 가깝다. 코로나19 영향으로 이미 경험하고 있다.

최근에는 어떻게 변했을까? 왼쪽 표는 2019년 기준 전 세계 2,500개 기업의 통계를 모은 것이다. 이 통계에 따르면 조사에 포함된 775개 미국기업의 R&D 비중은 38.5%, 421개 EU기업은 20.9%, 536개 중국기업은 13.1%, 309개 일본기업은 12.7%를 각각 차지한다. 나머지 459개 세계기업의 R&D 비중은 14.6%에 불과하다. 이들 기업의 주요 R&D 투자 항목으로는 ICT, 건강, 자동차 산업 분야 기술에 집중되어 있다.

한편 각국의 R&D 투자 증가율에서 중국은 21%로 나타나 미국의 10.8%, EU의 5.6%에 비해 월등히 높다. 한국기업은 어떨까? 조사에 포함된 기업 수는 59개, 총 R&D 규모 329억 유로, 투자 비중은 고작 3.6% 수준이었다.

---

19 일본의 점유율은 2013년 15.9%에서 2014년 14.3%로 하락했다. 하지만 규모에서는 총 120조 원을 투자해 한국의 3.6배, 중국의 2.4배를 기록했다. 미국이 전 세계 상위기업 R&D의 38%를 차지하고, 그다음이 일본인 셈이다.

중국과 일본을 살펴보자. 먼저, 2019년 기준 전 세계 최상위 2,500개 R&D 투자사 가운데 309개가 일본기업이다. 이들 기업 중 최상위 10개 기업 가운데 4개 기업이 토요타(12), 혼다(17), 닛산(35), 덴소(42)와 같은 자동차 관련 기업이다.

한편 파나소닉(39)과 소니(43)는 여가활동과 관련된 전자제품 제조 및 판매사다. 이 밖에도 건강약품 회사인 다케다제약(45)과 ICT 회사 3개가 있다. 이들 ICT 회사 가운데 캐논(63)과 히타치(65)는 생산업체이고, 일본전화통신(NTT, 86)은 서비스 업체다.[20]

일본기업의 R&D 투자는 자동차와 ICT 분야에서 각각 31.3%와 18.8%로 나타났다. 이는 EU기업의 R&D 투자 유형과 같은 모습이다. 규모 면에서 보면 308개 일본기업의 총 R&D 투자 금액은 1,148억 유로다.

2018년 대비 1.8% 상승한 것에 그친 점이 조금은 실망스러운 대목이다. 이를 반영하듯 전 세계 R&D 투자 중 일본기업의 투자 비중은 2009년 22%에서 10년 후인 2019년 12.7%로 무려 10%p나 줄었다. 산업별로는 자동차 산업의 비중이 31%, 건강기능 산업이 12.1%를 각각 차지했다.

앞서 이미 지적한 바대로 21세기의 신성장 산업은 정보 디지털 산업과 바이오 산업이라는 점을 엿볼 수 있다. 이들 두 산업은 매출 면에서는 모두 2.3% 정도 하락한 반면, 자본지출은 오히려 3% 늘었

---

20 ( )안의 숫자는 세계 R&D 투자 순위를 나타낸다.

다. 영업이익은 29.1% 감소했으며, 시가총액 역시 12.4% 하락했다. 이들 산업에서 고용부문은 약 0.7% 증가했다. 일본기업의 이익감소는 '소프트뱅크' '닛산' '이노스 지주사' 등의 벤처 및 스타트업 투자 손실, 자동차 판매 하락과 엔화절상 및 유가와 철강가격 하락에 기인한다.

중국의 경우 2019년 기준 전 세계 최상위 2,500개 R&D 투자사 가운데 536개 기업이 포함되어 있다. EU기업 수와 맞먹는 규모다. 한편 이들 536개 중국기업은 R&D에 2019년 기준 1,182억 유로 규모로 투자했으며, 전년대비 무려 21.0%나 늘어난 액수다. 최상위 10개 투자대상 기업 가운데 2개 기업은 ICT 제조 관련 기업인 화웨이(3)와 ZTE(95)다. 당연히 화웨이는 중국 전체 R&D 투자 조사대상 중 가장 비중이 큰 기업으로, 중국 R&D의 16%를 차지한다.

ICT 서비스 관련 3개 기업은 알리바바(26), 텐센트(46), 바이두(46) 등이다. 건설 및 국영기업 4개는 '중국 페트로 차이나(16)' '중국 국가 건설 엔지니어링(China State Contruction Engineering, 54)' '중국 철도건설 공사(China Railway Construction Corporation, 74)' '중국철도 그룹(China Railway Group, 54)'이다.

마지막 기업은 자동차 회사인 'SAIC Motor(82)'다. 여기에서도 보듯 중국의 주된 R&D 투자 분야는 바로 ICT 생산 부문이며, 중국 전체 R&D의 30%를 차지한다. 그다음이 건설 부문이며 12.2%를 차지한다.

여기서 우리가 주목해야 할 부분은 크게 두 가지다.

첫째, 자동차 부문을 제외한 중국기업의 R&D 투자 증가율은 모두 두 자릿수라는 점이다. 이는 일본기업이 쏟아부은 R&D 투자 규모보다 무려 13.2%나 많다. 투자를 늘리면 곧 공급 증가로 이어지면서 고용과 소비가 확대된다.

수출과 내수는 환율과 품질 등 다양한 경쟁력에 따라 좌우된다. 그 중에 으뜸이 가격 경쟁력이다. 인건비와 대량 생산에 따른 가격 경쟁력에다 중국 정부의 환율정책을 통한 간접적 보조금 지원정책은 가히 범접할 상대가 없다고 봐야 한다.

이 때문에 ICT와 같은 고기술 및 건강의료 부문은 물론이고, 저기술 상품의 중국 내 판매와 수출 모두 급성장할 수밖에 없는 구조다. 아무리 '기울어진 운동장'과 불공정 무역거래를 비난할지라도, 미국과 세계 소비자가 값싸고 어느 정도 품질을 갖춘 중국산 제품을 요구하는 것은 당연하다. 이는 한국경제의 미래 수출 경쟁력에 가장 큰 걸림돌이다.

둘째, 저기술부터 고기술 부가가치 산업까지, 즉 마스크부터 우주항공 서비스에 이르기까지 중국의 기술 경쟁력은 머지않은 미래에 한국의 기술력을 넘어설 수밖에 없을 것이다. 여기에서는 간단히 R&D 투자 규모로 비교했지만, 연구개발의 성과와 결과는 '특허'로 이어지게 마련이다. 세계 특허 출원 수 역시 미국과 유럽, 중국이 가장 앞서고 있다는 점을 볼 때 쉽게 예측할 수 있다.

더구나 중국기업은 EU기업과 다양한 협력을 위한 자본지출 역시 7%대로 늘려 잡고 있다. 비록 2019년 한 해 중국기업의 영업이익이 잠시 주춤하기도 했지만, 신규고용은 4.5% 증가함으로써 이미 글로벌 시장의 고용증가율을 뛰어넘고 있다.

문제는 언제까지 이런 성장세가 지속 가능할 것인가다. 14억 경제 규모와 범위를 가지고 해변 도시의 밀도 경제를 통해 중국경제는 향후 10년간 5~6%대 성장이 가능할 것으로 보인다. 그렇다면 한국 경제가 당면한 성장과 발전, 일자리 창출과 소득분배 등의 문제에서 중국경제는 '협력자'가 되거나, 아니면 '이웃을 가난하게 만드는 강대국 정책'의 희생양이 되지 않을까.

중남미 지역과 미국의 역할 관계에서 유추해보면 답을 구할 수 있을 것이다. 계속해서 변하고 새로움을 추구하지 않으면 세계질서라는 밀림과 정글의 생태계에서 생존문제는 결코 쉽게 답을 내주지 않는다.

그렇다면 지금 우리 정부는 무엇을 하고 있는가? 정부는 국민의 기대치를 만족시키려 한다. 다시 말하자면, 우리 국민은 무엇을 원하고 있는가? 우리 국민은 무슨 생각으로 코로나19 팬데믹 상황을 버텨내고 있는가?

정부의 비전부터 간단하게 살펴보자. 2021년 1월 13일 한국 정부는 '디지털 뉴딜 사업'이라는 청사진을 제시했다. 신기술 산업 육성과 탄소 중립화를 위해 2021년 한 해에 과학 정보통신기술(ICT) 연구에 5.8조 원을 투자할 계획이다. 지난해보다 12% 늘어난 규모다. ICT 연구는 인공지능(AI)과 6G 무선 네트워크 기술을 포함한다.

한편 과학기술부는 기초과학 연구비로 1.8조 원을 투자하고, 부품소재연구 장비와 연구비에 총 2,780억 원을 투자할 계획이라고 한다. 이와 같은 정부의 대규모 기술 투자로 2025년까지 모두 58.2조 원을 투자함으로써 90만 3천 개 일자리를 창출하겠다고 한다.[21]

한편 2021년 2월 1일에는 시스템반도체 R&D를 통해 글로벌 K-팹리스 육성을 위한 '시스템반도체 기술혁신 지원 방안'에서 전력반도체와 차세대 센서, 인공지능 반도체 등 시스템반도체 유망 분야를 집중 육성하기 위해 총 2,400억 원 규모에 이르는 R&D 지원계획을 밝혔다.

그러나 시스템반도체 투자는 정부가 하는 게 아니다. 기업의 몫이다. 정부는 각종 세제 혜택과 규제 마련 및 완화와 같은 분야를 지원하면 된다. 물론 기술 분야에 투자할 수도 있다. 하지만 기업처럼 영업활동을 하지 않는다는 의미다. 정부는 국가 경쟁력의 가이드라인을 제시하면서 한국경제의 미래 기술 개발과 선점을 위한 R&D 투자 목표를 세워야 한다.

예를 들어 첫째, 팹리스 성장 지원, 둘째, 미래 유망시장 선점, 셋째, 신시장 도전 등은 기업의 투자에 대한 가이드라인인 셈이다. 이러한 정부의 경제 및 산업 정책에 대한 미래 비전 제시는 기업으로

---

21 6G와 자율주행 기술 등 차세대 성장동력 산업 개발에 각각 172억 원과 249억 원을 투자하고, 2050년까지 탄소 제로를 목표로 기후변화 대응 기술에도 1,037억 원을 투자할 계획이다. 한편 2022년에는 국내 최초 우주 로켓 발사를 준비하기 위한 연구비로 3,349억 원, 원자로 안전 및 해체 기술 확보를 위한 연구비로 2,458억 원을 각각 책정했다. 바이오 산업과 관련해 신종 감염병 치료제와 백신 개발에 대한 419억 원 투자도 포함되어 있다.

하여금 R&D 투자와 개인의 일자리 및 소득증대를 가능케 한다. 어느 정부든 이 같은 청사진을 제시하지 않은 바 없다. 하지만 이대로 되지 않은 이유는 무엇일까? 이 문제는 우리 모두가 고민해야 할 대목이다.

여기에 과제가 하나 더 추가되었다. 포스트코로나19 시대의 국가 경쟁력 문제다. 2021년 이후 한국경제의 경쟁력과 발전은 이번 코로나19 팬데믹을 어떻게 돌파했으며, 무엇을 이 과정에서 준비했는지, 언젠가는 누군가 물을 것이다. 2020년 11월 3일 미 대선 때부터 2021년 1월 6일 미 의회 의사당 난입 사태와 바이든 대통령 취임식 사이의 미국을 보면서 우리가 현재 살아가고 있는 시대가 변하고 있음을 절감해야 한다. 그렇다면 한국경제는 무엇이 어떻게 변할 것이고 또 변해야 하는가? 이는 크게 다섯 가지다.

첫째, 한국경제의 중장기 잠재 성장률은 1%대 중후반으로 하락할 것이다. 둘째, 초고령사회로 진입하면서 도농 간 인구 밀집도가 크게 달라질 전망이다. 셋째, 양극화 문제로 1% 국민이 국가 전체 부의 70% 이상을 보유하게 될 것이다. 넷째, 미·중 간 갈등과 협력의 틈바구니에 '샌드위치 경제'의 전환기적 위기와 기회가 교차하며 다가올 것이다. '역동적인 한국(Dynamic Korea)'이 아니다. 다섯째, 실물경제의 성장 둔화는 금융경제의 둔화는 물론 글로벌 경제, 특히 중국경제의 정책 변화에 쉽게 휘둘릴 가능성을 높일 것이다.

이제 누군가는 이에 대한 현자의 답을 가지고 우리 앞에 나서야 할 때다.

미국이 주도하는 세계질서와
패러다임의 변화

─────────── 먼저 세계질서를 살펴보면 여전히 미국의 패권 주도하에 중국의 도전 혹은 부상이 더욱 거세질 전망이다. 유럽경제는 독일 중심으로 재편되는 과정이지만 17세기 이후의 영광은 당분간 기대하기 어려울 것이다. 일본 역시 메이지 유신(明治維新) 이후 그들의 변화, 즉 산업화와 근대화의 목적이 정한론과 대동아공영권에 있는 한 스스로의 가치체계에 함몰되어 더 큰 변화를 주도하기는 어려울 것이다.

결국 21세기 이후 세계는 미국과 중국이라는 거대한 두 축에 의해 움직이겠지만, EU·러시아·일본 등 잠재적 혹은 전통적 열강들의 미·중 가운데 끼어들기가 때때로 일어날 것이다. 이를 통해서만 이들 국가 혹은 지역은 자신들의 이해관계를 한계적(marginally)으로 나마 실현할 수 있기 때문이다. 북한의 '벼랑끝전술' 정도는 아니어도 당분간 줄서기와 '눈치보기'식 줄타기는 국제질서의 변화에 불가피하다.[22]

─────────

[22] 1956년 정치 변호사이자 정치인이었던 아들라이 스티븐슨(Adlai Stevenson)이 아이젠하워 대통령 시절 국무장관이었던 존 포스터 덜레스(John Foster Dulles)의 대(구)소련의 핵무기 위협에 맞서는 전략을 '벼랑끝전술(Brinkmanship)'로 묘사해 <라이프(LIFE)>에 인터뷰 기사로 당시 제임스 쉐플리(James Shepley) 기자가 인용한 것이 처음이다. 이는 치킨게임(chicken game)의 하나이며, 구소련의 핵 위협에 맞서 구소련의 피해도 만만치 않을 것이라는 덜레스 국무장관의 대응 전략을 평가한 것이다.

제2차 세계대전 이후 '동맹' 중심이던 미국 외교의 기본 틀을 트럼프 대통령이 상당히 깨버린 상황이기 때문에 바이든 정부에서는 새로운 '동맹' 개념이 국가 이해관계에 더욱 밀착된 형태로 전개될 확률이 높다. 한국은 이 변화의 시대적 요구를 제대로 읽어낼 때만 안정적으로 성장하고 발전할 수 있다.

그렇다면 좀더 구체적으로 논의해보자. 국제질서의 패러다임을 구축하는 데는 목적이 있다. 자고 일어났더니 스타가 되어 있는 식은 결코 아니다. 특히 패권 다툼의 목적, 즉 국가 이해관계의 종류는 실물경제와 금융경제의 이익 극대화처럼 '경제적 이해관계(economic interest)' 그리고 국제법 혹은 국제질서 차원에서 인정 및 확인받으며 자국의 위상을 강화하려는 '정치외교적 이해관계(political and diplomatic interest)'로 크게 나눌 수 있다.

이를 바탕으로 각국은 국민의 사회질서, 문화창달, 환경문제에 집중한다. 예를 들어 미국의 제46대 대선에서 확인할 수 있었듯이, 거대한 국가 이해관계를 전제로 한 소수인종 및 인권 문제, 소득·교육 양극화 문제에 대한 접근과 결과를 해석해야 한다. 아무리 미국이 '꿈의 나라(dreamland)'라고 하지만, 분명한 것은 백인 중심 사회라는 점이다.

트럼프는 이 점을 교묘하게 파고들어 제45대 대통령에 당선되었고, 코로나19 대응 실패와 같이 전 국민에 대한 평등한 시각의 부족함, 즉 트럼프 자신의 실수가 바이든에게 제46대 대통령 당선의 길을 열어준 셈이 되었다.

'러스트 벨트(rust belt)'니, 이번 대선의 '선 벨트(sun belt)'니 하는 표현은 언론이 일반 대중에게 설명하려고 만들어낸 조어들일 뿐이다.[23] 본질을 해석하지 못하고 겉만 보게 되면 미국 국민의 대중적 이해관계와 핵심 논점을 놓치게 된다. 전자는 '백인 우월주의'의 틈새로 해석할 수 있고, 후자는 라틴계 등 멕시코 국경과 연계된 미국 이민정책의 상징적 도시로 해석할 수 있다. 따라서 바이든의 승리가 반드시 '미국 지성(American Intelligence)'의 각성과 새로운 개척을 위한 도전의 승리로 해석되지는 않는다.

다만 미국의 국가 이익, 즉 중국의 부상 속에 미국의 동맹외교가 침하하고, 설상가상 코로나19 대응 부재 때문에 성난 민심이 이번 선거 결과로 표출되었다. 미국 내 다양한 양극화 문제가 뚜렷하게 잠재하고, 대선과 상하 양원 중간선거에서 공화당과 민주당 후보의 대결이 첨예하게 부딪혔다 하더라도, 미국의 국가 이해관계 문제는 미국 헌법의 시작 구(句), 즉 '우리 국민은(We the People)'의 'the People'이 지향하는 사회질서와 인간다움을 추구하려는 지향점에는 결코 변화가 없다는 점이다.

이런 공통된 지향점이 다양한 인종과 계층 모두에 공유되기 때문에 미국은 '꿈의 나라' '희망의 나라'가 되었을 것이다. 정치적 리더십은 이러한 요구 혹은 욕구의 시대변화에 맞게 충실하게 적응한 자

---

23 러스트 벨트는 미시간주, 위스콘신주, 오하이오주, 미네소타주, 펜실베이니아주 등 미국의 자동차 및 철강 산업 중심 주를 지칭한다. 반면에 선 벨트는 애리조나주, 콜로라도주, 네바다주, 유타주, 뉴멕시코주 등 서남부 주를 지칭한다.

의 승리로 이어졌을 뿐이다.

바이든 정부는 미국의 전통적 '동맹외교'를 근간으로 21세기형 새로운 '동맹체제'를 구축할 가능성이 크다. 바이든 정부의 외교정책은 21세기 미국 대외전략의 근간을 다시 설계하고 이를 실천하기 위한 기반 위에 미 의회와 함께 전격적으로 진행될 전망이다. 그렇다면 먼저 바이든 대통령의 일기장을 샅샅이 들여다볼 필요가 있다.

첫째, 그 자신이 1972년 상원의원 당선 이후 2008년 미국 부통령으로 당선되어 상원의원직을 내려놓기까지 6선 의원이다. 오랫동안 상원 외교상임위원회 소속 의원과 위원장을 역임했다. 오바마 정부 당시 부통령으로서 오바마 대통령의 외교력을 보좌했던 경험이 그가 지니고 있을 인적·외교적 네트워크의 방대함을 짐작하게 한다.

둘째, 2020년 10월 23일 중국 시진핑 주석의 한국전 참전 및 승리 70주년 행사가 있고 난 후, 11월 3일 대선 10일 후 12일 펜실베이니아주 필라델피아에 있는 한국전 참전용사의 묘지에 참배하면서 한국과의 '동맹'을 강조한 사실에 주목해야 한다. 크게 세 가지를 앞서 언급했다.

첫째는 대중국 견제의 상징적 의미다. 둘째는 한국이 미국과의 동맹정신을 회복해 미국과 함께 대중국 최전선에서 역할을 기대한다는 메시지다. 셋째는 미국이 제2차 세계대전 이후 가장 성공시킨 나라가 한국이라는 점에서 미국의 민주주의에 대한 자긍심이 있고, 중국 역시 이렇게 변화할 수 있도록 유도하겠다는 의미가 있으며, 한국의 역할에 대한 기대감이다.

'공짜 점심은 없다'는 말을 역설적으로 표현하면 '성과가 있는 곳에 그만한 대우가 따른다'고 할 수 있다. 이런 해석을 국가주의적 관점 이전에 한국의 이해관계 측면에서 살펴보면, 가장 최선의 방법 혹은 차선의 방법을 찾아 외교적·경제적 전술을 전략적으로 연구해야 한다. 중국 위안화 환율 절상 문제, 중국의 불공정 무역거래 및 외국인 투자 차별 문제, 중국 국민과 자치구 지역의 민주화와 인권 문제 등 '한국'을 통해 상징되는 대척점이 너무나 많고 다양하지 않은가.

셋째, 미국은 중국과 대결을 원하지 않는다. 싸우지 않고 이기는 게 병가의 최상책이기 때문이다. 중국 또한 마찬가지다. 겉으로는 으르렁거리는 것 같지만, 실상은 소위 선의의 경쟁관계다. 대만과 한반도는 가끔 바둑으로 치면 '팻감'으로 쓴다. 남중국해 문제도 실상 안다만제도(Andaman Islands.)와 니코바르제도 부근이 더 중요할 수 있다. 그러므로 미·중 간의 경제거래 다툼은 그러려니 하면 된다. 하지만 미국이 설정한 경계선을 중국이 넘는 것은 인정하기 어렵다. 일본이 그랬었다.

미·중 간 갈등은 18~19세기 인도와 중국 중심의 국제질서와 유사하다. 다만 성격은 판이하다. 세계경제 총생산의 55%를 인도와 중국이 점하고 있었고, 은이 세계의 기축통화였다. 당시는 중국의 비단과 차 등을 수입하며 은이 중국으로 유입되던 시기다. 불공정 무역의 결과가 '아편전쟁'이었다. 청나라의 멸망은 일본의 패권 야욕과 맞아떨어졌고, 미국은 이를 충분히 이용했을 법하다. 과유불급

(過猶不及), 일본이 진주만을 공습한 것은 크나큰 실수였다.

미국으로서는 제2차 세계대전 후 미국이 구축해온 국제질서 속에 중국이 편입되는 것은 환영할 일이지만, 독자적 세력 구축에 대해서는 미국 국가 이익에 반한다는 입장을 분명히 할 수도 있다.

여기에 또 하나의 중요한 이해당사자는 '이윤이 생기면 지옥에라도 가서 사업을 한다'는 기업가들이다. 기업가들의 이해관계를 충족시킬 수 있는 실질적 자원은 가계 부문이다. 가계는 소비자 물가와 소득에 민감하다. 즉 무역거래 혹은 달러화의 위상과 일자리 창출에 기업의 역할을 기대한다.

따라서 미국 정부 역시 대중국 대외거래가 평등한 거래조건에서 활발하게 이루어진다면 문제 될 것이 없다. 하지만 WTO를 비롯해 미국의 절대적 위상이 흔들리는 상황에서 자유무역협정 체제를 출발시켰듯이, 미국은 중국이 호락호락 미국의 말을 들을 것으로 절대 보지 않는다.

또 하나의 문제는 '평등한 무역거래 조건'이란 것의 의미다. 과연 미국 입장에서 무엇이 중국에 요구하는 '균형 잡힌 무역거래'일까? 극단적으로 중국 시장 문호를 자유주의 시장경제 체제하의 질서처럼 모두 개방하라는 것일 수 있다. 당연히 중국으로서는 어려운 조건이다. 이러니 이 부분, 즉 시장 개방의 정도와 절차, 기준 등에 대해 결국 미·중 간에 '줄다리기(tug of war)'가 불가피하다.

넷째, EU와 일본, 러시아는 미·중 간 힘겨루기의 틈새를 공략해서 국가 이익을 극대화할 수 있다. EU의 출발은 1993년 마스트리히트 조약(Maastricht Treaty)이다.[24] 이 조약으로 역내 사람, 재화, 서비스, 자본 이동이 자유롭게 되었다. 아울러 무역, 농업, 어업 및 지역 발전 정책도 하나의 입법체계 속에 모두 담고 있다.[25]

하지만 EU도 2009년부터 시작된 유럽의 재정위기가 여전히 진행형이고, 영국이 2020년 EU 탈퇴를 선언(브렉시트)함으로써 작은 마찰음을 내고 있다. 이 틈새를 러시아의 천연가스관이 지나고 있다. 비유적인 표현이지만 러시아의 속내를 짐작할 수 있다. 러시아의 해커 조직이 2016년 미 대선과 이번 대선 과정에서도 미국의 주요기관을 뒤지고 다녔다는 것은 미래의 첩보전과 국가안보의 한 단면을 보여주는 대목이다.

북한의 해커 조직도 대한민국과 중국, 일본 등 주요 정부기관과 안보 관련 정보를 열심히 들여다보려 할 것이다. 어쨌든 문제는 브렉시트로 인한 유럽의 정치외교적 혼란과 코로나19 팬데믹에 따른 경제혼란으로 21세기 유럽, 즉 EU는 독일을 제외하고 국가경제가 글로벌 경쟁력 차원에서 크게 빛을 보기 어려울 수 있다. 독일을 중심으로 한 유로화 질서가 더욱 힘을 얻게 될 것이고, 이를 위해서 독

---

24 EU의 전신은 1951년 파리협정에서 출발한 유럽석탄 및 철강동맹(ECSC; European Coal and Steel Community)과 1957년 로마협정으로 출범한 유럽경제공동체(EEC; European Economic Community)다. 이후 6개국 중심의 유럽공동체(European Communities)로 재편되었고, 2009년 리스본 조약으로 EU 기초헌법의 틀이 마련되었다. 아울러 2020년 1월 31일에는 영국이 최초로 EU 회원국 탈퇴를 결정하면서, 2020년 12월까지도 브렉시트(Brexit)에 대한 구체적 협상의 틀이 논의되고 있는 상황이다.

25 1990년 이루어진 셍겐협정(Shengen Agreement)을 통해 1995년 본 협정에 가입한 국가들을 '셍겐권(Shengen Area)'으로 묶어 비자 없이 국경을 이동하도록 조치한 바도 있다. 1999년 유로화로 화폐 단일화에 합의한 후 2002년에 19개 EU 회원국으로 출범했다.

일경제는 유럽경제, 특히 유로경제의 중앙은행으로서 역할에 책임과 능력이 있다는 점을 보여줄 필요가 있다.

일본에 대해서는 앞서 설명한 바 있지만, 제2차 세계대전 이후 미국이 가장 공을 들인 국가가 유럽에서는 독일이고, 아시아에서는 일본이다. 이 두 나라는 모두 수출 중심 국가경제지만 성공의 차이는 매우 크다. 그 차이는 '변화'에 얼마나 선제적이고 빠르게 적응했는가에서 출발한다.

독일은 I4.0과 같은 국가전략을 기반으로 유로화와 EU의 중심국가로 지속 가능한 성장을 구현하는 반면, 일본은 1991년 부동산 버블 붕괴 이후 사실상 실패한 국가경제다. 이러한 21세기 새로운 국제관계의 변화 속에 위험한 줄타기를 하는 국가경제가 한국이다. 일본은 이미 미국의 뒤에 서서 열심히 줄을 당기는 시늉을 하고 있지만 미국 입장에서는 전통적으로 정말 힘을 주고 있는 건지, 밧줄에 손만 얹고 있는 것인지 믿지 못하는 듯하다.

일본은 정한론과 대동아공영권의 야욕을 아직 놓지 않고 있다. 세계 제패는 어렵지만 차선책으로 아시아 패권은 가져보겠다는 '일본의 꿈'은 지속되고 있다. 일본의 이런 속내가 버젓이 잠재하는 한, 예를 들어 한반도 통일 역시 현재로서는 어렵다. 일본의 방해가 분명 존재할 수밖에 없기 때문이다.

독일 통일 당시 베를린 장벽이 무너진 1989년 10월만을 보지 말고 역사를 되돌려 독일과 미국·영국·프랑스, 독일과 구소련 사이에 신뢰망이 어떻게 구축되었는지를 봐야 한다. 다른 하나는 진주만 공

습에 대한 미국의 깊은 내상이다. 신뢰관계가 무너진 과정은 역사적
으로 진주만 공습과 이후 미드웨이 대전, 히로시마와 나가사키 원자
폭탄 투하 과정을 이해하면 된다.

문제는 한국 스스로의 판단과 결정이다. 과연 미국과 전통적 우호
동맹관계를 '전략적 동맹관계'로 업그레이드시킨 상태를 어떻게 정
의하는가의 문제다. 미국과 함께 중국경제의 최일선에 서서 이를 적
극적으로 지지하고 도울 것인가, 아니면 새로운 경제군사 대국을 꿈
꾸는 중국의 도전에 '가치투자'를 할 것인가? 이 문제는 지도자 한
사람의 결정이라기보다 국민 모두가 대한민국의 이해관계를 정확하
게 정의하고 공유하고 공감할 때 해결할 수 있다.

물론 '균형자론'에서처럼 이쪽저쪽 한편에 기울지 않고 자주적이
고 전략적인 묘수를 찾아 외교와 경제적 실리를 추구할 수도 있다.
적어도 그러려면 중국과 미국을 알아야 한다. 이 거대한 국가를 이
해하는 것, 즉 미 의회와 정부, 미국 국민의 생각, 중국 공산당과 러
시아의 이해관계 등을 역학적으로 분석하고 이해한다는 것은 웬만
한 AI로도 판단하기 어려울 듯하다.

이를 해결할 방법을 찾아 나서려면 철학과 문학 등의 인문과학,
행동심리, 사회학, 경제·군사·외교 분야를 분석할 수 있는 사회과
학, 이를 지원하고 생존 문제를 해결할 수 있는 자연과학에 대한 기
초적이고 창의적인 능력이 축적되어 있어야 한다. 우리가 찾고 구해
야 할 답은 여기에 있다. 우물가에서 숭늉을 찾지 말아야 한다.

요약하면, 향후 5년은 한국의 외교능력이 최대한 발휘되어야 할

시기다. 능수능란하게 미국과 중국 사이를 헤집고 다니면서 우리의 국가 이해관계를 극대화해야 한다. 여기에서 한국의 이해관계는 경제성장의 지속 가능함이다. 외교력의 중심은 수출경제 확대에 있다. '규모의 경제'와 '범위의 경제'를 확산시켜야 하는데 한반도 안에서의 작은 규모와 범위로는 성장과 발전이 제한적일 수밖에 없다.

서희가 강동 6주를 되찾을 때 거란과 전쟁이 아닌 외교로 복원했다.[26] 여기에서 '외교'라 함은 거란의 침략 목적을 정확하게 이해하고 이를 이용해 역제안함으로써 거란과의 전쟁을 피하고, 오히려 거란이 점령하고 있던 6개 지역을 되찾아오는 국익을 취하게 된 것이다. 거란과 여진, 송나라와 고려의 이해관계는 지금 한반도를 둘러싼 지정학적 역학관계를 이용하고, 우리의 이해관계를 극대화할 수 있는 기본이 되는 반면교사의 내용이다.

21세기 한국외교는 새로운 지향점을 전략적으로 구축해야 한다. 경제, 특히 수출 중심 강소경제 국가로서 외교적으로 국민과 재화 및 서비스의 이동을 원활하게 할 수 있는 루트를 개척하고, 이를 지원하고 유지할 방안을 마련해야 한다. 이러한 외교력에서 '전략적 동맹'관계만큼 중요한 이슈는 찾기 어려울 것이다.

---

26 993년 고려의 서희는 거란의 1차 침입 때, 강감찬과 함께 거란 장군 소손녕과 담판을 지어 지금의 평안북도 압록강과 청천강 지역인 흥화, 용주, 통주, 철주, 구주, 곽주 등을 되찾았다. 1811년 홍경래 난이 일어난 지역이기도 하다. 당시 고려는 거란의 침략을 두고 강온파들이 논쟁하던 차에, 서희가 거란이 송나라를 치러 가는 과정에서 여진의 후미 공격을 경계할 것이라는 점을 이용, 고려가 이를 막는 조건으로 강동 6주의 반환을 요구해 얻어냈다.

다가올 5년, 세계경제의 중요한 다섯 가지 변화

──────────── 2021년 후 5년간 세계경제의 주요변화는 크게 다섯 가지다.

첫째, 새로운 산업혁명의 태동기다. 전기자동차, 수소자동차, IoT, AI 및 양자컴퓨터 같은 미래 산업이 대거 등장할 태세다.

둘째, 디지털 시대에 필요한 빅데이터의 보안과 개인정보 보호 등은 새로운 국가안보 개념으로 등장할 것이다. 새로운 개념의 국가안보는 미래 국가 이해관계의 극대화를 위한 필요충분조건 중 하나다.

셋째, 바이오 산업은 기후환경 변화와 함께 신산업 발전에서 또 하나의 축이 될 전망이다.

넷째, 단기간에는 코로나19 팬데믹 파급효과와 각국의 경기부양책 등에 따른 후폭풍 또는 역풍에 따른 불확실성이 지속될 전망이다. 주식과 부동산 시장 등의 파동이 크게 일어날 수도 있다. 이를 어떻게 연착륙시킬지는 새로운 과제일 것이다.

다섯째, 사회 양극화로 야기되는 다양한 사회갈등 문제는 소득분배와 조세정책 같은 단기적 대응책으로 해결되지 않는다. 사회 양극화와 같은 갈등구조는 초고령사회로 진입하는 인구구조와 안정적이며 신뢰를 바탕으로 하는 경제성장의 지속 가능성과 관련이 있다. 경제성장과 발전, 정치적 안정 등 사회갈등 완화는 '교육'문제와 밀접한 관련이 있다.[27]

먼저, 2021년 이후는 새로운 산업혁명의 태동기다. 디지털 혁명 1기는 개인 컴퓨터 산업 발전과 인터넷 서비스가 시작된 1990년부터다. 디지털 혁명 2기는 스마트폰과 같은 정보통신 수단이 본격화한 1990년대 중후반이다.

LTE 기술은 데이터를 기존의 2G~4G보다 빠른, 정지 상태에서 1Gbps(1,000Mbps), 60km 이상 이동시에는 100Mbps 이상의 속도로 전송하게 된다. 따라서 빠른 속도로 이동할 때도 상당량의 데이터를 쉽게 다운로드할 수 있어, 영화를 보거나 데이터를 이용해 다양한 생활 및 업무를 볼 수 있게 되었다.

2000년 초반 이후 인류는 기존 생태계보다 더 빠르고 넓은 시간과 공간의 구조를 갖게 되었다. 그야말로 디지털 정보기술의 퀀텀점프가 아닐 수 없다. 이러한 기술력을 우리 일상에서 활용하게 된 것은 1970년부터 실리콘 밸리를 중심으로 한 미국 국방부의 적극적인 장기투자 덕이다.

미국은 1960년부터 1980년까지 '위대한 미국'이라는 슬로건을 내걸고 흑백 갈등 해소, 노동시장 유연성을 위한 이민자 유입, 65세 이상 노인과 저소득층의 건강보험을 위한 메디케어(Medicare)와 메디케이드(Medicaid) 지원을 국가발전의 기본 골격으로 삼았다.[28] 이

---

27 2021년 세계경제는 상저하고(上底下高)형이다. 상반기에 낮은 이유는 코로나19 팬데믹에 따른 경기침체 여파가 지속되기 때문이며, 하반기에 높을 것으로 보는 이유는 계절적 요인과 함께 코로나19 팬데믹 현상이 다소 누그러질 것을 가정하기 때문이다. 그러나 이 가정 자체가 너무나 강력하므로 코로나19 팬데믹 현상이 좀처럼 누그러지지 않으면 2021년 한 해도 경기반등을 기대하기는 어렵다.

과정에서 실리콘 밸리를 조성하면서 기술이 발전한 것이다. 이처럼 사회는 경제와 사회질서의 변화가 절대적으로 같이 이루어져야 발전할 수 있는 것이다.

코로나19 팬데믹이 끝나고 나면 세계경제는 앞에서 열거한 새로운 성장산업을 중심으로 기술 발전과 제도 변화가 일어날 것이다. 이러한 '변화'는 기술의 융복합화(融複合化, Convergence)다. 예를 들어 시간과 공간의 간격이 거의 소멸하다시피 하면서 일상의 모든 움직임이 동시다발적이고 다원 다차 연립방정식의 해를 구하는 것과 유사해질 전망이다.

일단 5G는 6G로 진화할 것이다. 6G는 인간의 시간과 공간적 존재를 더욱 축소시킬 것이다. 우리가 사용하는 스마트폰이라는 하드웨어가 더는 필요하지 않으며, 홀로그램(hologram)[29]이 대체할 것이다. 블록버스터급 영화나 TV 드라마를 볼 때 3차원적으로 보이는 빛의 간섭현상이 그것이다. 실제로는 수백 km 떨어진 곳에 있지만, 홀로그램상에는 바로 옆에서 세미나나 회의에 참석하는 모습을 상상할 수 있다.

모든 사물은 하나의 선으로 연결되고, 이러한 연결 프레임은 '인

---

28 메디케어(Medicare)는 가입자의 수입이나 재산에 상관없이 65세 이상 시민권자나 영주권자로서 메디케어 세금을 10년 이상 납부한 사람에게 주어지는 건강보험 혜택이다. 한편 메디케이드(Medicaid)는 연방정부가 정한 빈곤 수준(FPL; Federal Poverty Level) 미만의 소득자인 경우 연령과 상관없이 누구나 혜택을 받을 수 있다.

29 홀로그램 기술은 레이저광 2개가 서로 만나 일으키는 빛의 간섭효과를 이용해 3차원 입체 영상을 만들어내는 기술이다. 앞서 빛은 파장이면서 입자라는 '빛의 이중성'을 설명한 바 있다. 홀로그램은 바로 이러한 빛의 두 가지 성질을 이용한다.

터넷(Internet)'으로 불리던 개념에서 '스마트(Smart)'라는 개념으로 변화할 것이다. 인터넷이 사람과 사람(P2P: Person to Person, Peer to Peer), 기업과 기업(B2B: Business to Business) 등을 연결하는 단순한 기능에 불과했다면, 스마트는 이러한 다기종·다지역·다기능 형태의 기기들을 인공지능적인 판단과 지시·명령 등을 포함해 기계와 인간의 관계를 새롭게 정의하는 단계까지 끌어올릴 것이다.

여기에 필요한 모든 정밀부품과 소재 개발이 미래 중소기업이 할수 있는 새로운 영역이다. 자본의 힘이 있는 대기업이나 글로벌 기업은 중소기업이 생산하는 인공지능과 스마트 기능을 탑재한 각종 부품을 조립·가공해 하나의 상품 혹은 서비스를 창출할 것이다. 이 경우 가장 핵심 원자재는 원유도 구리도 아닌 '빅데이터'가 된다.

많은 기록을 어떻게 남길지에 대한 인류의 고민과 호기심은 사진, 영상, 비디오, 증강현실(增强現實, AR: Augmented Reality) 및 가상현실(假想現實, VR: Virtual Reality) 등의 기술로 연계되고 마침내 홀로그램까지 이어질 것이다. 이런 기술의 집합체, 즉 융복합화가 다양한 디지털 기술로 접목될 때 인간의 삶은 좀더 기술진화적이 될 전망이다.

예를 들어 전기자동차가 미래의 자동차라고 가정해보자. 현재에도 많은 자동차가 운전자 좌석 전방 유리에 3D 홀로그램으로 자동차의 속도와 기온 등 정보를 비추는 기능을 갖추고 있다. 여기에 무인자동차 기능을 강화하려면 다양한 센서를 부착하고 조작할 수 있어야 한다. 조작 기능은 자동차 내에 탑재된 중앙 컴퓨터와 같은 제어장치가 담당할 것이다.

여기에 입력되는 다양한 정보의 집합과 분산은 무인자동차 시대를 여는 데 매우 중요한 기능이 된다. 길가에는 수많은 센서가 있어서 무인자동차가 지나갈 때마다 다양한 정보가 '빛의 속도(초속 30만 km)'로 입력되고, 동시에 진행 방향이나 속도, 도착시간, 도로 주변이나 앞뒤 차에 대한 정보도 입력되고 분석·판단해야 할 것이다. 더불어 탑승자의 신체 관련 정보도 중앙 의료통제 시스템으로 전송하기 위해 탑승자도 센서가 부착된 특수섬유로 만든 의류를 입어야 할 것이다.

만일 사고가 발생하면 탑승자가 연락할 필요도 없이 즉각 자동차 내 정보 시스템을 통해 가장 가깝거나 탑승자가 가입한 보험사의 수리차가 출동하게 된다. 이 같은 다기능적 데이터 수집과 분석, 판단 기능은 단순하게 '스마트'를 넘어 '인텔리전트(Intelligent)'의 방향으로 진화할 것이다.

따라서 지금까지 간단하게 상상력을 가지고 설명한 내용만으로도 다양한 정치, 경제, 사회, 문화 및 안보 등의 주제에 관해 이야기할 수 있다. 미래 사회에는 양극화 문제가 어떻게 극단적으로 나타날 수 있는지 충분히 이해할 수 있다. 모든 인간이 의식주 문제를 기본생활에 필수적인 상수라 여기지만 미래에는 꼭 그렇지 않다.

미래의 의식주 형태가 곧 사회 양극화의 가장 기본적인 척도가 될 수 있다. 이런 미래에 과연 우리는 무엇을 사회적 갈등과 논쟁으로 삼을 것인가? 정치적 이데올로기, 철학적 가치, 사회적 윤리 이야기 등등이 지금처럼 사회 양극화에 의한 갈등구조 속에서 각자의 편익을 위해 하나의 쟁점이 될 수 있을 것인가?

결국 사회는 기술 발전이 빛의 속도로 지속된다고 가정할 때 이러한 변화에 빠르게 적응하거나 순응하지 못할 때, 적어도 중요한 하나의 기술을 가지고 있지 못할 때는 정치적 이념보다 실생활의 기술 격차에 따라 신분이 나뉠 것이 분명하다. 디지털 기술 향유자와 그렇지 못한 자의 아주 간단한 경계를 중심으로 사회는 신분, 교육, 세대 등 모든 갈등의 요소를 블랙홀처럼 빨아당길 것이다.

디지털 정보화 시대의
경제 패러다임 변화

──────── 미래 산업이 스마트 혹은 인텔리전트 문명으로 진화할 때 가장 불요불급한 자원은 무엇일까? 그것은 바로 빅데이터다. DNA 유전자만 가지고도 향후 한 개인의 미래가 어떻게 결정될지 인공지능을 통해 예측할 수도 있다. 굳이 자신의 미래를 알기 위해 점을 보러 갈 필요도 없다. 컴퓨터에 자신의 피를 한 방울 떨어뜨리면 1년 후나 2년 후의 건강 상태는 물론 자신의 운명도 예지해줄 수 있다.

더 나아가 미래에는 신분사회가 고착될 수 있다. 고전물리학의 운명론에 양자물리학적 해석을 더하면 확률적 운명론을 통해 아주 작은 하나의 변화가 어떤 결과를 낼 것인가까지 비교적 정확하게 예측할 수 있다. 너무나 단순하지만 끔찍한 세상이 될지, 간편한 세상이 될지는 인류의 인식과 상식의 판단에 달려 있다.

범죄 유형도 변화할 것이다. DNA 유전자를 조작하는 행위, 한 개인 또는 공동체, 국가기관, 기업의 기밀정보 등을 빼내려는 해킹 등은 우리가 충분히 상상할 수 있는 것들이다. 시간이 흐르면서 유전자 조작에 따른 변형과 부작용 자체가 증거가 될 것이다.

'성장(growth)'과 '발전(development)'의 정의도 달라진다. 성장은 발전을 이어가는 단계 단계의 변화를 말한다. 제조업과 같은 하드웨어적 산업으로는 부가가치 창출이나 노동생산성 향상을 기대할 수 없다. 누군가는 생필품을 만들겠지만, 누군가는 생필품의 질과 양을 조절하는 데이터를 손에 쥐고 독점적 편익을 충분히 취할 수 있다. 즉 미래 기업경쟁 가운데 기술경쟁은 소프트웨어 경쟁력이 핵심이 될 것이다.

반면 사회 양극화 문제는 논란의 대상이 되지 않을 수 있다. 사람들은 이제 정의와 공정을 논쟁할 시간조차 없을 것이기 때문이다. 당장 생존을 위한 순응과 암묵적 복종을 요구하는 기술적이고 기계적인 시스템에 맞춰진다면 말이다. 시계의 태엽이 돌아가듯 쳇바퀴 도는 생활을 당연한 것으로 여길 수밖에 없을 것이다.

이런 인간의 삶을 통제하는 건 또 다른 인간이 아니다. 소위 말하는 '인공지능'에서 '인공'적 형태를 지닌 기계의 지능을 통해 기계 혹은 그런 기계를 소유한 일단의 그룹에 권한이 부여될 수 있다. 2011년 개봉한 앤드류 니콜(Andrew Niccol) 감독의 영화 〈인 타임(In

Time)〉에도 묘사되었다. 이들에게는 인간이 지닌 동정이나 감정적 판단의 인식구조가 전혀 없다. 설혹 그러한 프로그램을 삽입한다고 해도 최종 판단 알고리듬에서는 이러한 항목이 사회 전체의 효율성을 떨어뜨리고 비용 증대만 가져온다고 아주 냉정하게 판단해버릴 수 있다.

이러한 기술과 기계를 보유하는 0.1%의 파워는 절대적이다. 부에 대한 불평등 분배와 저항은 소수 저항군 수준에 불과하다. 군대와 경찰도 이들이 요구하는 바를 성실히 수행할 수밖에 없다. 어떤 물리적 조치나 법률적 체계를 만들지 않더라도 기계와 장비 등에 입력된 정보로 현장에서 즉각 결정될 수 있기 때문이다.

일반 대중에게 분배되는 (또는 상업용으로 판매되는) 프로그램화된 인공지능 시스템은 모든 것을 0.1% 상위 그룹이 창출하고 지지하는 정치적·사회적·경제적 프로그램을 묵시적으로 따르도록 설계될 것이다. 1939년 빌 핑거(Bill Finger)와 밥 케인(Bob Kane)의 영화 〈배트맨〉 속 가상의 장소인 '고섬시티(Gotham City)'가 보여주는 선과 악의 대결구도에 나타나는 일반 대중의 의사표현과, 그나마 〈OK 목장의 혈투〉와 같은 서부영화에서 묘사되는 일반 서민의 모습과는 차이가 분명히 있지 않은가.

미국 연방수사국(FBI)은 오바마 정부 당시 러시아 비밀 해킹 조직에 의해 재무부, 상업부, 국무부 및 백악관을 비롯한 주요 정부기관의 전자메일과 통신 관련 비밀 내용이 해킹당한 사실에 대해 조사를 시작한 바 있다. 그동안 러시아 스파이 해킹 조직이 신분을 노출하지 않고 약 1만 8천 개 기관에 대해 수개월간 활동해온 것이 사실로 드러났다. 해킹 조직이 APT2 및 Cozy Bear 등 가명을 쓰면서 미국 내에서 활발하게 활동한 일부 내용이 밝혀진 것이다.

2016년 대선 당시에는 도널드 트럼프 공화당 후보와 힐러리 클린턴 민주당 후보 간에 러시아 정부의 대선 개입설 등 다양한 SNS 첩보전이 있었다는 의심까지 표면화된 적이 있다. 특히 힐러리 후보의 국무부 장관 당시 개인 이메일로 국가 주요정책을 전달한 일은 대선 패배에 중요한 요인이 되었다. 대선 직후 페이스북과 트위터 같은 SNS 기업의 개인정보 보호에 대한 기술적 대응책 부재를 놓고 기업과 정부 간에 상당한 갈등이 있었지만 구체적 사실이 드러나지 않았고, 트럼프 미 대통령의 수사 의지가 적극적이지 않은 상황이어서 별 진전이 없었다.

최근 연방소비자보호감독원(The Federal Trade Commission)까지 나서서 미국의 9개 유명 글로벌 SNS 및 미디어 인터넷 기업에 각 기업의 영업활동이 개인정보 보호 아래 적합하게 이루어지고 있었는지를 판단하기 위해 이들의 영업정보를 제출하도록 요청했다. 이에 구글과 페이스북이 상호 긴밀한 협력하에 대응하기로 결정한 사실도 있다. 2018년 페이스북이 구글 온라인 광고와 경쟁하지 않기로 합의하는 대신에 구글이 광고를 모집할 때마다 페이스북에 특별한 지원을 마련하기로 담합한 사실에 주목한 것이다.

미국 각 주 정부는 향후 페이스북과 구글 등 SNS 기업의 반독점법 위반 사례를 면밀히 감시할 것이다. 바이든 정부는 미국 내외에서 암약하는 해커와 해킹 조직을 대대적으로 수사하고 파악할 것으로 보인다. 한편 해킹으로 유출된 주요 정부(주로 안보 및 에너지 관련 기업과 정부기관), 기업 및 개인 자료에 따른 정확한 피해를 파악하고 다양한 보복조치를 강구할 것이 확실시된다.

예를 들어 미국은 향후 '연방 교통안전위원회(National Transportation Safty Board)'와 같은 사이버 스페이스(Cyber space) 구축도 구상 중이다. 미 의회와 트럼프 행정부가 긴밀하게 공조해 '사이버 및 인프라 안보국(Cybersecurity and Infrastructure Security Agency)'을 구축했고 현재 2,200명 정도가 근무하고 있다. 미국을 위시한 서방국들은 사이버 안보와 관련해 정부 내 특별기구를 설치 또는 독립시키고 국가 간 상호협력 체계를 구축함으로써 미래 주요 빅데이터 안보를 더욱 체계적이고 안정적으로 유지할 계획이다.

이런 미국 정부의 '정보안보(Information Security)' 조치는 크게 세 가지 측면에서 경제적 파급효과를 가져온다. 첫째, 빅데이터 관련 기업의 데이터 가치가 올라간다. 따라서 빅데이터 인프라를 갖추지 않은 기업은 비용 상승이 불가피하다. 간단한 경제학적 관점에서도 비용은 자본 및 노동과 함께 지식기반 산업의 부가가치 창출 비용이 중요변수가 될 가능성이 높다.

둘째, 미·중 갈등에서도 사실상 '지적재산권'과 '소프트웨어 기술 유출'이 핵심 의제로 부상할 수 있다. 미국은 국가안보 차원에서 화웨이 5G 확산을 차단하고자 하듯, 빅데이터와 정보기술 유출 가능성에 촘촘한 안전망을 설치하려 할 것이다. 미 의회 역시 이 문제는 미국의 최첨단 '국가 이해관계', 즉 안보와 직결된다는 점에서 중국과 빚게 될 다양한 갈등과 함께 미국 내외 기업에 대한 규제와 관리 및 감독 조치 역시 강화할 것이다.

따라서 향후 반도체, 전자정보통신 사업, 우주항공, 전기자동차 등 미래 산업과 연관된 지적재산권, 기술 인력 및 빅데이터와 같은 정보에 대한 보호조치가 더욱 강화될 전망이다. 실례로, 2020년 12월 23일 미 상무부는 중국과 러시아의 항공우주 산업에 수출규제 조치를 단행했다. 즉 중국과 러시아의 103개 관련 기업을 군수 관련 기업으로 지정해 미국기업이 이들과 수출계약을 체결할 때 허가제로 규제할 방침이다. 이는 중국 항공기 산업 육성정책에 큰 파급효과를 가져올 것이다.

셋째, '부익부 빈익빈' 현상이 심화한다. 정보와 빅데이터가 집중화하면서 이 자체가 하나의 또 다른 자본이 된다. 따라서 사회 양극화 문제는 더욱 악화할 것이고, 기본소득과 같은 새로운 소득 개념이 주요 사회경제적 이슈가 될 것이다. 하지만 기본소득 개념은 앞서 제기한 '고섬시티'의 모습과 흡사할 것이다.

경제학에서는 생산요소를 노동과 자본, 토지 등으로 분류한다. 중세 봉건 이후 근대자본주의 경제가 태동할 때, 자본은 경제권력을 대변하는 주요변수였다. 자본가라는 신분계급은 노동과 토지보다 더 유연한 투입요소라는 특성을 통해 그들보다 빠르게 큰 이윤을 창출할 수 있었기 때문이다.

지난 20세기에는 자본주의와 사회주의의 이념적 갈등과 경쟁을 통해 자본과 노동 간에 최소한의 평등성을 지켜낼 수 있었을 것이다. 물론 이 또한 엄밀한 철학적·사회학적 논쟁과 쟁점화가 불가피하다. 하지만 이와 같은 평등성을 주장하기에는 시대의 변화가 너무 빨라져버렸다. 시간과 공간 변화가 빨라지면서 고전적 생산요소인 노동과 토지보다는 자본의 경쟁력이 한층 강화된 것이다.

앤드류 니콜 감독의 영화 〈인타임〉에서도 미래 양극화의 모습을 매우 현실성 있게 묘사하고 있다. '부익부 빈익빈'은 자본의 힘이 노동의 경쟁력보다 한 수 위에 있음을 암묵적으로 인정하는 결과다. 디지털 정보화 시대에 빅데이터와 같은 정보는 자본의 파생상품일 뿐 노동과 토지와는 무관하다.

그렇다면 미래 기업의 경쟁력과 일반 가계 혹은 개인의 경쟁력은 자본가 혹은 정보력 앞에서 수직적 계약을 체결하도록 강요받을 수밖에 없을 것이다. 특히 더욱 경계해야 할 부분은 여기에서 말하는 '자본', 즉 빅데이터와 정보를 가공하고 필터링하면서 최종 결론을 도출하는 데까지 인간이 아닌 기계, 즉 인공지능 컴퓨팅 기계가 주도한다는 점이다.

이 비용은 엄청나다. 따라서 대중은 스마트폰 정도만 소지할 뿐 그 이상의 첨단기기는 소지할 수 없고, 필요하지도 않게 된다. 따라서 '통제'가 매우 간단해지며, 통제의 주체는 기계 위의 기계가 될 것이며, 그 최고의 성능 장비를 가진 사람, 즉 '자본가'가 정치·경제·사회·문화 등을 직간접적으로 지배하고자 할 것이다.

원하든 원하지 않든, 인류가 기계문명의 무한한 발전 앞에 적절

하고 합리적이며 지혜롭고 정의로운 제어 기능을 갖추지 못할 경우, 공상과학 소설이나 영화에서처럼 일그러진 지구를 떠나 우주에서 방황하는 인류의 미래를 맞이할 수밖에 없다. 'Smartness'와 'Intelligent'의 차이다. 전자는 기계이고, 후자는 인류의 품격이다. 가장 중요한 것은 그것의 기본은 '양심'과 '상식'이라는 점이다.

많은 이들의 최대 관심은 '팬데믹이 지속되는 상황에서 경기 불확실성과 자산시장의 버블은 어느 정도일까?'하는 것일 테다. 조금은 어리석은 답 같지만, 하늘을 뚫고 자라는 나무는 없다. 무엇이든 차오르면 조정은 불가피하다.

미 연준도 인플레이션 우려를 단기적 반등에 따른 일시적 현상으로 보고 크게 염려하지 않는다. 채권 매입 등을 통해 경기부양을 지속할 것으로 얘기한다. 시장에 대해 "걱정말라"는 신호다.

그 이유는 실업률이 팬데믹 이전 3.5%대로 돌아가기에는 아직 턱없이 부족하기 때문이다. 2021년 6월에만 비농업 일자리가 85만 개 증가했지만, 실업률은 5.9%로 2021년 5월 대비 0.1%포인트만 상승했다. 노동시장 회복까지는 1년의 시간이 더 걸릴 것이라는 게 전문가들의 전망이다. 앞서 질문에 대한 답이다. 그렇다고 지금부터 정확히 365일 이후 주가 등 자산시장 가격이 급락한다는 얘기가 아니다. 이보다 빠를 수밖에 없다. 시장은 '기대치(Expection)'를 보고 움직이기 때문이다. "예상치 못한 것을 예상하라(Expect the unexpected)"라는 말이 있다.

4장

코로나19 이후
투자와 산업의 미래

경기 불확실성과
자산시장의 버블

────────── 코로나19 팬데믹이 가져올 향후의 사회경제적 파급효과를 추정·판단하기 위해서는 다음과 같은 자료 분석이 필요할 것이다.

첫째, 코로나19에 따른 피해는 지역별로 어떤 차이가 있는가? 둘째, 일자리 변화와 어떤 연계성이 있는가? 셋째, 백신 접종에 따른 경제회복 기대치는 시장별(노동시장, 제조업, 서비스업, 금융시장 등)로 어떤 패턴을 보일 것인가? 넷째, 경기부양 지원금은 적재적소에 분배되고 있는가? 다섯째, 교육기관과 기업 중 어느 곳의 대면활동이 먼저 시작될 것이며 그에 따른 주변상권 회복과 경제활성화는 얼마나 빠르게 향상될 것인가?

이러한 부문에서 과학적이고 전문적인 자료 분석과 판단이 전제되다면, 경제와 시장의 불확실성을 좀더 줄여나갈 수 있을 것이다. 코로나19 팬데믹 이후 경기변화를 주먹구구식이 아니라 좀더 섬세하고 과학적이며, 일관성 있고 합리적으로 분석하려면 다음과 같은 질문과 분석이 필요하다.

첫째, 세계경제에서 주요 지역경제 그리고 한국경제에 대한 분석과 전망이다. 둘째, 무역과 같은 실물경제의 회복속도가 정상 수준으로 접근할 때 금융경제는 안정적 회복기조를 보인다. 실물경제의 회복을 담보로 잡을 수 있기 때문이다. 그렇지 않으면 버블이다. 셋째, 거시적 흐름의 윤곽이 드러나면 미시적인 내용을 다룬다. 이 부분에 대해서는 앞서 많이 설명했다.

여기에서는 코로나19 팬데믹 이후 세계경제의 향방을 놓고 다음과 같은 상식적인 질문들을 미시적 입장에서 한 번 더 정리해보고 생각해보자.

첫째, 현재 다우지수가 3만을 돌파하고, KOSPI 지수가 2800을 찍고 3000을 향해 돌진하는 것이 지극히 상식적인가? 둘째, 세계경제가 2021년 회복된다면 말 그대로 '회복'인가, 아니면 회복의 수준을 뛰어넘는 실질적인 '성장'인가? 셋째, 헬리콥터에서 돈을 뿌리지는 않았지만 앞서 설명한 바대로 11조 2,490억 달러의 유동성(돈)이 풀린 것은 지극히 정상적인가 비정상적인가? 정상적이라면 문제는 없는가? 비정상적이라면 정상적인 상태로 얼마나 빠르게, 언제, 어떻게 접근할 것인가?

넷째, 이 문제들이 정리되고 세계경제가 다소 울퉁불퉁한 장애물을 넘더라도 다시 과거와 같은 지극히 안정적이고 신뢰할 만한 패턴으로 되돌아갈 가능성이 얼마나 되는가? 다섯째, 각국이 저마다 안고 있는 정부, 기업 및 가계의 부채 부실화는 해결할 필요가 없는가, 자연스럽게 해결될 것인가, 아니면 크고 작은 파동이 연거푸 일어날 것인가? 특히 기업부채 증가로 지급 능력이 낮아지고 있는 상황에서 S&P, 무디스, 피처 등 세계 신용평가 기관의 전망을 신뢰할 수 있는가? 차입으로 버티고 있는 기업이 과연 코로나19 위기 후 부채를 감당할 능력이 될 것인가?

여섯째, 전기자동차·무인자동차·우주항공·바이오 기술의 발전 등은 미래 산업으로서 앞서 지적한 불확실성과 위험을 기회요인으로 전환시킬 만큼 충분히 '창조적 파괴'들인가? 일곱째, 정치·사회·안보·환경과 같은 경제 외적 요인은 세계경제가 회복기조에 안정적으로 진입할 때까지 참고 기다려줄 것인가?

여덟째, 실물경제가 급격히 회복된다고 할 때 인플레이션 문제는 오히려 반겨야 하는 것일까? 지금이라도 기대 인플레이션을 만들어야 할 만큼 경기침체와 디플레이션 상황이 어느 정도 속도로 회복되는 것이 '골디락스 경제(Goldilocks Economy)'인가? 세계 주요국 중앙은행의 핵심 정책목표를 실업과 물가안정에 국한하는 것이 옳은가, 아니면 좀더 확장해 기후변화 같은 미래 이슈에 적극적으로 대응하는 것이 옳은가?

아홉째, 가계소비 심리가 크게 위축되고 당분간 경기회복을 기대하기가 어렵다면, 미국 등 각국의 경기부양 정책은 얼마나 고용효과를 유발하고, 경기부양금이 이들 분야에 합리적·효율적이며 투명하게 배분되고 있는가? 현재의 경기부양 규모는 충분한가, 부족한가, 과도한가? 기업이 고용을 늘리도록 감세정책을 도입하는 게 옳은가? 일반적으로 투입비용당 GDP 기여효과는 실업자 지원이 급여 인상보다 두 배가량 크다는 연구 결과에 따르듯 경기지원안이 이루어지고 있는가?

마지막으로, 또 다른 팬데믹과 불확실성의 변수는 무엇인가? 재래식 전쟁이나 기아 문제가 될 것인가, 아니면 2002년 SARS, 2012년 MERS 등 코로나바이러스와 변종이 발생하면서 제2의 팬데믹이 유행하지는 않을 것인가?[30] 이 외에도 다양한 상식적인 질문이 있을 수 있다.

하지만 여기에서는 개인의 관점에서 가장 관심을 가질 수 있는 질문 세 가지만 답해보기로 한다. 위의 열 가지 상식적인 질문에 대한 답이 어느 정도 녹아 있는 세 가지 일반 관심사항이다. 첫째, 주식을 해야 하는가? 둘째, 금을 사모아야 하는가? 셋째, 부동산 시장은 지속적으로 상향 이동할 것인가? 여기에서는 계량적 분석과 통계적

---

30 중국 광동성 발 중증호흡기증후군(SARS)은 2003년에 발생해 세계적으로 8,096명이 감염되어 3명이 사망했고, 한국은 774명이 감염되었지만 사망자는 없었다. 사우디아라비아를 중심으로 한 중동호흡기증후군(MERS)은 2012년에 발생해 한국에는 2015년 유입되었다. 세계적으로 2,494명이 감염되었고 사망자는 186명이었으며, 한국은 858명이 감염되어 36명이 사망했다. 이 두 가지 코로나바이러스는 중국 우한 발 코로나19의 전조현상이 아니었을까? 왜 중국 발 코로나바이러스의 창궐 빈도수가 높은가? 불필요한 논쟁은 피해야겠지만, 합리적이고 상식적인 질문에 대해서는 충분히 답을 구하고자 노력할 가치가 있다.

자료로 상세히 분석하기보다는 지극히 상식적으로 설명한다. 앞서 내용을 이해한다면 충분하다.

주식투자,
어떻게 해야 할까

———————————— 언론에 나오는 '100만 원으로 수억을 만들었다'는 기사는 거들떠보지도 마라. 광고성 기사일 뿐이다. 만일 이 같은 성공투자가 일반적이라면, 대한민국 젊은이나 100만 원 자산가는 모두 주식 시장에 뛰어들어야 한다.

과연 그런가? 주식 시장은 '제로섬 시장(zero-sum market)', 즉 한 사람이 잃어야 다른 한 사람이 돈을 버는 구조다. 주식 시장이 이미 뜨거운 감자가 되었을 때는 상투를 잡는 경우가 많다. 더구나 지금과 같은 경기침체 장에서 미래 어떤 기업의 수익이나 매출도 확정된 내용을 바탕으로 정확한 실적을 반영하고 있지 않다.

기대감과 실질 업적은 차이가 크다. 물론 그 차이, 즉 갭을 보고 투자하는 것이 주식 시장이다. 금리가 너무 낮으니 채권시장에는 관심이 적다. 채권가격은 높다. 그래서 주식 시장에 '동학개미' '서학개미'라는 신조어가 만들어지며 뜨겁게 달아오른다. 테슬라 주식이 얼마나 올랐고, 코로나19 백신과 치료제 관련 업종의 주가가 얼마나 상승했는지 한번 열어보면 좋겠다. 시세표를 보았을 때 이게 '상식적으로 맞는가'를 스스로에게 물어보면 된다.

물론 '고위험, 고수익(high risk high return)'은 늘 옳다. KOSPI 주가지수가 연일 전고점을 돌파하고, 바이오와 백신 관련 업종의 가치가 수십 배 상승했다. 삼성전자가 코로나19 팬데믹 이후 수요급증을 선반영한 가격상승을 지켜보고 있기만은 안타깝다는 생각이 들 만도 하다. 하지만 정상이 아니지 않은가. 따라서 하지 않는 게 옳다. 그래도 주식을 꼭 해야겠다면, 자신의 '여유'자금으로 해야 한다.

최근 주식 시장 상황을 보면 중장기투자보다 단기투자가 옳다. 중장기투자로 가기에는 주가지수가 비정상적으로 높다. 다분히 개인적인 판단이다. 가계의 소비와 기업의 수출이 모두 위축된 상태인 현재의 세계 주식 시장은 몇몇 특정 업종에 경도되어 있다. 따라서 미래의 기업 수익을 예상하고 기업에 투자하는 시장이라면 '평균'지수가 보여주는 데이터 왜곡을 제대로 해설할 수 있어야 한다.

예를 들어 삼성전자 주식의 시가총액은 한국 주식 시장 전체에서 몇 %나 차지할까? 그런 높은 비중을 차지하는 주식의 가격이 상승하면 비중이 낮은 주식의 가격이 폭락하더라도 주가지수에 크게 영향을 주지 않는다. 참고로 삼성전자가 KOSPI 시장에서 차지하는 비중은 22%가 넘는다. 삼성전자 한 회사의 비중이 그렇다. 여기에 LG전자와 SK하이닉스 등의 비중을 추가하면, 한국 증시의 호황 장세가 어떻게 이루어지는지 충분히 알 수 있다.

아울러 KOSPI 주가지수는 산술평균지수(Arithmetic Average Index)이지 다우지수처럼 가격평균지수(Price Weighted Average Index)가 아니

다. 지수의 속성을 안다면, 지금 우리나라 주식 시장의 버블 현상이 점점 부풀어지는 형국임을 알고 경계하는 것이 바람직하다.

KOSPI 3000~3100은 시장의 풍부한 유동성, 마땅한 투자처가 없다는 점, 투자와 투기의 혼돈, 미국과 중국 시장의 호황 장세, 미래 자동차 산업과 코로나19 팬데믹에 따른 백신 및 치료제 관련 제약주 등에 따라 움직이는 모습이다. 만일 미래를 보고 중장기투자를 한다면 여행·항공·호텔·관광 관련주가 맞을 것이다. 하지만 이 업종 역시 아직은 증시 조정이 이루어지지 않은 상황이니 '증시 패닉'이 발생할 때 투자를 시작하는 게 옳다. 적어도 현재 세계 증시는 정상적이 아니라는 게 필자의 개인적인 판단이다.

부동산 시장,
언제까지 오르기만 할 것인가

──────────── 코로나19 백신을 접종하기 시작하면서 사람들이 하루하루 살아가는 일상의 모습과 함께 집에 대한 개념도 조금씩 바뀔 것으로 보인다. 앞으로 부동산 시장에서 나타날 몇 가지 추세를 다음 다섯 가지로 요약할 수 있다.

첫째, 저금리 상태가 지속될 것이다. 하지만 2022년 하반기 이후 금리가 조금씩 상승할 수도 있다. 미 시카고 연준 찰스 에반스 총재는 2024년부터 금리상승을 전망한다.

둘째, 평균 주택가격이 상승할 것이다. 저금리와 풍부한 유동성, 수급 불균형, 정부정책의 시그널 실패가 원인이다.

셋째, 신규주택 건설 수가 증가하지만, 여전히 공급은 수요보다 작다.

넷째, 주택 구입자는 여전히 서울과 수도권에 집중할 전망이다.

다섯째, 전월세 가격이 동시에 상승할 전망이다.

부동산 시장의 조정 가능성도 있다. 부동산 시장의 가격변화 주기는 경제성장의 주기와 맞물려 가야 한다. 미국의 경우, 부동산 시장 가격변화는 일반적으로 미 연준의 기준금리정책 및 물가관리정책과 연동한다. 15년 혹은 30년 만기 부동산 담보대출 금리가 대부분 미 연준의 기준금리정책과 같이 가고, 미 연준의 기준금리는 '2% 인플레이션 안정화 정책'의 핵심 통화정책 수단이기 때문이다.

미국 GDP에서 주택건설 부문이 차지하는 비중은 15~18%다. 두 가지 방식으로 미 경제성장률에 영향을 미친다. 첫째, 일반 주거용 주택 투자는 GDP의 3~5%를 차지한다. 신규·연립 주택 건설, 리모델링 및 맞춤형 주택 건설과 브로커 비용 등이 포함된다. 둘째, 주택 부문 서비스업과 관련된 소비가 GDP의 12~13%를 차지한다. 예를 들어 임대사업에서 임차인의 각종 전기, 수도 및 가스 비용 등 관리비 지출과 함께 임대인이 부담해야 하는 각종 보수 및 관리비 등이 포함된다.

한국 부동산 시장이 GDP에서 차지하는 비중은 어떤가? 2020년 7월 기준으로 시중 유동성이 부동산 시장에 집중되고 있다. 부동산 대출을 비롯한 부동산금융[31]이 사상 처음 2,100조 원을 돌파했다. 한국은행의 〈2020년 하반기 금융안정보고서〉에 따르면 금융기관이 부동산 대출을 크게 늘리면서 부동산 가격상승의 주요인이 된 것이다. 시중에 풀린 자금이 몰릴 곳이라고는 주식과 부동산 등 한정된 자산시장에 국한된다.

2020년 3월 말 부동산금융은 2,105조 3천억 원으로 나타나 전년 같은 기간의 1,937조 원보다 8.7% 늘어난 규모다. 한편 2019년 말의 2,062조 5천억 원보다는 2% 증가해, 2020년 연말 부동산금융 규모는 7월 기준 규모보다 적게는 100조 원, 많게는 200조 원이 더

Ⅰ 부동산금융의 변화추이 Ⅰ

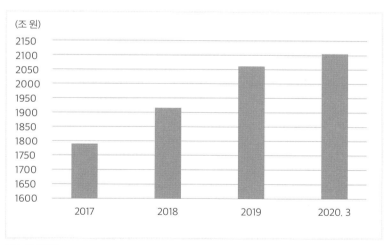

자료: 한국은행

---

31 금융회사의 부동산 대출·보증, 기업의 부동산 프로젝트파이낸싱(PF) 차입금, 부동산 펀드·자산유동화증권(ABS), 주택저당증권(MBS), 리츠(부동산투자회사) 등을 부동산금융이라 한다.

풀릴 수 있다는 의미가 된다.

부동산금융 규모는 우리나라의 GDP 수준이 1.5조 달러, 환율이 1,100원이라 가정할 때 1,650조 원보다 450조 원을 웃도는 수치다. 그만큼 비대해졌다. 한편 명목 GDP 대비 부동산금융이 차지하는 비중은 2014년 말 76.7%에 불과하던 것이, 2018년 말 101.0%, 2019년 말 107.4%, 2020년 3월 말 109.7%로 상승세를 나타냈다.

▍수요

코로나19 팬데믹 여파로 2020년 저금리 상태가 지속되었다. 미국의 경우 2020년 12월 17일 프레디맥(Freddie Mac)이 발표한 30년 만기 모기지 금리는 2.67%로 1년 전보다 1%p 낮다. 한국은행도 6개월째 기준금리를 0.5%에 두고 있다. 경기회복이 가시화되더라도 기준금리가 단박에 상승하지는 못할 것이다.

이처럼 저금리는 주택구매 수요를 자극할 수밖에 없다. 시중에 유동성이 풍부하고, 금리는 낮고, 부동산 가격은 정부정책 탓에 천정부지로 치솟는 마당에, 버블이 터질 것이라는 기대감을 안고 버티는 잠재적 주택 수요자는 얼마나 될까?

'영끌', 영혼까지 끌어모아 집을 사야 한다는 절망감은 무엇을 의미하는가? 2020년에만 해도 7번의 부동산 정책은 풍선효과만 풍성하게 만들었을 뿐, 집값을 잡거나 부동산 광풍을 가라앉히는 데는 완전히 실패했다. 설상가상으로 2020년 7월 31일 국무회의를 통과한 임대차 3법의 경우 전세금마저 정부가 올려주는 역설의 결과를 가져왔다. 2030세대가 '지금이 아니면 집을 영원히 살 수 없다'는 절박감과 세대적 박탈감, 정부정책에 대한 불신과 배신감 등이 뒤엉켜 집 사는 데 '막차 타기'에 나선 것이다.

이 같은 부동산 시장 과열은 사실 현재 경제상황을 감안할 때 지극히 비정상적인 현상임에 틀림없다. 기업의 구조조정, 자영업자와 소상공인의 위기상황, 주택 담보대출 신용의 위험 증가 등이 현실인 상황에서 아파트 가격상승이 '담보가치를 올려 부동산 시장을 진정시키는 효과'가 될 수는 없다. 언젠가는 이런 부동산 시장의 비정상적 상황이 정상적 환경으로 돌아가려는 자정 노력이 따를 것이다.

주택구매 형태도 조금씩 변화하고 있다. '슬세권(슬리퍼와 세권의 합성어)'처럼 대중교통 이용 시설에서 가까운 곳, 주거시설 내 독립성과 디지털 정보 시설과의 연결 편리성, 마트와 근접하고 야외활동도 즐길 수 있는 환경이 각광받을 것이다. 주거시설의 편의성과 자연환경과의 근접성을 추구하는 세대들에게는 KTX나 GTX 같은 서울과 수도권을 연결하는 대중교통 수단이 주요 도시발전의 핵심축이 될 전망이다.

코로나19와 같은 팬데믹 여파로 '밀집된 주거공간'보다 '개별적 독립공간'을 선호하게 될 것이며, 도심보다 교외지역 주거시설에 대한 선호도가 점증할 것으로 보인다. 따라서 2021년 이후 주거 형태와 위치 등에 대한 선호도는 점차 서울 도심에서 교외지역으로 확산할 가능성이 높다. 이런 부동산 시장의 상황변화를 감안하면 비록 금리가 조금씩 상승하더라도 주택 수요는 지속적으로 늘어날 수밖에 없다. 그런 점에서 주택가격, 즉 아파트 가격은 추가 상승할 잠재력이 다분하다.

정부의 부동산 정책이 실패해 대부분 서민이 꿈꾸어오던 '내집마련'의 꿈이 무산되는 상황에서는 정치적 판단의 근거가 될 가능성도 크다. 이후 새로운 정부가 이전 정부의 부동산 정책을 완전히 역전시킬 가능성을 보인다면, 부동산 시장은 그야말로 '폭풍전야'의 긴장감 속에 휘말리게 될 것이다. 엉터리로 잠근 것도 문제지만, 엉터리로 풀어서는 문제가 더 커진다는 의미다.

2021년 부동산 시장은 공급자의 시장이지 수요자의 시장은 아니다. 그렇기에 가격상승 여력이 늘 잠재하고, 주택 건축업자가 엄청난 수익을 보는 구조가 지속되는 것이다. 주택 구매자 입장에서 자신의 소득 안정성 문제, 즉 직장의 안정 문제가 가장 중요한 변수다.

주택 판매자, 건설업자 입장에서도 코로나19 이후 개인 및 기업 파산이 가시화될 가능성이 커지는 가운데 개인 및 기업의 신용문제가 주택매매에서 중요변수가 될 것이다. 만일 개인 또는 자영업, 소상공인, 중소기업 파산이 본격화된다면 이는 금융기관의 부실로 직결되는 상황이 벌어지면서 경제위기의 단초가 될 수도 있다.

▎공급

먼저 정부의 부동산 시장에 대한 인식의 오류와 허점을 지적하지 않을 수 없다. 정부는 우선 전세대란의 해결책으로 규제완화보다 공급을 선택했다. 2020년 11월 19일 발표한 대책에서 2021년 상반기 전세형 주택 4만 9천 가구, 이 가운데 수도권에 2만 4,500가구를 공급할 계획이라고 밝혔다. 이어 나온 12월 22일 부동산 대책에서도 11월 19일 공급대책시 나온 물량을 포함해서 2021년까지 총 46만 가구와 아파트 31만 9천 가구를 공급한다는 계획을 발표했다.

대책 발표가 부동산 정책은 아니지 않은가. 부동산 가격안정 대책을 발표하려면 최소한 서울과 수도권 전체에 잠재수요가 얼마나 존재하며, 잠재수요 예측에서 서울과 수도권으로 유입되는 인구와 증가율 변화추세는 어떤지, 경기상황에 따라 인구역학적 변화 자료의 변동과 주택 수요 및 공급 탄력도는 얼마나 되는지 등에 대한 데이터와 분석을 충분히 가지고 있어야 한다.

예를 들어 전국 주택보급률은 104.2%다. 전국 1가구가 모두 1채의 주택을 보유할 수 있게 공급되었다. 서울 역시 95.9%다. 거의 1가구 1주택 수준이다. 그런데 집이 없다고 한다. 왜 그럴까? 원인은 두 가지 중 하나다. 통계가 엉터리거나, 1가구가 1주택 이상 주택을 가지고 있기 때문이다. 이런 상황에서 주택용지 공급이나 종합토지세 부과 등 부차적인 제약 조건을 이야기하는 것은 의미가 없다.

1가구가 1주택 이상 소유하지 못하도록 하는 것은 엄연히 위헌적이다. 개인 사유재산에 대한 침해는 허용되지 않는다. 하지만 정부는 이 점에 대해 정책 대응으로 1가구 2주택 이상의 개인에게는 엄격한 대출 및 금리, 조세 정책 등을 사용할 수 있다.

문제의 머리는 놔두고 꼬리만 건드리면 그 꼬리는 세월이 지나면 또 자라나 있다. 예를 들어 1970년대 도시 팽창에 따른 녹지환경 침해를 막기 위해 설치한 '그린벨트'는 점점 줄어들고 있다. 말로는 친환경, 생태계 보전 정책을 강조하지만, 실제 모든 정부가 '그린벨트'를 정부 스스로 허물었다. 이렇게 손도 안 대고 코 푸는 식의 부동산 정책을 '주택시장 안정화 정책'이라고 부른다.

정치는 한술 더 뜬다. 가덕도 신공항을 개발해야 한다, 금강산 개발을 통해 북한과 평화적 교류를 증대해야 한다 등의 정치적 프로파간다를 거침없이 쏟아낸다. 만일 지금 당장 가덕도 신공항 일대와 금강산 개발과 맞물린 강원도 동부해안 지역의 토지 소유자가 누구인지 확인한다면 어떻게 될까? 현지 주민이 많을까, 서울과 부산 등 대도시 타 지역 주민이 많을까? 부동산 투기로 불로소득의 단맛을

ㅣ 2018년 기준 한국 가구 수, 주택 수 및 주택보급률 ㅣ

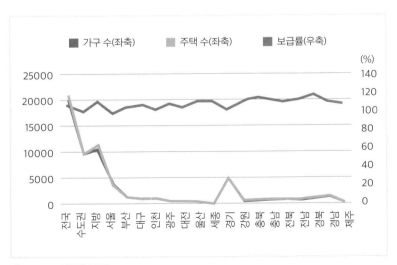

자료: KOSIS, 신주택보급률
주: 주택보급률이 100%에 가깝게 나타나므로, 가구 수와 주택 수는 거의 통계가 일치한다.

본 투기꾼들이 가덕도, 밀양, 해운대, 파주, 동해, 강화도에 온갖 투기적 투자를 이미 몇십 년 전에 해둔 것이 나오지 않겠는가.

이렇듯 정치적 명분 뒤에는 숨어 있는 투기꾼에 대한 선제적 대응책이 빠져 있다. 이런 투기꾼이 얻는 부동산과 금융 투자소득이 불로소득 아닌가. 하지만 중산층과 서민은 정치와 부동산 투기꾼이 벌어들이는 '불로소득'의 피해자가 된다. 서민은 이렇게 값이 올라버린 땅 위에 지어지는 주택과 상가에서 비싼 임대료를 내고 전월세를 살거나 자영업을 영위해야 하기 때문이다. 하지만 현실은 투기해서 얻는 불로소득이 '지혜'가 되고, 서민은 '바보'가 된다.

부동산 시장의 공급을 예측하려면 가격을 예측하면 된다. 가격을 예측하려면 수요를 봐야 한다. 수요는 소득이고, 소득은 다시 일자리이며, 일자리는 또다시 한국경제의 경우 수출이다. 수출은 미국과 중국과의 관계개선 정도와 미래 디지털 정보 산업과 바이오 기술력의 상대적 우위에 달려 있다. 그리고 환율이 결정적 변수가 된다. 이런 선순환 구도를 기본적으로 가정하고 부동산 수요를 봐야 한다. 부동산 수요는 2021년에도 증가할 것이라고 앞에서 설명했다.

그렇다면 수요가 오르고 가격이 오르니 당연히 공급도 늘어날 것이다. 하지만 수요증가 속도보다 공급증가 속도가 느리다. 수요는 돈을 들고 대기하고 있지만, 공급은 완공과 준공까지 2~3년 시차가 있다. 공급을 늘린다면 땅을 매입해야 하므로 땅값도 같이 상승한다. 더구나 서울과 수도권에는 거주시설 택지가 부족하다. 당연히 지가 상승요인이 되고, 지가가 상승한 만큼 분양가 상승요인이 되니

주택가격, 아파트 가격이 상승할 수밖에 없다.

경기회복이 급격하지 않다 보니, 전국 경제활동의 절반 이상이 이루어지는 서울과 수도권에 인구는 더욱 몰릴 것이고, 전월세 수요 증가세를 부추기면서 전월세 임대료도 급등할 수밖에 없다. 부동산 시장의 일반적 상황이 이렇다 보니 아파트 건축업은 여전히 이윤이 남는 사업이고, 소비자는 아파트 가격이 더 오르기 전에 사야 하고, 임차인은 '빚투'라도 해서 아파트를 사야 한다.

아울러 아파트 분양이 시작되면 분양 대행사, 시행사, 시공사의 광고전이 치열하게 펼쳐진다. 분양을 받고 나오면 만나는 '딱지'의 떳다방도 주차장에서 대기하는 형국이다. 시장에서 투명하고 일관된 거래를 찾아보기 힘들다.

정상적인 시장이 아닌데도 과열되는 것은 부동산에 투자나 투기를 하면 돈을 번다는 것이 틀리지 않기 때문이다. 결국 부동산 시장은 원활한 수급흐름을 방해하는 제도와 부족한 '땅', 경제상황의 변화(소득, 금리, 실업 등) 등 모든 여건이 맞물려 돌아가는 것이다. 주거와 상업용·공업용 용지에 대한 국민적 공감대가 정립되지 않은 상태에서 정부의 부동산 정책, 즉 '집값 잡기'는 맨손으로 힘센 장어를 잡으려 드는 것과 다르지 않다.

주택공급 총량이 아니다. 어느 곳에, 얼마나, 어떻게 공급하느냐 하는 문제는 인구 변화를 예측하고 기업의 시설투자에 따른 수요와 공급의 적정선, 1가구 1주택 기본원칙과 세컨드하우스 소유에 대한 합리적 과세정책, 주택담보대출의 중장기 안정적 대출금리, 물가정책 등과 모두 맞물려 있다. 따라서 정책의 투명성, 일관성, 정직성이 부동산 시장 정책의 기본이 되어야 한다는 점에 주목해야 한다.

코로나19 팬데믹하에서 한국 부동산 시장은 수요증가와 공급부족의 순풍을 타고 급등하는 추세다. 정부의 부동산 정책은 실패했고, 앞으로도 규제중심의 정책은 실패할 것이다. 코로나19 팬데믹 여파로 개인의 생활권이 더욱 중요해진 만큼 이에 따른 경제활동과 생활의 변화를 자세히 들여다봐야 한다.

부동산 수급이 우선이다. 문제는 수급의 질과 양에 적어도 사회적 양극화를 연계해야 한다는 사실이다. 예를 들어 단지 내 외부인 출입 제한과 보안, 체육·의료 시설, 쾌적하고 안락한 디지털 기술이 접목된 편리한 인프라가 구비된 주택 선호현상이 증가할 것이다. 이는 가격 양극화와 사회계층 양극화라는 또 다른 사회문제를 가져올 것이다. 집이 개인의 브랜드가 되고 개인의 신분, 즉 아이덴티티 (Identity)가 될 것이다.

코로나19 이후
미국 가정의 변화사례

─────────── 코로나19가 현재 한국 일반 서민 가정경제에 어떤 영향을 주고 있는지에 대한 연구는 없다. 언젠가 이 문제에 대해 연구할 수밖에 없을 것이다. 한국의 대부분 가계는 코로나19가

빠른 속도로 확산하는 과정에서 정부에서 지원받는 규모와 기준이 어떻게 산정되고, 어떻게 분배되며, 국가경제 전반에 걸쳐 비용과 수혜의 편차가 어떻게 이루어지는지 정확히 알지 못한다.

우선 급한 불이라도 끄고 보자는 위급성과 엄중성은 이해하지만, 과학적 근거와 연구 및 분석을 기반으로 한 국가적 대응책 마련에 모두가 소홀하다. 세금을 왜 더 내야 하는지, 고통분담에 대한 미래 가치는 어떻게 선순환할 것인지. 그럼에도 불구하고 청년실업과 일자리 창출 및 신성장 산업에 대한 국가전략의 존재 여부는 오리무중이다.

21세기 들어 2001년의 9·11 테러는 미국의 일이었다 치고, 2008년 미국 발 금융위기도 미국과 유럽의 재정위기로 확산했지만 한국경제에는 심각한 타격을 주지 않았을 것이라는 가정은 사실인가, 환상에 불과한가? 사실이라면, 중국경제가 한국경제에 어떤 파급효과를 가져왔는지, 21세기 한국경제는 중국경제 의존도가 심화할 것인지 아닌지 등에 대한 연구가 절대적으로 필요하다. 단지 감성적이고 정치공학적 꼼수를 국익(national interest)이라고 하기에는 너무 초라하다. 세계 10위 강소경제국으로서 위상과 전략은 아니다.

여기에서는 코로나19 이후 미국 가계의 변화와 미래에 대한 고민은 물론, 국가안보 차원에서 변화하는 국익의 가치에 대해 간단히 서술하고자 한다. 각자 의견은 다를 수 있으나 한 가지 분명한 사실은, 코로나19 이후 세상은 분명히 변할 것이고 국가안보의 개념 역시 국익의 정의에 따라 변할 수밖에 없다는 것이다.[32] 다음에 설명하는 코로나19 이후 미국 일반 가정의 생활 변화는 작게는 한국 가정의 변화, 크게는 국익을 위한 국가안보 개념의 변화까지를 아우른다.

코로나19가 경제에 미친 파급효과는 이루 말할 수 없이 다양하다. 일부 근로자 가운데 금세기 최악의 코로나19 팬데믹에도 불구하고 직장을 유지한 채 재택근무를 할 수 있는 사람들은 재정적으로 큰 도움을 얻었다. 일단 출퇴근 비용은 물론이고 외식·여행 등 다양한 부대비용이 절감되었고, 천정부지로 치솟는 주가 때문에 경제적인 부가 축적되는 반사이익도 얻을 수 있었기 때문이다.

하지만 중산층 서민에게서는 코로나19 이전의 생활 패턴을 유지하려는 움직임도 있었다. 이유는 아이들 양육문제였다. 학교에 가 있어야 할 시간에 집에 머무르는 아이들을 돌보는 데 엄청난 추가비용이 들 수밖에 없기 때문이다. 실직자의 문제는 더 심각하다. 이들은 임시직이라도 얻어서 일해야 하는 상황에 내몰렸다. 레스토랑들은 테이크아웃 주문을 받으면서까지 영업을 유지하려고 안간힘을 쏟는 상황이 지속되고 있다.

이처럼 노동시장의 피라미드 구조에서 하단에 있는 근로자는 생존을 위해 안간힘을 쏠 수밖에 없다. 이들의 삶이 매우 가파르게 붕괴하고 있다. 당연히 실업수당과, 연방정부가 지원하는 주택 및 각

---

32 이를 좀더 현실감 있게 설명하기 위해 2020년 12월 27일 자 <월스트리트저널> Ben Eisen 기자의 'Covid19 Upended American's Finances, Just not in the way we expected'와 12월 29일 자 AnnaMaria Andriotis, Christina Rexrode, and Orla McCaffrey의 'Covid19 Deals Different Hands for Family Finances: going homeless or shopping for a second home. Three stories form the Covid economy.' 기사를 요약해 정리했다.

종 렌털 지불유예 지원책에 의존할 수밖에 없게 된 것이다. 우여곡절 끝에 2020년 12월 26일 통과된 9,080억 달러의 경기부양책 덕에 이들이 버티는 기간이 어느 정도 늘어나기는 했지만, 코로나19 상황이 백신 접종과 함께 개선되리라는 믿음은 아직 '희망' 사항일 뿐이다.

과연 코로나19가 미국 가정에 어떤 영향을 주었는지 세 가정의 사례를 요약해 살펴본다. 이는 한국 가계에도 유사한 결과를 초래할 가능성이 높다는 점에서 유의해볼 필요가 있다. 비록 이 책을 쓰는 시점에서 얼마 전 미국 가정의 현실이지만 많은 경제학자와 사회 및 심리학자, 정치인이 주목해야 할 시사점이 충분히 있을 것이다.

ㅣ **사례1 _ 앤디와 켄(Andy and Ken Mallon)** ㅣ

앤디와 켄은 지난 11월 추수감사절 연휴 동안 1859년에 지어진 미국 메인주의 농장에서 달콤한 휴가를 보냈다. 6ft나 되는 높은 유리창과 목

재 마루로 지어진 이 농장에 전기난로를 설치하고는 매우 만족하게 휴일을 보낸 것이다. 이들의 원래 주거지는 매사추세츠주의 메드퍼드(Medford)다.

코로나19 팬데믹이 발생한 후, 주거지에서 3시간 떨어진 메인주 록랜드(Rockland)에 있는 별장을 구매하기로 한 것은 그리 어렵지 않은 결정이었다. 켄의 부모가 모두 이 도시 근처에 살고 있었고, 그의 부인 앤디 역시 어릴 적 북부의 뉴잉글랜드주에서 가끔씩 휴일을 보낸 기억도 있기 때문이다. 이 작은 도시에는 다양한 음식점과 커피숍이 있고, 작지만 생기 있는 미국의 일반적인 소도시로서 삶의 질이 매우 높은 곳이기도 했다.

앤디는 올해 38세이며 가정용품을 판매하는 웹사이트의 데이터 설계자이고, 그 자신의 급여에는 자사주가 일부 포함되어 있다. 코로나19가 창궐하자 사람들은 집에 머무르는 시간이 늘어났고, 따라서 집을 다시 꾸미거나 재건축하는 일에 좀더 신경을 많이 쓰게 되면서 앤디 회사의 주가도 덩달아 상승하게 되었다.

재정적 여유와 재택근무 환경은 이들 부부가 록랜드를 직접 찾아가서 구매하려는 집을 3일 동안 쇼핑하게 한 배경의 하나가 된다. 결국 방 2개짜리 농장을 발견한 이들 부부는 더 적극적으로 구매에 나섰다. 매사추세츠로 돌아오면서 34만 5천 달러부터 34만 8천 달러까지 매입 가격을 제시했고, 이에 필요한 20% 다운페이는 앤디가 보유한 주식을 매도하면서 충당하기로 했다.

주택가격은 2008년 불황기에 급락했지만, 올해는 이와 반대로 급등했다. 그 이유는 앤디와 켄처럼 재정적으로 여유가 생긴 사람들이 두 번

Ⅰ 30년 고정 평균 주택모기지 금리 Ⅰ

자료: 세인트루이스 연준 자료를 통한 프레디맥 통계

째 주택을 구매하거나, 더 큰 집으로 이사 가려는 움직임이 있었기 때문이다. 앞서 설명했지만, 미국의 기존 주택가격의 중앙값은 11월 기준 31만 800달러로 2020년 1월 26만 6,200달러보다 16.7%나 급등했다. 결국 경기가 아무리 어려워도 자본이 또 다른 자본을 형성한다는 점은 역사의 진리인 셈이다.

금융회사의 임원인 켄은 지난해 봄 이후 계속해서 집에 머무르면서 회사 일을 보고 있었다. 출근하지 않으면서 점심값을 절감하고, 기타 비용역시 절감하면서 이들이 한 달에 저축할 수 있었던 금액은 무려 1천 달러에 달했다.

앤디와 켄은 모두 여름 전까지는 회사로 출근할 계획이 없었기에 그때까지 메인주에 있는 농장에 머물며 여유로운 생활을 보낸다는 계획을 세울 수 있었고 또 실행할 수 있었다. 재택근무 덕에 이들 부부는 새로 구입한 집을 19세기 당시 유행했던 색깔로 꾸미는 일과 골동품 가구와 기타 가정용품을 구매하는 여유까지 즐긴 것이다.

단지 외식을 하지 못한다는 불편함이 있지만, 이들은 자신들의 재정적 여유와 그들이 진정으로 갖고 싶었던 여유로운 일상을 찾음으로써 코로나19 팬데믹으로 인한 비용/편익 차원만 놓고 보면 당연히 더 큰 만족을 얻고 있는 사례에 해당한다. 굳이 의문점을 찾자면, 과연 코로나19 팬데믹으로 일어난 이러한 효율과 여유가 지속 가능할지가 될 것이다.

당분간 그들이 구매한 농장가격은 상승할 것이고, 코로나19 팬데믹 이후 인플레이션 영향으로 주택가격이 얼마나 상승할지는 정확히 예측할 수 없으나, 부동산의 매수와 매도 타이밍은 중요할 전망이다. 왜냐하면 인플레이션에서는 금리가 오를 수밖에 없기 때문이다. 그때 과연 이들 부부가 지속적으로 직장을 가지고 근무할 수 있는 여건이 된다면 이런 걱정은 크게 할 필요가 없을 것 같다.

이 사례에서 생각해볼 점은 두 가지다. 첫째, 경제위기는 모두에게 위기가 아니다. 현금을 보유하거나 상대적으로 여유자금이 축적된 계층에게는 기회가 된다. 여기에서 '양극화 문제'는 위기 이후에 더 심각해진다. '돈이 돈을 번다'는 말과 같다. 둘째, 2008년 서브프라임 모기지 사태에서도 보듯, 미국 가정의 '도덕적 해이'의 한 단면이다. 또 다른 경제위기로 만일 주택가격이 급락한다면, 이 농장에 대한 대출금을 갚는 대신에 파산절차를 밟으면 된다는 점이다.

가진 자들은 그렇지 못한 사람들에 비해 도덕적이어야 한다. 소위 '노블레스 오블리주'의 개념이 사회 상층부에 공고히 자리 잡아야 한다는 말이다. 경제 및 사회가 혼란기에 있을 때 오히려 나눔과 배려의 사회적 가치가 돋보이는 국가경제가 더 큰 성장과 궁극적 부를 누릴 수 있다. 그 매개체가 바로 '신뢰'인 셈이다.

Ⅰ 사례 2 _ 멀린다 로드리게스(Melinda Rodriguez) Ⅰ

멀린다(29세)는 미국이 코로나19 팬데믹에 깊이 빠져들기 시작할 때 직장을 잃었다. 하지만 그녀는 직장을 잃고 수개월간 수수방관만 하고 있

기보다는 완전히 새로운 경험, 즉 자신의 비즈니스를 직접 운영한다는 생각을 했다. 멀린다가 생각한 새로운 비즈니스는 데이케어, 프리스쿨과 같은 육아 사업이었다. 이런 생각을 엄마에게 물었을 때 엄마 역시 "왜 안 돼? 당장 시작해봐!"라며 응원했다. 사실 이런 반응은 뜻밖이었다. 왜냐하면 당장 새로운 비즈니스를 시작하기에는 그다지 전망이 밝지 않았기 때문이다.

특히 아이를 돌보는 비즈니스는 경기가 호황일 때도 매우 힘든 사업이다. 고정비용이 매우 높은 반면에 이윤은 그다지 높지 않다. 더군다나 코로나19 팬데믹 여파로 많은 부모가 아이들을 보육시설에 맡기기를 꺼린다는 점도 감안해야 한다. 하지만 멀린다는 코로나19 팬데믹 이후 경제상황이 어떻게 변하든지, 바로 지금 자신이 무엇을 할 수 있는지와 무엇을 해야 하는지 등 자신에 대한 재투자가 필요한 시점이란 걸 분명하게 느끼고 있었다.

팬데믹이 확산하기 전 멀린다는 학교에서 춤과 치어리더 무용, 체육 교사로 일하고 있었다. 하지만 코로나19 때문에 학교가 폐쇄되자 그녀의 일자리는 곧바로 사라져버렸다. 그녀의 나이가 젊다는 것을 감안할 때 팬데믹 이후 자신이 무엇을 하기를 원하는지 스스로에게 물어보고 답하는 시간을 보낸 건 어쩌면 불행이라기보다 행운이라고 생각했다. 비록 많은 데이케어 시설과 비즈니스가 폐업했지만 역으로 생각하면 향후 더 많은 보육 서비스가 필요하고, 새롭게 팬데믹에 적응하는 비즈니스 모델을 고려할 기회가 많아질 것으로 볼 수도 있는 것이다.

어쨌든 미국의 많은 젊은 부부가 맞벌이 상황을 벗어나지 못하는 것은 엄연한 현실이기도 하다. 그렇게 멀린다는 보육시설을 새롭게 시작했다.

사실 데이케어나 프리스쿨은 가족이라면 모두가 중요하게 생각하는 사업 분야다. 멀린다는 엄마인 앨린다에게 재정을 지원받았다. 10월에 빌딩을 임차한 후 멀린다는 두 아이를 남동생 제비어에게 잠시 맡겨두고, 남편 호세 페르난데즈와 함께 건물 수리와 화장실 개조 등에 새벽 1시까지 시간을 보내곤 했다.

미국에서는 인건비가 굉장히 비싸다. 이들 부부가 직접 임대건물을 수리하고 재정비한 것은 그러한 이유 때문이다. 멀린다가 직장을 잃은 후 그녀 가족은 한 달 소득이 이전 소득의 3분의 1까지 줄어들었다. 그녀의 남편은 맞춤형 자동차 및 모터사이클을 제작해주는 기술자였지만, 코로나19 이후 제조업 공급사슬이 무너지면서 더는 남편의 비즈니스도 예전 같지 않은 상황이 전개되었기 때문이다.

멀린다 역시 임차한 건물 공사과정에서 물품 공급체계가 무너져 있음을 알 수 있었다. 왜냐하면 아이용 책상 단 3개를 주문하고 받는 데까지 한 달이나 걸렸기 때문이다. (필자 역시, 2020년 10월 미국에서 항공편으로 소포를 받는 데 한 달 넘게 걸렸다.)

현재 멀린다는 교실 단장과 함께 임시교사 선발 면접을 하면서 주정부의 면허증을 기다리고 있다. 면허증이 나오는 대로 학생을 모집할 생각이다. 때로 시설 주변 이웃들이 "왜 하필 이때 이런 비즈니스를 열려고 하는가?"라며 걱정스러운 말을 건네기도 한다. 그러나 멀린다는 이런 우려에서 오히려 사업성공을 직감한다.

처음에는 힘들겠지만 점차 소문을 듣고 학생들이 몰릴 것이라고 예측하는 것은 낙천적 성격 때문만이 아니다. 그녀가 새로운 인생을 준비하고,

진심으로 본인이 원하는 일을 시작하기 때문이다. 그 시점이 코로나19 팬데믹이라는 매우 어려운 상황과 겹쳐 있을 뿐이다. 사실 이런 상황이 아니었다면 어쩌면 멀린다는 다람쥐 쳇바퀴 도는 식의 학교 교사생활을 했을 것이다.

멀린다 사례는 자신의 내면에 가지고 있던 하고자 하는 일을 어려운 시기에 과감하게 시작함으로써, 자신의 미래를 위한 기회로 삼은 경우라 하겠다. 한국사회와 경제에서도 이 같은 도전이 이루어질 수 있다. 하지만 사회가 이를 바라보는 시각과 개인의 가치 실현에 대한 생각은 결을 달리할 수 있다.

멀린다 사례가 주는 교훈은 '도전'에 있다. 직장을 잃은 멀린다가 자신이 꿈꾸어오던 비즈니스를 시작할 수 있었던 이유는 무엇일까? 첫째, 미국 노동시장은 구조적으로 매우 탄력적이고 유연하다. 둘째, 더 실질적인 이유는 직업에 대한 생각뿐만 아니라 도전과 실패에 대한 사회적 가치와 전통 등이 미국 국민과 사회에 광범위하게 공감대가 형성되어 있다는 점이다.

'실패는 성공의 어머니(The Failure is the mother of the success)'는 한국사회와 교육제도 등에서는 찾아보기 힘들지만 미국사회에서는 교육과정에서부터 이루어지고 공유되는 가치다. 한국의 사회구조에서는 '단 한 번의 결정이 평생 운명을 좌우'한다. 따라서 좋은 학교를 나와야 하고 좋은 직장, 즉 대기업을 다녀야 하고, 그럼으로써 부모의 명예와 자신의 신분도 상승 또는 유지될 수 있다고 보는 것이다.

마리아와 그녀의 아들 에런(18세, Aaron Reed)은 테네시주 내슈빌 교외에서 자동차를 주차할 안전한 곳을 찾고 있었다. 주차를 하고 나서 잠시 의자를 뒤로 눕혀 휴식을 취하려고 했지만, 마리아는 밤을 뜬눈으로 지샐 수밖에 없었다. 밤이라 기온은 내려가고, 혹시 낯선 사람들에게 불의의 공격을 당할 수도 있다는 불안감이 들었다. 또 그녀의 은행 계좌에는 불과 몇 달러밖에 없어서 아들과 함께 모텔이나 호텔같이 안전한 곳에서 잠을 청할 수 없는 자신의 처지와 이 불안한 현실이 언제 끝날지에 대한 또 다른 불안과 걱정을 떨쳐버릴 수 없었기 때문이다.

올해 55세가 된 마리아는 자신이 마치 사람이 아닌 짐승처럼 느껴진다고 했다. 2019년 이맘때, 마리아와 그녀의 아들은 지금과는 완전히 다른 삶을 살고 있었다. 마리아는 이혼 후 로스앤젤레스에서 아이를 돌보는 유모로 일했다. 그녀의 아들 에런은 아스퍼거 증후군을 앓는 자폐증과 같은 환자지만 학교생활을 하면서 친구들을 막 사귀고 있었다. 하지만 2020년 3월, 마리아는 해고되었다. 새 직장을 구하려고 애썼지만, 주당 600달러인 실업수당이 그녀의 수익이었고 겨우 최저생계 수준을 유지할 뿐이었다.

하지만 연방정부의 경기지원책마저 감액되자 마리아와 에런은 닛산 자동차를 끌고 그녀의 고향인 테네시까지 운전해서 일자리를 찾아 나섰다. 그녀의 고향에 가면 일자리를 찾기가 비교적 쉬울 것이라 생각했기 때문이다. 장기 숙박이 가능한 모텔에서 몇 달간 머물렀지만, 11월이 되자 더는 머물지 못하고 차에서 지내게 되었다. 에런은 전당포에 그가 좋아하는 닌텐도 게임기와 TV를 100달러에 맡겼다. 결국 닛산 자동차가 그녀와 아들이 생존할 수 있는 유일한 수단인 셈이다.

마리아는 주택대출 원리금 552달러를 납부할 수 없게 되었다. 부동산 담보대출 회사인 엑서터파이낸스가 두 달간 이자율 28%로 납부연기를 허락했지만, 직업이 없는 그녀로서는 이제 이자와 원금을 감당할 수가 없게 된 것이다. 더구나 그녀의 휴대전화 사용료 금액이 600달러 이상 밀려 있는 상황인 데다 더는 통신 서비스를 받을 수 없을지도 모른다는 불안감을 떨쳐버리기에는 현재 상황이 너무 열악하다.

현재 그녀는 캘리포니아주 정부에서 주당 337달러를 실업수당으로 받고 있다. 자동차 보험료와 기름값, 전화요금 및 자신과 아들의 약품 처방전 지급에 이 돈을 쓸 수 있을 것이라 생각했지만 이번 달에는 이마저도 이미 차압된 상태다.

캘리포니아주 정부의 일자리창출부(Employment Development Department)

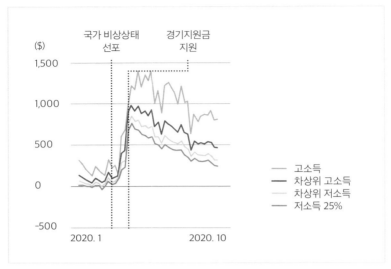

Ⅰ 2020년 소득계층별 미국 가계 은행계좌 중앙값 변화 추이(전년대비 증감) Ⅰ

자료: JP 모건 체이스

에서 그녀의 실업수당 차압문제를 해결하려고 노력하고 있다고 알려주었지만, 그녀의 불운은 여기에서 끝나지 않는다. 2021년 1월 중순경 시작하는 콜로라도주 덴버에서 새로운 유모 일자리에 합격해 최종 제안을 받았지만, 그곳까지 갈 돈이 없었다. 그녀는 궁여지책으로 미국 내 GoFundMe 웹페이지에서 기금을 모으려 했지만, 여기에도 기부금이 들어오지 않고 있다. 그녀는 매일 식품점과 백화점 등 모든 일자리를 샅샅이 뒤지지만 아직까지 행운이 따르지 않고 있다.

　마리아와 에런은 공원을 산책하거나 주변을 걸으며 시간을 보내기도 한다. 가끔 친절한 사람들이 페이스북에다 "잠깐 와서 샤워라도 하고 가라"며 메시지를 보내지만, 마리아와 에런은 그냥 수건으로 몸을 닦고는 한다. "내 아이가 이런 삶을 산다는 건 내가 상상도 해보지 못한 최악의 상황이다. 고통의 끝이 보이질 않는다." 마리아의 고민이다.

코로나19 팬데믹과 경제위기는 많은 자영업자, 소상공인, 취약계층의 일자리를 순식간에 뺏어버렸다. 말 그대로 취약계층이고, 비즈니스 피라미드 구조에서 가장 하단부에 있기 때문이다.

앤디와 켄의 삶과 마리아와 에런의 삶에는 과연 어떤 차이가 있을까? 만약 코로나19가 없었고 따라서 경제위기와 구조조정이 없었다면, 과연 이 둘은 서로의 차이를 인정하며 비교적 평화롭게 각자의 인생을 살지 않았을까? 과연 정부는 무엇을 해야 하는가? 긴급히 경기지원안을 만들어 이를 시장에 뿌리는 것만으로 정부의 역할은 필요 충분한 것일까?

앞서 지적했지만, 이런 지원금을 뺏기 위한 '피싱' 조직도 존재한다. 무려 2천억 달러나 '깨진 항아리'로 지원금이 지급되었다고 한다. 만일 코로나19가 진정되고 새로운 변화가 일어날 때 앤디와 켄의 삶과 마리아와 에런의 삶은 어떻게 변화할 것인가? 이를 두고 'level the playing field', 즉 공정한 경쟁무대를 만들어줄 수는 있을 것인가? 설사 그렇게 한다 한들, 여기에서 말하는 공정은 과연 '정의'로운 것인가? 누구나 받아들이기에 '공평'한 것인가? 양극화 문제는 코로나19 팬데믹 이후 개선될 것인가?

마리아와 에런의 소득과 생활이 앤디와 켄의 소득과 생활이 다를 수 있다고 보는 것은 '공평'한 것이다. 자라난 배경과 교육, 기회의 활용 등에서 주어진 상황은 다름을 인정하는 것이다. '공정'이란, 인간다움을 인정받고 정부와 사회가 이를 지켜주어야 하는, 즉 기본권이 존중받아야 한다는 것이다. 공정과 공평이 합리적이고 효율적으로 이루어질 때 정의로운 것이다. 물론 이런 용어의 정의(定義)와 개념은 법철학, 인문사상, 사회적 가치와 상식의 범위 안에서 충분히 구조적으로 체계화되고 정리되어야 한다. 아울러 정리된 그것을 구성원 모두가 공유하고 미래 지향적으로 지속해 다양한 사례를 축적해야 한다.

지금까지 미국경제는 이번 위기를 잘 극복하고 있다. 소비자의 경우, 신용카드 연체는 줄어드는 반면 저축은 늘어나고 있다. 미국 소비자가 자신들의 재무구조와 신용을 단단히 하는 데 우선하고 있다. 더구나 다우지수가 3만 포인트를 넘는 사상 최고치의 주가 폭등으로 미국 중산층의 자산가치도 급상승하는 행운을 맞고 있다. 이런 고무적인 통계에도 불구하고 사회 양극화는 더욱 심각해질 전망이다.

바이든 당선자가 만일 4년 후 재도전에 나선다거나 민주당 후보가 트럼프 혹은 공화당 대선후보와의 대결에서 승리하려면, 이번 바이든 정부의 정책 가운데 '국민화합과 소통'의 과제가 단순히 이민자와 소수인종에 대한 인권적 배려에 있지 않다는 점에 주목해야 한다. 국민 수백만 명이 실업으로 내몰리고 있다. 언제 다시 코로나19 이전의 수준으로 취업이 회복될지는 불확실하다. 코로나19 이후 예전과 같은 노동시장 구조가 그대로 복원될 것이라는 기대는 하지 말아야 한다.

디지털 기술과 바이오테크놀로지 기반의 새로운 산업이 전개될 때를 대비하면, 지금 실업자에 대한 재교육이 절대적으로 필요하다. 팬데믹이 오래 지속될수록, 더 많은 예기치 않은 팬데믹이 창궐할 가능성이 높아질수록 더 많은 사람이 기아 수준으로 떨어질 것이다. 국가의 책임과 사회의 책임, 개인의 책임을 어디까지 공유해야 하는지도 논의해야 한다. 이미 수십만 중소 상공인과 자영업자가 문을 닫고 있다. 실물경제는 이미 긴 어둠의 터널에 들어간 듯 보인다.

2020년 3월 미 증시가 급락할 시점에 미 연준과 재무부는 신속하고 과감한 규모로 양적완화를 실시했다. 2008년의 경험이 큰 도움이 되었을 것이다. 하지만 그 당시 경제위기는 금융위기가 실물위기로 확산되는 '부동산 버블의 붕괴'라는 경제적 변수의 위기에 따른 결과였다. 지금은 경제적 변수에 따른 위기가 아니라 '환경적이며 생태계적인 질병'에 따른 실물위기다.

미 연준과 재무부, EU의 ECB와 각국 정부가 2011년의 위기 경험을 토대로 미국과 같이 대규모 양적완화로 터지는 둑을 잠시 막고는 있지만, 과연 여기저기 감춰진 균열의 흔적이 스스로 아무는 치유의 기적을 만들어낼 것인가? 대규모 양적완화가 항공사, 자동차 회사 등 대기업의 유동성 문제를 잠시 해결하거나, 정부의 경기부양 지원규모에 있어 미국 사상 최고치를 기록하는 데 큰 도움을 줬다는 점은 분명하다. 문제는 양적완화의 분배구조가 한쪽으로 치우쳐 있다는 점이다.

결국 일반적인 세평은 미 정부와 연준의 경기부양이 경기 연착륙에 기여했음을 인정하지만, 한편으로는 더욱 위험한 경제위기 상황으로 자신도 모르는 사이 점점 깊숙이 빨려들고 있다는 우려도 틀리지 않는다. 한국경제의 경우, 미국과 EU 경제의 잠재적 위기상황과 무엇이 크게 다를까.

바이오 및 에너지 관련 산업의 미래는 밝다[33]

──────────── 21세기 디지털 혁명과 궤를 같이할 산업은 바이오와 에너지 관련 산업이다. 바이오테크놀로지(Biotechnology)는 살아 있는 프로세스를 통해 인간 생활의 질을 향상시키기 위한 생산물을 제작하고 기술을 발전시키기 위한 유기체(organism) 또는 시스템을 사용하는 생물학의 한 분야다.

적용하는 기술과 도구·분야로 세분화하면 분자생물학, 생체공학(bionics), 생명공학(bioengineering), 유전공학(genetic engineering) 및 나노기술 등과 접목한 분야로 각각 나눌 수 있다. 세포 및 생체분자 프로세스(biomolecular process) 등을 접목할 때 다양한 바이오테크놀로지 분야로 확장할 수 있다.

───────────
33 Wikipedia의 바이오테크놀로지 개념 정의를 인용해 요약 정리했다.

전통적인 프로세스에서는 살아 있는 유기체를 이용해 원래 주어진 자연적인 형태를 변형하거나 새로운 생명 유기체의 종자를 개량하고 육성하는 기술 또는 주어진 유전자 구성을 변형하는 형태의 기술을 의미한다. 이러한 전통방식의 바이오테크놀로지를 성공적으로 응용 및 활용함으로써 질병 치료, 환경적 피해 감소, 효율적인 자연자원 활용 등을 모색해오고 있다.

글로벌 바이오테크놀로지 기업들은 고령화 사회로 진입함과 동시에 의료기술의 발전으로 인류의 생존기간이 늘어남에 따라 다양한 의료기구, 건강 관련 식품과 생산품을 개발하면서 적극적으로 시장 상품화에 주력하고 있다. 다른 한편으로는 바이오테크놀로지 기술 역시 잠재적인 위험요인을 안고 있다. 유전자 변이 식품과 같이 일부 생산품에 대해서는 소비자 단체 등에서 적극적으로 인체에 미치는 부작용에 대해 입법화를 추진하거나 특정기술의 접목을 감시하는 감독체계 강화를 요구하고 있다.

그 가운데 핵심이 인간복제(human cloning)와 배아줄기세포(embryonic stem-cell) 분야다. 이런 기술이 오용되거나 악용될 때 인류는 심각한 생물학전까지 내달을 수도 있다. 이러한 우려에도 불구하고 바이오테크놀로지는 디지털 기술의 발전과 함께 미래 신성장 동력 산업의 중심축으로 이해되고 있다.

그렇다면 바이오테크놀로지의 종류에는 어떤 분야가 있는지 좀 더 구체적으로 살펴보자. 바이오테크놀로지는 일반적인 사용과 적용 방식에 따라 크게 여덟 가지로 나눌 수 있다.

첫째는 의약 바이오테크놀로지(Red biotechnology)다. 이는 신약 개발과 줄기세포 연구를 통해 인간의 손상된 피부조직 또는 장기의 완전한 복원 등 유기적 조직체를 다루는 분야다. 둘째는 산업 바이오테크놀로지(White biotechnology)다. 이는 새로운 화학물질 생산 또는 자동차 신연료 개발과 같은 산업 프로세스에 필요한 분야다. 옥수수를 사용해 개발한 에탄올이 자동차 연료로 사용되는 형태의 바이오테크놀로지가 이에 속한다.

셋째는 그린 바이오테크놀로지(Green biotechnology)이며, 해충에 저항력이 큰 곡물 생산 등에 적용되는 농업 분야나 질병에 강한 가축 사육, 친환경 개발에 초점이 맞추어진 분야다. 넷째는 바이오 정보과학(Gold biotechnology or bioinformatics) 분야다. 즉 생물학적 과정과 데이터 분석을 통해 바이오 정보를 보관하고 분석하는 기술이다. 다섯째는 해양수산 바이오테크놀로지(Blue biotechnology)인데, 해수산 환경과 유해 수상 생물체의 확산을 방지하기 위한 분야다.

여섯째는 음식, 특히 주류와 치즈 같은 발효식품과 관련된 식품 바이오테크놀로지(Yellow biotechnology)다. 일곱째는 바이오테크놀로지와 관련한 다양한 규칙, 법, 윤리적 이슈를 다루는 바이올렛 바이오테크놀로지(Violet biotechnology)다. 여덟째는 검은 바이오테크놀로지(Dark biotechnology)인데, 전쟁무기용으로 개발되는 분야다.

앞에서 설명한 바와 같이 바이오테크놀로지 산업은 코로나19 이후 또 다른 산업과 노동시장, 소비 패턴과 글로벌 공급가치 체계의 변화를 통해 일어날 변화들 중 중요한 한 축을 담당한다. 6G 시대에 인간이 입고 다니는 옷에는 센서가 부착되어 일거수일투족이 바이오리듬과 연계될 것이고, 이것이 감정과 인식체계 및 뇌신경 구조에 어떤 영향을 미칠지, 어떤 행동 패턴을 가져올지를 분석하고 예측할 수 있게 된다.

먼저 의약분야에서는 다양한 질병과 인간의 세포조직 생태와 DNA 연구 등에 적용할 수 있다. 따라서 항생제와 백신 개발에 커다란 진전을 가져올 것이다. 둘째, 화학제조 공법에도 적용할 수 있다. 생화학의 도약은 발효, 신효소의 개발 및 미생물 연구에 획기적 발전을 가져옴으로써 제조비용을 절감하고 위해한 화학물질 배출을 현저히 감소시켜 전통적 화학분야의 다양한 제조공법을 뛰어넘는 신기원을 창조할 가능성이 크다.

한편 바이오 연료 분야 역시 신성장 산업으로 주목받게 된다. 옥수수에서 추출한 생물연료를 통해 연소연료 등을 이미 생산하고 있다. 2015년 리들리 스콧(Ridley Scott) 감독, 맷 데이먼(Matt Damon) 주연의 영화 〈마션(The Martian)〉에서처럼 미래 우주 시대에 적합한 작물 재배는 물론이고 협소한 공간이나 극한의 기후조건에서도 충분히 식량을 생산할 작물을 개발하고 재배기법도 창출할 수 있을 것이다. 아울러 영양보충제 같은 새로운 식이보충 원료 개발은 인간 식생활 개선과 의학적 치료기법 개발에도 커다란 변화를 가져올 것이 분명하다.

이러한 모든 기술적·물리적·화학적 변화의 핵심은 인류의 생활을 좀더 편리하고 유익하게 전개하려는 노력의 일환이다. 그러나 한

가지 분명한 사실은, 우주 질서의 균형 법칙상 그것이 아인슈타인의 '일반 혹은 특수 상대성이론'에 굳이 준거하지 않더라도, 에너지의 변화는 반드시 또 다른 에너지 혹은 물질의 생멸(生滅)에 직간접적으로 관련이 있다는 점이다. 양이 늘어나면 질이 문제가 되고, 질이 개선되면 양이 줄어들 수 있다.

원자력 발전을 줄이면 방사능 물질의 처리 문제에서 더 자유로울 수 있다. 그러나 우주, 특히 지구상 에너지의 주어진 총량이 유한하다고 보면 석탄과 석유 같은 화석연료와 함께 풍력·조력·수력·태양력 같은 생태적 에너지를 끌어다 쓰는 게 불가피해진다. 비록 물질적 비용을 크게 줄이는 대신 효율이 증가한다 할지라도 궁극적으로 태양광·조력·풍력 같은 새로운 에너지 창출 기술 역시 인간의 활동공간 축소, 주변 생태계 교란, 소음과 전자기파의 위해성 논란 등 부가적인 문제점에서 결코 완전히 자유로울 수는 없다.

인간이 생물학적·생태학적 과학기술과 제조기술 등의 발전을 이용해 바이오테크놀로지가 21세기 코로나19 이후 디지털 산업문명의 새로운 변화에 적응해나갈 수밖에 없는 방향성은 정확하다. 하지만 바이오테크놀로지의 산업화가 한 번도 경험해보지 못한 인류문명에 새로운 도전인 것은 틀림없다. 그런 점에서 이에 따른 시행착오와 경험 등은 미래 인류에게 던져진 중요한 '변화'에 대한 의문인 동시에 풀어야 할 과제다.

안보산업의
미래는 밝다

──────── "역사는 반복되지 않지만 리듬을 탄다(History does not repeat itself, but it rhymes)."[34] 마크 트웨인(Mark Twain)이 활동하던 때는 미국으로서는 대륙에서 해양으로 진출하며 왕성한 국제활동으로 팽창하던 시기였다. 그때 미국은 1823년 제임스 먼로(James Monroe)의 '먼로주의', 즉 '고립주의'를 버리고 더 적극적인 자유무역과 민주주의 그리고 국제경찰국가로서의 역할을 강조했다. 물론 '겉내'와 '속내'의 차이는 구분해야 한다.

당시 시대적 상황을 소설로 묘사한 것이 바로 라이먼 프랭크 바움(Lyman Frank Baum)의 『오즈의 마법사(The Wizard of Oz)』다. 1897년 금본위제도 지지와 함께 당선된 공화당 소속 윌리엄 매킨리(William McKinley) 대통령은 1901년 암살되었고, 같은 해에 시어도어 루스벨트(Theodore Roosevelt)가 대통령직을 승계해 1909년까지 미국의 제26대 대통령직을 수행했다.

당시 여론은 자유로운 금은본위제였는데도 불구하고 금본위제도를 채택하면서 경제성장과 금 생산 한계로 디플레이션이 발생해 서

───────

34 마크 트웨인이 한 말로 인용된다. 하지만 새뮤얼 클레멘스(Samuel Clemens)의 작품 어디에도 이 말은 없다. 새뮤엘의 필명이 마크 트웨인이다. 인용을 찾아 나서는 단체(Quote Investigator)에서도 이 말이 존 콜롬보(John Robert Colombo, 1937~, 캐나다 작가, 마크 트웨인 연구가), 제임스 이어스(James Eayrs, 1926~2021, 캐나다 역사가) 등 누구도 정확하게 알지 못하며, 따라서 작자 미상이라고 주장하기도 한다.

민경제가 매우 어려운 상황이었다. 따라서 도로시가 은구두를 신고 (은본위제도, 명청 시기에 국제무역의 기축통화는 은이었다) 금벽돌을 걷는 게 이런 경제상황을 묘사한 것이다.

『오즈의 마법사』에 나오는 동부와 서부의 마녀들 이야기는 당시 대한제국 말기의 조선 상황과 비교해도 별 무리가 없다. 동부 자본가는 미국과 일본이고, 서부 자본가는 청나라에 비유할 수 있다. 오즈는 일본, 두뇌가 없는 허수아비는 농민과 공장 노동자, 심장이 없는 양철 나무꾼은 가신들, 용기 없는 사자는 대한제국 말기의 왕들이 아니었을까.

러일전쟁 이후 대한제국은 일본이 보호해야 하는 애처로운 국가로 전락했다. 그 결정적 배경이 바로 '가쓰라-태프트 밀약'이었다. 윌리엄 태프트(William Howard Taft)는 이후 미국 제27대 대통령이 된다.[35] 미국 제28대 대통령인 우드로 윌슨(Woodro Willson, 재임: 1913~1921)이 당선되기까지 일본은 철저하게 한반도를 유린하고 식민화하는 시간을 가진 셈이다. 하지만 윌슨 대통령이 당선되고 19세기 후반 정립된 미국의 고립주의 원칙, 즉 '먼로주의'를 버리고 마침내 '확장' 중심의 새로운 대외전략을 추구하게 된다.

당시 윌슨주의는 첫째, 민족 자결, 둘째, 자본주의 보호, 셋째, 자유민주주의, 넷째, 인간의 존엄과 가치의 확산, 다섯째, 폐쇄주의 배척으로 요약된다. 1919년 3·1운동도 바로 윌슨주의에 따른 민족 자결권을 강하게 주장한 것이며, 인류역사에서 어느 나라도 식민화 10년 만에 자주독립을 외친 국가는 존재하지 않는다는 점에서 3·1

운동 정신의 의미와 가치는 위대하다. 당시 1917년 볼셰비키 혁명기의 유럽에 팽배하던 프롤레타리아트 독재, 민주 및 국제주의와 공산주의 해방론의 '레닌주의'와 대비되는 정치외교적 가치가 되었다.

제1차 세계대전이 발발하면서 미국의 대외진출과 국제경찰국가로서의 역할이 강조되었으며, 곧이은 미국과 유럽의 국제질서 패권을 놓고 다투게 되는 관세전쟁, 그 때문에 촉발된 1929년 대공황, 1939년 제2차 세계대전은 하나의 일정한 '인과관계(因果關係, Cause and outcome)'를 갖는다. 당시의 시대변화는 21세기 초엽 우리가 직접 목도하고 있는 글로벌 질서의 변화와 같은 '리듬'이다. '역사는

---

35 1905년 7월 29일 일본의 내각총리대신이자 임시외무대신이었던 가쓰라 다로(桂太郎)와 미국 육군장관 윌리엄 태프트 사이에 맺은 비밀협약이다. 이후 태프트는 미국의 제27대 대통령이 된다(1909~1913). 미 대통령에 군인 출신이 당선되는 경우, 그 시대적 변화를 한 번쯤 살펴봐야 한다. 가쓰라-태프트 밀약은 1853년 미 넬슨 제독의 일본개항 요구 이후 50여 년이 흐른 시점이다. 미국의 태평양 전략과 동남아시아에 있어 제국주의적 전략이 본격화되던 시기다. 당시 대한제국 말기 조선과 일본, 청나라 및 러시아와의 지속적인 지역 패권에 대한 줄다리기가 있었다. 한편 가쓰라-태프트 밀약은 1905년 7월 미국과 일본이 필리핀과 대한제국에 대한 서로의 지배를 인정한 협약이며, 일본이 제국주의 열강의 승인 아래 한반도 식민화를 노골적으로 추진하는 직접적인 계기가 된다. 러일전쟁이 한창이던 1905년(1885년 갑신정변, 1895년 동학혁명과 청일전쟁, 1905년 러일전쟁) 7월 미국의 육군장관 태프트는 시어도어 루스벨트 대통령 특사로 필리핀을 방문하고, 7월 27일에는 도쿄를 방문해 가쓰라 총리를 만났다. 그 결과 이틀 후 한반도에서 일본의 점유를 인정하는 합의각서를 작성했다. 이 밀약의 내용은 서명된 문서나 조약의 형태가 아니라 서로의 합의를 기록한 각서로만 존재하며, 그 내용도 오랫동안 공개되지 않다가 1924년 미국의 외교사 연구가인 타일러 데넷(Tyler Dennett)이 시어도어 루스벨트 대통령의 문서를 연구하던 중 발견해 <커런트 히스토리(Current History)>에 발표하면서 세상에 알려지게 된다. 이 합의 각서에 따르면 미·일 간 다음 세 가지 사항을 합의했다. 첫째, 미국이 필리핀을 통치하고, 일본은 필리핀을 침략할 의도를 갖지 않는다. 둘째, 극동의 평화 유지를 위해 미국·영국·일본은 동맹관계를 확보해야 한다. 셋째, 미국은 일본의 한반도에 대한 지배적 지위를 인정한다. 한편 가쓰라는 대한제국 정부가 러일전쟁의 직접 원인이었다고 주장하고, 만일 대한제국 정부에 대한 보호적 조치가 없으면 다른 나라와 조약을 맺어 또 다른 전쟁이 발발할 수 있으므로 일본은 대한제국을 보호하는 것이 동아시아의 안정에 기여한다는 점에 동의한 것이다. 네이버 지식백과 참조.

반복되지 않지만 주기적 흐름이 있으며, 차면 비우고 비우면 채우는 변화를 반복한다'는 점에 이견이 있을 수 없다.

이런 가정을 따른다면, 21세기 어느 시점에서는 제2차 세계대전 당시 프랭클린 루스벨트 대통령의 '4대 자유'가 새롭게 조명되는 시기를 지날 것이다. 21세기 디지털 정보와 바이오테크놀로지 시대에 AI를 비롯한 기계문명은 정신과 철학의 가치를 재조명하게 될 것이 분명하기 때문이다.[36] 이러한 인과관계의 리듬을 이해한다는 전제하에 시대와 안보개념의 변화를 살펴야 한다. 대통령의 SNS 계정도 영구히 폐쇄시키는 시대라는 점을 절대 가볍게 봐서는 안 된다.[37]

그렇다면 21세기에 새롭게 부상하는 미국의 전략은 무엇일까? 먼저 21세기 미국의 국익, 즉 미국의 '국가 이해관계'는 어디에 초점이 맞추어져 있을까? 무엇보다 미국 중심의 국제질서 유지가 첫째일 것이다. 둘째, 미국 중심의 국제질서, 즉 '팬아메리카주의(Pan-Americanism)' 실천과제의 핵심은 우주항공에 있다. 대륙과 해양을 넘어 우주항공으로 가는 길목에서 미국은 글로벌 스탠더드와 룰 세팅에 주도국이 되려 할 것이다. 그러려면 천체물리학의 발전이 뒷받침되어야 한다.

---

36 4대 자유는 '표현의 자유' '종교의 자유' '궁핍에서 자유' '공포에서 자유'다. 공포에서 자유는 전쟁과 질병 등에서 안전과 보호를 받을 자유이며, 궁핍에서 자유는 빵을 사 먹을 수 없는 자가 누려야 할 당연한 인간의 자유를 의미한다. 사회적 양극화와 알 수 없는 질병의 발병으로 이 두 가지 '자유'의 가치가 더욱 강조되는 시기를 지나고 있다.

37 2021년 1월 6일 '프라우드 보이(Proud Boys)' 등 극우 트럼프 지지자들의 미 의회 의사당 난입사건 직후, 트위터와 페이스북은 트럼프 대통령의 시위 및 난입 자극과 선동에 대한 책임을 물어 그의 SNS 계정을 영구히 폐쇄했다.

셋째, 이를 위해 필요한 기초기술은 디지털 정보와 양자컴퓨터 기술이다. 따라서 넷째는 AI, IoT, 디지털 및 바이오 기술 혁신을 위해 필요한 빅데이터 관리와 감독이 안보적 관점의 핵심사안이 될 것이다. 이런 문제가 중국과 러시아 등과 얽혀 있는 대척점이 바로 5G와 해킹이다. 양자컴퓨터 시대가 열리면, 해킹과 비트코인은 저무는 산업분야가 된다. 그 원리는 여기에서 다루지 않는다.

다만 지금까지 '0'과 '1'의 이진법으로 이루어진 정보신호 시스템은 양자컴퓨터가 상용화하면서 '0'과 '1'이 혼재된 새로운 양자신호 체계에 따른 정보통신 기술이 중요해질 전망이다. 이에 대한 간단한 사례를 소개한다.

앞서 설명한 바와 같이 마크 트웨인 시대의 미국은 가장 역동적이었다. 인류역사에서 기술 발전과 함께 글로벌화가 가장 빠르게 국가 이해관계와 맞물려 이루어지던 시기다. 여기에서 이미 20세기의 '운명(Destiny)'이 결정되었다고 해도 과언이 아니다. 마크 트웨인의 시대는 과거 어느 세대보다 부의 축적이 폭발적이었으며, 새로운 산업이 등장하고 생산성은 하늘을 찔렀다.

뉴욕에는 새로운 토목기술의 발전과 함께 마천루가 등장하기 시작했고, 과거 접근이 불가능했던 천연자원 개발 및 채굴 기술이 급속히 발전했으며, 통신과 교통 기술의 발전은 인류의 이동과 소통에 커다란 발전을 가져왔다. 인류의 이동과 기술의 발전이 문화와 사람 간의 교류를 활발하게 함으로써 더욱 광범위하고 적극적인 세계관과 정치 시스템의 새로운 발전을 추구하게 되었다.

한편에서는 기술의 발전이 인류 삶에 새로운 패턴과 효용성을 가져다주었지만 국가 또는 사회별 문명의 발전 격차는 구성원의 각기 다른 형태의 문화와 삶의 질을 규정하는 어두운 그림자를 안겨준 것 역시 사실이다. 이런 과정에서 나타난 현실은 '새로움'이 '낡음'을 대체했고, 오랜 전통과 기구·조직도 대체되거나 사라져버렸다. 부와 권력은 한정된 소수에 집중되었고, 거대한 변화에 수반되는 사회적·환경적 비용은 가난한 사람들과 권력과는 거리가 먼 사람들에 의해 더욱 가중되기 시작했다.

마크 트웨인, 즉 새뮤얼 클레멘스가 1910년 사망할 당시 급작스러운 글로벌화에 따른 부작용이 하나둘씩 나타나기 시작했다. 몇 해 지나지 않아 유럽에서는 제1차 세계대전이 일어났고, 이 과정에서 글로벌화가 세계를 삼켜버리기 시작했다. 그리고 몇십 년이 지나자 경제 대공황이 터지면서 '포퓰리즘'이 기존의 정권들을 무너뜨렸으며, 국가의 영토를 새롭게 재편하는 과정에서 인류역사상 가장 끔찍하고 피해가 컸던 제2차 세계대전이 일어났다.

만일 마크 트웨인이 살아서 돌아온다면 오늘날 어떤 이야기들을 할까? 아마 "역사는 새로운 리듬을 타기 시작했다"고 할 것이다. 과거 50년에 걸쳐 일어났던 변화가 20세기에 30년으로 축소되었다면, 코로나19 창궐 이후 21세기에는 과거 30년의 변화가 5년 혹은 10년 내에 일어날 수 있다.

하지만 역사의 매듭이 이루어지는 세기의 한 부분을 지나는 모습은 새뮤얼 클레멘스의 시대나 지금이나 커다란 차이가 없다. 문화와 문화의 대화가 시작되고, 당시 기술과 산업 발전의 모습처럼 기적 같은 기술과 경제 발전에 따른 세계관과 정치 시스템의 변화가 나타나고 있기 때문이다.

이런 점에서 과거의 기록을 모두 하나의 리듬으로 받아들일 수 있다면 머지않은 미래에 우리가 쌓아온, 일찌감치 어떤 시대에서도 누리지 못했던 기술의 진보와 번영을 기반으로 한 글로벌 경제, 정치, 사회, 문화의 모든 가치체계를 허물어뜨릴 수 있는 또 다른 파괴적인 전쟁이 우리를 기다리고 있을 수 있다. 부의 불평등과 계층 간의 갈등, 생태환경의 파괴로 빚어진 엄청난 재앙과 갈등을 두고 또 다른 '포퓰리즘'의 시대가 열릴 수 있다는 우려가 곧 그러한 시그널이다.

아직은 제3차 세계대전이 일어나지 않았지만, 그 가능성은 이제 바이든과 시진핑, 스가 및 터키의 에르도간 정권을 볼 때 섬뜩한 느낌이 들지 않을 수 없다. 물론 그 당시와 차이점도 분명히 있다. 과거 글로벌화는 식민지화를 추구하던 제국주의 국가들의 명분이었다. 하지만 20세기 말 이후 자본주의와 신자유주의를 기반으로 시장경제 질서의 확충이라는 명분하에 무자비하고 강압적이었던 모습은 뒤로 감춘 채 글로벌화가 이루어지고 있지는 않은가.

동시에 배타적 정책과 민족주의, 문화 순수성은 사회적으로나 지적으로 얼마든지 시대변화에 부흥하기 위한 '사회다원주의(Social Darwinism)'로서 불가피한 수순이라는 변명을 늘어놓을 수도 있다. 앞에서 말하는 명분은 곧 '안보'다. 따라서 이런 명분, 즉 새로운 안보개념이 충돌해 또 다른 엄청난 피해를 가져올 세계대전은 아직 일어나지 않았다. 더구나 이런 비극적인 '리듬'을 만나기 전에 아직 우리는 가능하다면 그 잔을 피할 수 있는 '희망'이 있다는 점을 간과해서는 안 된다.

우리가 살고 있고 경험하는 현재, 즉 21세기 초입에 맞닥뜨린 시대의 변화는 과거 20세기 초와 유사하지만, 그 당시 사회와 국가가 경험했던 '세계대전'의 리듬을 아직 타고 있지 않은 것도 사실이다. 이러한 변화가 자칫 제3차 세계대전이라는 글로벌 충돌로 이어지지 않게 하기 위해 '불신(Mistrust)'을 '이해(Understanding)'로, '공포(fear)'를 '존경(respect)'으로, '분열(division)'을 '통합(cohesion)'으로 되돌릴 시간적 여유가 충분한지 의문이다. 하지만 아직 우리의 방향을 결정 지을 시간이 충분히 있다고 믿고 싶다.

스마트 안보
(Smart Intelligence)

──────────── 지금까지 '국가 안보'는 '군사적 안보(military security)'와 '경제 안보(economic security)'의 개념으로 이해되었다. 자원이나 식량의 무기화는 후자의 개념에 포함된다. 조지프 나이(Joseph Nye Jr.) 하버드대 교수의 이론을 확장하면 전자를 '하드웨어 안보(hardware security)', 후자를 '소프트웨어 안보(software security)'라

고도 할 수 있다. 이 두 가지 안보를 종합적으로 융복합화하면 '스마트 안보'가 된다.

앞서 언급한 새뮤얼 클레멘스의 시대와 21세기 초엽을 지나는 지금의 문명사적 흐름은 크게 다르지 않다. 그리고 그 흐름은 갑자기 하늘에서 뚝 떨어진 행운의 운석이나 도깨비방망이가 아니다. 1970년대와 1980년대 미 국방부를 중심으로 시작된 컴퓨터 기술과 소프트웨어의 메카라 할 수 있는 '실리콘 밸리'의 신화에서 비롯된다. 지금은 아주 바보 같은 논쟁이라 하겠지만, 당시만 해도 하드웨어와 소프트웨어 중 어느 것이 더 중요한지와 같은 원초적인 논란이 있었다.

컴퓨터와 소프트웨어 기술의 발전은 포스트코로나19 시대 전기자동차와 무인자동차, 드론, AI, IoT, 양자컴퓨터와 같은 또 다른 기술의 진화를 논의하게 만들었다. 2021년 1월 11일 영국 금융행정감독국(Financial Conduct Authority)이 경고했듯,[38] 비트코인도 만일 양자컴퓨터 시대가 본격화하면 사실상 '휴지조각'이나 마찬가지다.

하드웨어의 기술적 측면은 대부분 글로벌 표준화가 완성된 수준이지만, 소프트웨어 분야는 아직도 개발 범위나 규모가 엄청난 수준임을 부인할 수 없다. 미래 기술의 발전은 이 분야가 될 것이다. 소프트웨어는 하드웨어의 미시적 기술 분야로서 기초물리학과 기초화학

---

38 당일 비트코인은 2021년 8월 대비 무려 12%나 하락한 2만 3,576달러였고, 시가총액 1.08조 달러가 8,800억 달러로 추락했다. 하지만 JP모건 등은 여전히 비트코인 가격이 14만 6천 달러까지 상승할 수 있다는 파격적인 전망을 하기도 한다.

을 바탕으로 한 창의적 프로그래밍 기술에 경쟁력이 달려 있다.

예를 들어 2021년 1월 12일, 포드 자동차에 자동차용 칩이 부족해 켄터키주 루이빌 공장을 일주일간 휴무한다는 뉴스가 보도되었다. 향후 AI와 IoT 기술 발전에 가장 근본이 되는 소프트웨어 기술은 하드웨어인 셈이다. 지금까지 코딩(Coding)과 알고리듬(Algorithm)에 따른 일반적인 반도체 칩 기술이 유효했다면, 향후 AI 기술 발전은 새로운 반도체 설계기술은 물론이고 코딩과 알고리듬의 완전히 새로운 접근과 이해를 필요로 한다.

특히 양자컴퓨터 기술이 접목될 때, 기존의 MS 윈도우를 통한 작동 시스템(OS; Operation System)은 어쩌면 완전히 새로운 소프트웨어 기술을 필요로 할 수도 있다. 클라우딩(Clouding) 기법과 게임 운용에서도 어떤 시스템을 사용하는 컴퓨터인가에 따라 완전히 새로운 형

ㅣ 반도체 시장의 변화방향 ㅣ

자료: 산업부, 시스템반도체 산업 경쟁력 강화방안, 2017. 5.

태의 기술 진보를 맛보게 될 것이다.

예를 들어 6G 시대 이후 영상정보를 처리하고 화면 또는 공간에 출력하는 그래픽 처리장치 소프트웨어를 엔비디아(Nvidia)가 생산하고 있다. 그 핵심기술을 1999년 개발한 그래픽 처리장치, 즉 GPU(Graphics Processing Unit)라고 하며, 이 또한 AI 기술의 '딥러닝(DL; Deep Learning)'에 없어서는 안 되는 신경네트워크의 필수기술이다.

엔비디아는 자신의 딥러닝 기술을 이용해 '추론(inference)'할 수 있는 기계를 신속히 개발할 계획이다. 이를 위해 필요한 핵심분야는 역시 게이머들의 실질적 게임 플레이 경험을 축적해 '빅데이터'화하는 작업이다. 이런 기술을 응용해 미래에는 '경험' 그 자체 역시 '추론'기술로 무한하게 개발할 수 있는, 인간의 우연한 실수가 아니고서는 도저히 인간이 기계를 이길 수 없는 수준으로 기술이 발전할 것이다.

이 같은 '인지(recognition)'와 '추론'의 무한반복 작업이 AI 기술의 핵심분야가 된다. 컴퓨터 기술의 발전과 목표는 속도와 정교성, 이를 위한 지속적인 반복 최적화 작업 등이 인간의 지식에 따른 데이터 인풋이 아니라 컴퓨터 자체 프로그램에 따른 개발에 있다. 이러한 시스템과 알고리듬 개발은 물론 인간의 영역에 속한다.

현재 개발중인 대부분 딥러닝 기술의 핵심은 바로 GPU에 초점이 맞추어져 있지만, 인텔과 같이 기존의 중앙처리장치(CPU; Central Processing Unit) 개발 회사들은 딥러닝에 최적화된 새로운 칩 개발에도 관심이 있다. 어쩌면 가까운 미래에는 이 두 가지 컴퓨터 비메모리 칩이 상호 호환되는 수준까지 발전할 수도 있을 것이다.

　브레인칩(BrainChip)사는 신경망 형태의 컴퓨팅(neuromorphic computing) 기술을 개발하고 있다. 이 회사가 개발중인 소프트웨어 툴키트(toolkit)가 '아키다개발환경(Akida Development Environment)'이다. 뇌신경 구조에서 이루어지는 감성과 이성적 판단 체계를 통해 일단의 디지털 딥러닝 기술을 접목하려는 목적이다.

　'진화(evolution)'는 '혁명(revolution)'보다 평화롭고 부드러운 변화를 추구한다. 하드웨어보다 소프트웨어 기술의 발전에서 전자는 혁명, 후자는 진화적 의미를 갖는다. 아키다의 브레인 칩은 라이선스를 통해 생산되다가 최근에는 깃허브(Github)나 파이썬(Python) 등과 같은 곳에서도 생산할 수 있게 되었다.

　이런 소프트웨어의 기술력은 시간이 지날수록 딥러닝의 기술적

Ｉ 인공지능과 BrainChip Software 구성도 Ｉ

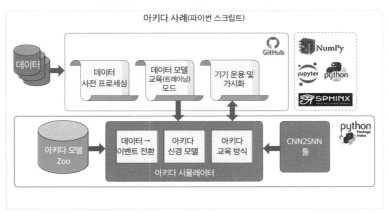

자료: BrainChip Inc.

경험치가 지속적으로 축적되어야 한다. 또한 그런 실질적 경험치는 빅데이터와 같은 자료의 양적·질적 수준에 따라 결정되며, 그 '수준'은 얼마나 다양하고 많은 네트워크를 구축했는가에 달려 있다. 영어가 국제 공용어라는 점, 중국어 사용자가 15억 명 이상이라는 점 등은 딥러닝이 갖추어야 할 충분조건에 분명하게 해당한다.

AI와 딥러닝은 4차 산업혁명의 핵심기술 분야다. 이와 함께 화상 디자인 솔루션(GUI: Graphic User Interface) 개발 역시 중요하다. 상용화까지는 몇 년이 더 걸리겠지만, 이미 상당수의 기존 GUI 개발업자가 기술력 우위를 점하고 있을 것으로 보인다. 이런 기술개발이 본격화하고 있는 시점에 가장 중요한 것은 어떤 알고리듬 언어와 기술이 국제표준이 되느냐다.

만일 이런 표준화의 헤게모니를 쥐게 된다면, 국제기술과 응용기술의 활용법칙과 규제의 틀을 짜는 데 기득권을 얻게 되기 때문이다. 아울러 상용화에 있어 표준화는 비용과 시장점유율 측면에서 절대적인 기준과 가치체계를 결정하게 된다. 하드웨어와 소프트웨어는 마치 '동전의 양면'처럼 불가분의 관계지만 AI와 딥러닝, 그래픽 솔루션 기술의 발전은 향후 국가 간, 기업 간 가장 핵심적인 부가가치 창출의 원천이 될 것이 분명하다. 과연 누가 이와 같은 기술력을 선점할 것인가?

여기에서 소개한 반도체 기술의 발전방향과 BrainChip, Akida, 및 Nvidia 같은 기업의 사례는 넓은 해안가 모래사장의 작은 모래알 하나에 비유할 수 있다. 지금 이 시간에도 세계의 수많은 스타트업,

벤처 및 4차 산업혁명과 관련 있는 거대 공룡기업은 새로운 기술 개발에 막대한 투자를 쏟아붓고 있다.

사이버 안보
(Cyber Security)

──────────── 2021년 1월에는 상당히 많은 정치적 이슈가 미 대선 결과와 함께 쏟아져 나왔다. 그 중 하나가 트럼프 전 대통령의 트위터를 통한 '내란선동' 메시지였다. 트위터는 그의 계정을 곧바로 폐쇄했다. 한편 미 의사당에 폭도가 난입해 사망자 5명이 발생하고, 다수 의원의 사무실과 집기, 심지어 컴퓨터까지 도난당하는 사태가 벌어지면서 트럼프 전 대통령에 대한 심각한 리더십 위기와 함께 미국이 안고 있는 양극화, 인종문제, 극우세력(The Proud Boys, Q'Anon) 등의 사회적 갈등 양상을 적나라하게 노출한 바 있다.

미 의회 사태에서 드러난 안보문제보다 드러나지 않은 안보문제가 더욱 심각하다.

첫째, 미 의사당 난입으로 많은 정보가 유실 또는 유출되었을 것이다. 의원들의 컴퓨터는 물론이고 대외비 문서까지도 유출되었을 가능성이 있다. 둘째, 이번 사태의 발단은 사이버 조직망을 타고 트럼프의 선동으로 시작되고 조직화되었다는 점이다. 폭도들 가운데 전직 군인과 경찰관 등 다수의 정보 관련자가 있었다.

셋째, 2016년 힐러리 클린턴(Hillary Clinton)과의 대선 당시 트럼프는 러시아와의 밀착설과 함께 힐러리 국무장관의 개인 이메일 사용에 대한 문제 제기를 이슈화한 적이 있다. 2020년 11월 3일 대선에서도 바이든 후보의 아들 헌터 바이든의 사생활 관련 동영상이 델라웨어 윌밍턴 소재의 한 컴퓨터 수리업체에서 발견되어 미 FBI가 수사하고 〈뉴욕포스트〉에 기사화된 적도 있다.

팬데믹에 따른 잠재적 안보문제에 관한 사례도 있다. 코로나19 때문에 한국의 모든 음식점이나 사적인 모임 공간에서 QR 코드를 등록하거나 개인정보를 기입하게 되었다. 확진자의 동선을 추적하는 앱이 개발되어 소개되기도 했다. 미국은 자유민주주의 국가이고 개인 사생활이 철저히 보호되는 곳이다. 기술적으로는 추적할 수 있지만 법적으로 개인 사생활을 보호하는 게 우선이라서 확진자의 이동경로를 추적하지 않는 듯하다. 그렇다면 한국은 어떤 경우인가?

막상 트럼프 전 대통령의 트위터를 통한 내란 선동 과정을 보면, 과연 개인과 사회의 보안문제는 국가안보와 어떤 관계가 있을지 의구심이 들게 마련이다. 보통 우리가 말하는 '개인 사생활 보호'라는 것은 '개인정보의 보안' 개념이지만, 더 광범위하게 개념을 정의하면 개인정보의 보안이 곧 국가안보 개념과 맞물려 있다. 개인의 주민번호나 신상정보가 담겨 있는 다양한 기기에 합법 또는 무단으로 접속해 개인정보를 불법적으로 활용할 수 있기 때문이다.

코로나19가 어느 정도 진정된 후 더 많은 피싱 범죄와 개인정보를 도용한 범죄가 크게 증가할지, 어떻게 대응할지 등에 대해 준비해야 한다. 2021년 1월 미국은 러시아의 비밀정보국 SVR 소속 해킹 조직이 지난 수년간 미 정보기관과 주요기업에 대해 다양한 정보 해킹을 시도하고 접속했다는 사실에 주목했다.

예를 들어 비록 업무에 필수적인 국가안보 기능을 뚫고 들어오지는 못했지만, 미국 에너지부(The Energy Department)와 국가핵안보국(National Nuclear Security Administration) 같은 핵과 관련한 주요업무를 담당하는 부처에 대해 매우 집요하고 빈번하게 해킹 공격을 했다는 것이 미 의회 청문회에서 밝혀졌다.

이를 토대로 '사이버 안보(Cyber security)'에 대한 경각심이 그 어느 때보다 강조되고 있다. 사이버 안보상 취약해 보이는 정부 부처나 공공기관, 예를 들어 핵 연구소와 실험실, 국방부·재무부·상무부 등 미국의 주요 정부기관은 해킹 관련 시도와 방어 능력을 더 철저히 검증해야 한다. 2021년 1월 6일 미 의사당 난입사건 때도 낸시 펠로시(Nancy Pelosi) 미 하원 의장의 컴퓨터 등이 도난당했고, 이를 가져간 여성이 러시아 비밀경찰에 해당 컴퓨터를 넘기려 한 사실은 익히 알려져 있다.

해킹에 따른 정부와 민간의 피해 사례는 전 세계적으로 광범위하다. 가장 최근에는 2021년 1월 11일, 뉴질랜드 중앙은행이 해킹 공격을 당했다. 해커는 은행에서 사용중이던 데이터 시스템 일부에 접근해 기업들의 상업적 민감 정보와 개인정보를 가져간 것으로 알려졌다. 문제는 즉각적으로 해결되어 현재는 정상적으로 업무가 진행 중이라고는 하지만, 정확한 피해 규모를 알려면 해커가 정확히 어떤 정보를 열람했고, 열람 후 해당 정보를 탈취·유출·조작·삭제 등 어떤 방식으로 악성화시켰는지를 알아야 한다.

중앙은행이 연루된 가장 대표적인 해킹 사건은 2017년에 발생한 '방글라데시 중앙은행 사건'이다. 방글라데시 중앙은행 명의로 미 연방준비은행에 예치된 돈을 불법적으로 빼돌린 사건이다. 당시 해커들은 SWIFT[39]라는 국제은행 간 연락 채널을 해킹한 것으로 추정되며, 현재까지는 북한 해커들의 소행으로 알려져 있다. 그럴 만한 충분한 이유로는 여러 정황조사에서 북한 해커들이 상대적으로 해킹에 쉽게 노출된 여타 국가의 은행에서 SWIFT 해킹으로 돈을 빼낸 사실이 드러났기 때문이다.

북한의 대표적인 해킹 조직은 '라자루스(Lazarus)'라 불리며, 이들은 다수의 비트코인 등 암호화폐 거래소를 공격해 예탁금 수천만 달러를 훔치기도 했다. 이 때문에 북한 정부의 APT(Advanced Persistent Threat, 지능형 지속공격)[40] 해킹 조직들은 주요 국가정보와 은행 예치금까지 노리는 것으로 공식화되었고, 라자루스가 전 세계 금융권의 사이버 안보 혹은 보안 중 핵심 감찰 대상이 되기도 했다.

그렇다면 북한 해킹 조직 'APT37'은 현재 한국 정부나 민간기업

---

39 국제은행 간 통신협정으로 1973년 5월 유럽 및 북미의 주요 은행이 브뤼셀에 본부를 두고 발족한 비영리조직이다. 각국의 주요 은행을 하나의 컴퓨터 네트워크로 구성하고, 은행 상호 간의 지급·송금 업무 등을 위한 데이터 통신 교환을 목적으로 한다. 1977년 5월 유럽 일부에서 시스템이 본격적으로 운용되기 시작했다. 네이버 지식백과 참조, 인용.

40 APT는 정부 조직이나 기업을 표적으로 삼아 장기간 다양한 수단을 통해 지속적·지능적으로 해킹하는 방식이다.

등만 대상으로 하지 않고 오래전부터 다른 국가로 공격을 확장했을 것이다. 우리 모두가 북한의 핵무장만 고민하고 평화적 대화와 협상만 가지고 남북 문제를 논의하려 할 때 북한은 과거 땅굴을 파고 우리의 안보를 위협했듯이, 철저하게 디지털 사이버 안보 부문에서 지하 세계를 구축하고 다양한 방법으로 도전과 실험을 하고 있는 게 분명하다.

한편 2018년 당시 미국 정보보안 업체 파이어아이(FireEye)는 "APT37은 2012년부터 활동했으며, 예전에는 한국 정부, 방위산업체, 국방에 관련된 조직만 타깃으로 삼아 민감한 정보를 탈취해왔지만 2017년부터는 해킹 대상이 한국에 국한되지 않고 여러 다른 국가로 확장되었음을 확인했다"고 밝혔다. 특히 한국의 보수 언론 웹사이트와 탈북자 등 북한과 관련된 미디어 조직도 대상에 포함된다.

여기에서 말하는 '여러 다른 국가'에는 일본, 베트남, 중동까지 포함되며 이들이 공격 대상으로 하는 산업도 화학, 전자, 제조, 항공우주, 자동차 등 더욱 광범위해졌을 것이 분명하다. 따라서 우리 정부는 단순하고 안일한 '안보'적 개념의 틀에서 벗어나 더 적극적이고 새로운 기술로 사이버 위험에 대비해야 한다.

가장 최근에 북한 해킹 조직이 한국 정부를 대상으로 한 사이버 공격에서는 멀웨어바이트가 공개한 'RokRat'으로 불리는 트로이목마가 사용되었다. 원격으로 접속하는 트로이목마(RAT)는 수년 동안 해킹 보안에 취약하다고 알려진 한글 오피스 문서(*.hwp)에 기반을 둔 공격으로 알려져 있다. 북한 해킹 조직 APT37이 RokRat 트로이

목마를 이용한다는 점은 단순한 한글 문서 파일 공격에서 확대해 새로운 피싱 문서를 공격하는 것을 나타낸다.

만일 이 프로그램이 보안에 취약한 컴퓨터에 살포되면 공격자가 제어하는 클라우드 기반 서비스[41] 계정으로 데이터를 보내기 전에 시스템에서 데이터를 수집하게 된다. 따라서 멀웨어는 파일을 훔치고, 스크린샷을 찍고, 크리덴셜을 캡처하고, 파일 디렉토리를 변조할 수 있게 되는 셈이다.

이렇듯 미국 정부는 '사이버 안보'의 중요성을 그 어느 때보다 엄중하게 다루고 있다. 미국 전역과 해외 등지에 광범위하게 퍼져 있는 해킹 조직을 철저히 조사해 미국 안보에 위협을 가하는 정보 해킹 시도가 드러나면 그에 상응하는 대가를 치르게 하겠다고 경고하고 있으며, 미국 방위 및 안보 개념에 '사이버 안보'라는 새로운 개념 정립을 강조하고 있다.

미국 정부는 최근까지 마이크로소프트사와 함께 러시아 해커들이 접근을 시도했던 곳으로 의심되는 정부기관과 싱크탱크 기관 최소 40곳을 찾아냈다. 실제로 사이버 안보 담당자인 폴 나카소네(Paul Nakasone) 장군은 9개월 동안 미국 연방정부와 기업을 대상으로 미국 대선과 함께 기업기밀 해킹 시도 등이 실제로 일어난 건수가 모두 250회 이상이라고 밝혔다.

한편 사이버 보안 회사 파이어아이는 미국 정부가 매일 주고받는

---

41   Pcloud, Ropbox, Box, Yandex 등이 있다.

정보연결 네트워크 시스템에 이들 해커들이 다른 경로를 이용해 해 킹 사실을 들키지 않은 채 접근할 수 있는 또 다른 채널이 있다는 것 을 밝혀내기도 했다. 또한 러시아 해커들이 2020년 3월부터 간헐적 으로 미국 정부기관은 물론 포춘 500 기업, '전력 그리드'처럼 주요 공공시설 인프라 설비를 감독하는 민간기업 '솔라윈드(SolarWinds)' 와 같은 기업이 업데이트해 사용하는 소프트웨어에까지 침투한 사 실을 정부에 통보한 바도 있다.

러시아 비밀정보국이 비록 전통적인 스파이 활동의 일환으로 이 같은 범죄를 저지를 수 있으나, 더 큰 문제는 향후 미국 전체에 정부 및 민간기업이 운용하는 디지털 정보 시스템에 커다란 문제를 야기 할 수 있다는 점이다. 예를 들어 데이터를 지워버리거나 산업 컴퓨 터를 오작동시키고 항공·도로·철도 등 사회 교통망을 붕괴 또는 마 비시킬 수도 있다는 점이다. 흔히 영화에서나 보아왔던, 해킹 때문 에 정부와 기업에 시스템 혼란과 장비운용 중단 같은 일이 생긴다면 실제로 매우 심각한 문제다.

사실 트럼프 정부는 러시아보다 샤오미와 화웨이 등 중국기업들 이 표면상으로는 5G 통신기술을 앞세우고, 실질적으로는 중국 군사 력 강화와 기술 발전에 필요한 주요정보를 다양한 우회적 접근방법 을 통해 습득하고 있다고 강하게 확신했다.

지금까지 사이버 안보와 관련해 러시아와 중국의 해킹 시도 대응 책 마련에 대한 미국의 결론은 다음과 같다. 첫째, 해킹 범죄 범위는 당초 생각보다 매우 광범위한 영역을 대상으로 한다. 처음에는 1만

8천여 개 정부 및 민간 네트워크 중 몇 개에만 해킹코드를 보냈지만, 최근에는 클라우드 기능까지 포함하면 250개가 넘는 네트워크와 이와 연계된 네트워크 체인까지 깊숙이 파고들기 시작했다.

둘째, 이들 해커들은 미 국토안보부 및 정보국의 감시망을 피하기 위해 미국 내 서버를 통해 해킹을 시도하고 있다. 셋째, 사이버사령부와 국가안보국이 해외 네트워크에 설치한 '조기경보' 센서는 사실상 무용지물이다. 여기에서 '센서'는 사이버 안보요원을 말하며, 지금까지 이들 요원들이 사전에 해킹을 경고한 적은 단 한 번도 없었다.

넷째, 2020년 대선 관련 해킹과 선거조작에 집중하면서 소프트웨어의 공급사슬을 보호하는 데 사실상 실패했다. 따라서 해커들이 심어놓은 악성코드에 이들 소프트웨어의 공급사슬이 민간과 국가기관 할 것 없이 모두 감염되었다.

예를 들어 '솔라윈드'와 같이 동유럽에서 소프트웨어를 제작한 경우, 해커들은 솔라윈드사의 컴퓨터 망을 통해 악성코드를 손쉽게 심고 확산시킬 수 있었다. 해외 거점에서 소프트웨어를 설계하고 제작하는 이유는 미국 내에서 사이버 안보와 관련해 철저한 보안요건이 만족스럽지 않은 경우가 많기 때문이다. 러시아 해커들이 그런 약점을 이용했을 수 있다.

디지털 정보통신 기술의 발전은 빅데이터를 기본으로 하는 만큼, 향후 개인정보와 빅데이터를 활용할 때 정부가 철저히 감독하고 관리해야 한다. 사이버상에 집적되는 개인정보는 시장경제 활동에서 소비자의 상대적 경쟁력을 약화시키는 반면, 기업의 경쟁력은 항상 비교우위를 점하는 가능성을 열어두기 때문이다.

만일 각 개인이 선호하는 소비재와 가격대를 AI 등을 통해 분석할 경우, 기업의 시장경쟁력은 가격 결정부터 소비자 마케팅에 이르기까지 시장을 왜곡할 수 있을 것이다. 어쩌면 완전경쟁 체제보다 시장 독과점이 더욱 기승을 부리기 알맞은 환경이 될 듯하다. 개인 소비자의 소비성향과 소득, 주요 이용 상점 등의 정보가 한곳으로 모일 경우, 시장점유율 확대를 위한 가격 착취 등의 시도가 더욱 빈번해질 것이다.

따라서 정부와 감독기관은 기업의 무분별하고 무차별적인 개인 정보 활용과 빅데이터를 통한 시장경쟁 왜곡 가능성에 대해서도 사이버 안보 차원에서 대응책을 시급히 마련해야 한다.

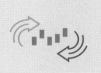

변화의 본질을 이해하면
경제의 미래가 보인다

21세기 초입 시대사조가 우리에게 주는 화두는 '변화'다. 변화는 앞으로 일어날 일에 대한 미래 지향적 가치와 체계, 생각과 철학, 윤리와 법, 생각과 말의 문명사적 시대의 전진을 의미한다. 순간마다 전진으로 보기보다 후퇴적 성격이 강하다고 느낄 때도 있겠지만, 일정한 시간이 지나고 나면 후퇴라 생각했던 부분은 '과거'에 대한 짧은 재조정 시간이었을 가능성이 크다.

'변화'는, 슘페터의 말로는 '창조적 파괴'로 해석되고, 헤겔의 변증법에서는 '정반합(正反合)'의 동태적 순환을 의미한다. 변화는 때로 개혁이 되기도 하고, 혁명이 되기도 한다. 충격요법으로 이뤄지는 변화보다, 마치 골짜기에서부터 바다에 이르기까지 돌과 식물의 모습이 각각 다르듯 다양한 환경과 문화적 차이를 동반한다.

우리가 요구받는 시대사적 변화는 무엇인가? 직관적인 변화의 내용은 앞에서 설명한 바 있다. 이번 PART에서는 변화의 방향과 목표를 이해하기 위해 시대적 상황 변화를 먼저 인문학적 접근으로 설명하고자 한다. 예컨대 재러드 다이아몬드(Jared Diamond)의 베스트셀러 『총, 균, 쇠』는 인류 문명의 변화를 도구와 문명의 발전 관계에서 나타나는 변화 관점으로 설명한다. 지극히 자연 순리적이며 인위적인 가치 쟁탈의 면면들이 사실상 '변화'의 핵심인 셈이다.

더 가지기 위해 전쟁을 수행하고, 인간 스스로의 이해타산을 위해 질병과의 싸움도 겪어온 셈이다. 하지만 아무리 인간의 기술이 발달해왔다고 해도 질병과 같이 자연의 힘과 논리 앞에서는 아무것도 할 수 있는 게 없다. 2019년 12월 30일 WHO가 코로나19 바이러스를 처음 공식화했을 때만 해도 우리는 그간 페스트, 천연두, 홍역, 홍콩독감, 메르스, 사스 등 수많은 바이러스 질병과 투쟁해온 역사에도 불구하고 사태가 이렇게 심각할 줄 몰랐다.

다만 비록 우리가 이러한 과거의 질병과 관련한 빅데이터의 지식을 놓쳤다고 하더라도, 적어도 '호모사피엔스(Homo Sapience)'로서 이 같은 질병이 어쩌면 얼마나 지독하게 또는 어떻게 우리의 생명과 삶에 영향을 가져다줄지에 대한 고민은 시작되어야 한다. 코로나19

백신 가운데 화이자와 모더나 백신이 '메신저(messenger) RNA'를 통해 개발된 것처럼, 우리는 아주 광활한 큰 그림 속에서 이 코로나19 팬데믹이 우리에게 주는 '메시지'를 제대로 읽어내야 한다. 왜냐하면 가까운 미래의 국가 존립 여부 자체가 바로 '메시지'를 제대로 판독하고 있는가에 달려 있기 때문이다.

인류문명의 발전 혹은 변화의 사례는 매우 다양하다. 세 가지 유형의 국가 변화사례를 주목할 필요가 있다.

첫째는 1776년 미국 독립전쟁 이후 미국이 주도한 '국가와 시민의 변화'다. 일반적으로 미국의 변화 주체는 시민이다. 따라서 '아래에서 위로' 변화했다고 할 수 있다.

둘째는 일본 메이지 유신으로 대변되는 개혁적 변화다. 막부시대를 마감하고 천황 중심의 왕정국가체제를 유지하되 서구 문명을 받아들여 산업화와 근대화를 통한 부국강병을 도모한 사례다. 이 변화의 주체는 중하급 사무라이 계급이었다. 고려 말 조선의 개국 역시 신진 사대부의 등장에 있었던 것과 유사하다. 다만 시대적으로 조선 건국 당시 국제질서는 이제 막 세계화에 첫발을 내딛던 시기였다는 점에서 너무 빨랐다.

셋째는 1980년대 초반 '키위의 나라 뉴질랜드의 변화'였다. '키위의 변화'는 '위에서 아래로' 변화였다. 정치적 리더십을 얘기할 때 우리는 흔히 톱다운(top-down) 방식과 보텀업(bottom-up) 방식으로 구분한다. 하지만 일본의 경우는 그 시작점이 중하급 무사였고, 미국의 경우는 청교도와 시민이었다. 미국 헌법이 'We the People'로 시작되는 이유가 아닐까.

따라서 국가 변화를 촉발하는 단초는 그 국가가 처한 시대적 변화의 외관을 누가 쥐고 있는가에 달려 있을 듯하다. 프랑스혁명과 같이 유럽과 미국의 변화는 시민이 주체이며, 사회적 소외계층의 불만 표출이 단초가 되었다. 이 PART에서는 미국, 일본, 뉴질랜드로 대변되는 국가 변화의 형태와 파급효과에 대해 간단히 설명한다.

19세기 초엽부터 21세기 초까지 미국의 역사발전에 담긴 사회, 정치, 경제 및 문화 발전을 간단히 요약했다. 이어서 변화의 목적이 어디에 있는지를 보기 위해 '메이지 유신'이 가져온 일본의 변화와 뉴질랜드의 20세기 후반 변화의 차이를 간단히 설명했다.

일본의 메이지 유신은 정한론을 바탕으로 한 부국강병 리모델링이 목표였다. 일본은 개항 시기 국제사회의 변화에 빠르게 적응하지 않으면 자신들도 결국 서구 열강의 식민지가 될 수밖에 없다는 현실을 바로 본 것이다. 16세기 초엽부터 포르투갈과 네덜란드 문명을 통해 이들이 어떤 사회발전 과정을 거치는지를 직감적으로 인식했던 일본의 하위 무사계급은 1854년 미국 페리 제독의 개항 요구를 시작으로 본격적인 서구문물에 대한 접근을 시도했다.

그 목적은 '국가의 핵심 이해관계(National Primary Interests)', 즉 일본의 오랜 역사 속에 잠재해 있는 정한론(征韓論)과 대동아공영권(大東亞共榮圈) 확장이라는 군국주의와 제국주의적 발상과 실천에 있었다. 그러한 일본의 '국가 이해관계'는 21세기의 초입을 지나는 현재에도 결코 변함이 없다. 2014년 한일 양국 간에 체결된 '지소미아(GSOMIA)', 즉 '한일 군사정보보호협정'을 둘러싼 양국 간의 줄다리기에서도 단순한 군사정보보호협정 차원을 넘어 그 이면의 배경을 살펴볼 수도 있을 것이다.[1]

한편 뉴질랜드의 농촌개혁이 지향하는 목표는 당시 글로벌 경제환경 변화 추세의 핵심이었던 '신자유주의' 중심의 전향적 정책 결정이었다. 뉴질랜드 경제의 경기 둔화가 그동안 보호무역주의 정책에서 기인한 것으로 보고, 자본시장과 농업기기 제작을 비롯한 제조업 시장까지 모두 개방하고, 만성적인 관료주의로 비효율적인 정부

---

1 '지소미아(GSOMIA)'는 미국을 매개로 한일 간의 북핵 문제, 미사일 정보 등과 관련된 군사정보를 공유하는 협정이다. 2016년 11월 1일 협의를 재개해 11월 13일 공식 발효되었다. 하지만 2년 후인 2018년 10월 한국 법원이 내린 강제징용 피해자 배상을 위한 일본 전범기업들의 국내자산 현금화 결정을 두고 일본 정부는 이듬해인 2019년 8월 일본의 대한 수출품목 제재를 단행했다(일본 경제산업성이 2019년 7월 플루오린 폴리이미드와 포토레지스트, 에칭가스 등 3개 품목에 대해 한국 수출시 건별 허가 방침을 결정). 이에 한일 간 협정종료가 결정되었다.

운용을 타파하고자 한, '생존'을 위한 개혁이었던 것이다.

기득권 세력과 개혁 주체 내에서의 알력과 갈등은 일본과 뉴질랜드 양국의 개혁에서 공통으로 찾아볼 수 있다. 하지만 일본의 메이지 유신은 '천황'을 앞세운 신세대 하급 사무라이 계급에서 '통제'와 '규제'에 초점을 두고 전반적인 사회 변화가 시작되었다. 그 누구도 천황의 뜻을 거스려서는 안 되는 것이다. 반면에 뉴질랜드 농촌개혁은 개혁이 진행될수록 농민과 국민이 중심이었다. 뉴질랜드가 정파를 떠나 개혁을 일관되게 추진할 수 있었던 배경에는 국민 공감대와 개혁 당위성에 대한 공유가 있었다.

결과론적인 얘기지만, 우리는 막다른 골목에 서 있는 자신을 발견하는 순간에 지나온 과거를 처절히 반성하고 깨닫는 경우가 많다. 뉴질랜드가 그랬다. 뉴질랜드의 개혁이 성공하려면 리더의 추진력과 일관성이 무엇보다 중요했다. 뉴질랜드의 개혁을 자세히 들여다보면, 향후 한국의 경제구조 전환에서 반드시 거쳐야 할 노동시장의 구조개혁과도 맞닿아 있음을 알 수 있다.

일본의 유신은 19세기 중후반 시대 일본의 '존왕양이(尊王攘夷)'를 명분으로 한 군국화였지만, 뉴질랜드의 경제개혁은 이대로 가면 뉴질랜드 경제와 사회는 결국 파산할 수밖에 없다는 절박감에서 나온 생존개혁이었다. 결국 유형은 달라도 변화의 가장 근본적인 목적은

'생존'이었다. 생존이라 함은 '지속 가능하며, 충분히 오랫동안 성장과 발전이 보장되는' 것을 말한다.

미·중 경쟁이 21세기 화두다. 이 둘의 '경쟁'은 과연 어떤 불확실성을 가져올 것인가? 코로나19 팬데믹 상황에서도 이 경쟁이 간단하지 않다는 것을 충분히 알 수 있다. 나비효과인가? 최근 한·미, 한·일 관계는 혼돈 양상이다. 1978년 개방 이후 30년 만인 2008년 글로벌 질서에 새로운 강자로 급부상한 중국의 영향권으로 자의 반 타의 반 내몰리는 형국이다.

동맹이란 무엇인가? 동맹의 공동이익은 과연 무엇을 추구하는 것인가? 동맹에는 힘의 균형 논리가 존재하는가? 과거사를 올바로 조명하기 위해 과연 한국 정부는 어떤 노력을 해왔는가? 축적된 바른 역사의 세계화는 어떠했는가? 지금은 어떤가?

우리가 보는 변화는 매우 근시안적이다. 협의적 변화에만 집중한다. 역사의 긴 흐름에서 한미 동맹은 애초에 매우 확정적이었다. 경제와 안보 모두 미국 의존도가 분명한 형태였다. 하지만 시간이 지나면서 공감대의 연결고리가 약화되는 추세다. 길거리에는 영문 간판이 즐비하고 방송과 매체에서는 영어를 쓰는 연예오락 프로그램이 넘치지만, 다른 쪽에서는 중국 눈치보기가 여지없이 펼쳐지고 있다. 중국도 동북공정 등 역사 왜곡에 적극적이다.

미·일 동맹은 어떤가? 제2차 세계대전 이후 애매하게 정립되었다가 지금도 변화와 재검토가 지속된다. 하지만 이러한 논의와 논쟁을 통해 미·일 양국은 '공감대'를 강화하는 형국이다. 아베 총리당시 일본 헌법 개헌 논의가 확장된 것도 이에 근거한다. 중국 입장에서 한·미 동맹과 미·일 동맹 중 어느 쪽이 쉬운 상대일까? 단순히 중국의 입장만 보면 답이 다르게 나온다. 미국의 대중국 '때리기(bashing)' '포위하기(containment)' 등에 맞대응하는 전략이 대한국 전략의 하나로 나타나기 때문이다. 북한이 레버리지다. 시대문명의 '변화'라는 소프트웨어의 재프로그래밍과 리포매팅, 리부팅을 말한다.

정치, 경제, 사회, 문화 등 거의 모든 분야에서 실질적이고 본질적인 콘텐츠(contents)가 변화하는 글로벌 질서 전환의 시대에 과연 우리는 무엇을 원하는가? 국가와 국민의 목표가 있기는 한가? 목표의 좌표가 미래에 찍혀 있는가, 아니면 과거인가? 과거 없는 미래란 없다. 하지만 '우선순위(priority)'는 국가전략 수립에 반드시 고려되어야 할 이슈다. 국민적 공감대가 절대적으로 필요한 내용이다. 이것이 흔들리고 있다. 2030세대의 '영끌'과 '빚투'가 이를 대변한다. 이들은 우리의 미래다. 세기적 변화와 전환 시대를 이대로 넘어갈 수는 없다. 어떻게 볼 것인가, 어떻게 할 것인가?

'변화'는 간절함이고, '혁명적'이어야 한다. 하지만, 그 '변화'도 시대사적 전환이라는 도도한 물결 위에 국가발전의 지속 가능성을 담보할 수 있어야 한다. 그 과정을 국가와 민족의 흥망성쇠로 기록한 대서사시가 바로 역사다. 일본 근대사의 대변혁, '메이지 유신'과 뉴질랜드 현대사의 '농촌개혁'은 모두 변화에 성공한 사례들이다.

리더십과 비전, 시민사회의 저항과 공감이 교차할 때, '변화'의 최종 성공 여부는 시민권익 확장과 경제적 안정이 결정한다. 그 결과가 바로 자유민주주의와 자본주의 시장경제 질서였다. 하지만, 이제 21세기 이후 새로운 시대 변화의 도전이 시작되었다.

1장

생산 도구의 변화는
경제에 어떤 영향을 미쳤나?

돌과 쇠의 등장과
경제

──────────── 구석기와 신석기 시대를 지나 청동기와 철기
문명이 이어졌다. 이런 도구의 변화는 경제와 정치, 사회 변화와 어
떤 관련이 있을까?

먼저 '생산'의 관점에서 보자. 당연히 구석기보다 신석기 시대에
생산량이 증가했을 것이다. 어쩌면 그 생산은 돌이라는 재료를 사용
했기 때문에 생산량 증가는 '획기적(explosive)'이었다기보다 '한계적
(marginal)'이었을 것이다. 하지만 일단 생산량 증가는 인구 증가로 연
결되었을 것이다.

1798년 영국의 경제학자인 맬서스(Malthus)는 『인구론』에서 "인
구는 기하급수적으로 증가하지만, 식량은 산술급수적으로 증가한

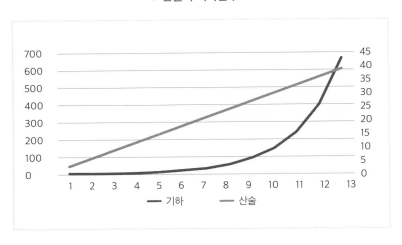

다"고 설명했다. 위의 그림을 보면 알지만, 일정 수준이 되면 기하급수적으로 증가하는 인구를 산술급수적으로 증가하는 식량으로 먹여 살릴 수 없게 된다.

구석기와 신석기 시대 인류가 그런 한계점을 해결한 방법은 무엇일까? 새로운 식량도구를 만들어내거나 산아제한을 하든지 주변 영토를 침략해서 부족한 식량문제를 해결했을 것이다. 산아제한은 불가능했을 터이니 새로운 도구를 발명하거나 주변 이웃을 약탈하지 않았을까? 청동기와 철기 시대 인류는 이러한 문제점을 동시에 해결했을 것이다. 일단 생산량이 급증했을 것이고, 더 나은 재질로 무기를 만들어 돌을 사용하는 주변 씨족이나 부족사회를 침범했을 것이다. 그 결과, 더 큰 영토와 노동 같은 생산요소를 취득할 수 있었을 것이다.

당시는 소위 '부가가치(value added)'라는 의미를 이해하지도 못했겠지만, 이런 침략 행위는 추가적인 '생산수단'과 '부(wealth)'를 확대하는 방법의 하나였다. 예를 들면 지리적으로 영토가 늘어나면 그에 따른 사회정치 제도가 바뀐다. 나라의 크기가 변하면 통치 기술과 제도도 따라서 변할 수밖에 없기 때문이다. 씨족과 부족사회를 거쳐 부족국가가 나왔을 것이고, 이어 '국가(Nation)'[2]라는 근대적 정치체제가 탄생했을 것이다.

국가는 다시 절대왕정체제와 공화정체제 간의 변화를 거쳐 오늘날 민주주의와 사회주의 체제로 분화되었다. 그다음 변화는 모두 이 안에서 나타났으며 사회민주주의, 인민민주주의, 자유민주주의, 태국과 일본과 영국형 왕정체제와 민주주의 체제가 혼합된 형태다.

고대 초기 국가체제는 땅을 뺏고, 뺏은 지역의 노동과 재산을 차지하는 절대권력 시대였다는 점에서 '왕정체제'가 오랫동안 고착화되었을 것이다. 그 시기에 '왕(王)' 혹은 '군주(君主)'는 절대적 권력자였다. 그 정치권력을 '신(神)'이 보호했다. 소위 '신성불가침'적인 절대권력으로 인정받았기에 그 권위에 대한 어떤 도전도 불가능했을 것이다. 아울러 절대왕권은 귀족들과 종교적 추인을 통해 늘 세습되는 것을 당연시했다.

따라서 한 국가체제가 공고해지는 과정에서도 정치제도의 진화

---

2   Nation의 어원은 프랑스어 nacion, 고대 라틴어 nationem에서 유래했다. 탄생, 부족 등의 의미가 있다.

와 함께 사회 구성원의 신분 및 계급은 지배자와 피지배자 간의 관계처럼 자연스럽게 출범할 수밖에 없었을 것이다. 아무리 그리스 로마 시대에 민주주의가 시작되었다고 해도 그 당시 민주주의는 극히 제한적이고 지배계급 중심의 민주주의였을 뿐이다. 자유와 평등의 시민사회적 개념은 아예 꿈조차 꿀 수도 없었을 것이다.

왕이 절대권력을 갖는 이유는 국가경제를 주관하기 때문이다. 만일 왕이 주관하는 국가경제에 문제가 발생하면 어떻게 되었을까? 이것이 크게는 왕조가 멸망하는 도화선이 되기도 했고, 새로운 왕조의 출발도 의미하기도 했다. 이를 가장 최신 표현으로 하면 "문제는 경제야, 바보야(It is Economy, Stupid!)"가 된다.

서구 세계에서 중세 봉건주의를 거쳐 근대 왕정과 공화정의 변화 과정에서 나타난 다양한 사건사고는 결코 동양의 그것과 다르지 않다. 다만 동양에서는 농업중심 사회와 유목민 사회의 충돌이 있었거나 농업사회 내부의 부패와 왕권약화가 빌미였다면, 서양에서는 자본가 계급과 중산층의 시민의식이 '인권(human right)'에 새로운 눈을 뜨고 이를 본격적인 사회 혹은 국가의 이해관계에 맞게 각각 제도의 운영원리(Modus of Operandi)로 가져갔다. 그것이 '헌법(Constitution)'이 되었다.

국가 통치체제는 종교와 절대왕권이 분리되면서 시민사회로 전환되었다. 시민사회가 자유시장경제와 조화를 이루면서 자유민주주의 시장경제가 근대 이후 글로벌 질서의 '운영원칙'으로 자리매김하게 되었다. 그 가치의 절대적 기본성격은 '헌법'에 기록되어 있다.

왕경(王經) 유착과
경제

─────────── 도구발전은 경제발전과 어떤 관련이 있었을까? 먼저 생산도구와 전쟁무기가 진화하면서 지리적 영역 확대와 모든 분야에 걸쳐 생산량이 급속히 증가한다. 더욱이 인류를 괴롭혀 온 질병, 기아, 전쟁 중 기아 문제가 해결되면서 인구는 기하급수적으로 증가한다. 한편 정벌과 교환을 위한 빈번한 인구이동은 수송수단과 식량 저장·조달 방법도 같이 변화시킨다.

생산량은 19세기 중반에 산업혁명을 통해 대량생산까지 변화가 일어난다. 동시에 통치해야 하는 인구가 증가함으로써 기존에 경험하지 못한 새로운 사회적·정치적·경제적·문화적 융복합화의 오랜 성숙화 과정을 거치게 된다.

새로운 신분이 탄생하고, 사회 신분은 권력에 대한 친소관계와 함께 부의 축적에 따라 달라진다. 계급이 다양해진다는 것은 각자의 이해관계에 충실해진다는 의미다. 계급갈등과 신분이동의 자유로움을 어느 정도 보장하고 보호할 것인가는 정치제도와 밀접한 관련이 있다.

인구증가는 지속적인 생산증가와 다양한 상품과 서비스에 대한 '니즈(needs)'의 증가로 이어진다. 신분이동이 자유로워진 데 따른 다양한 소비욕구를 시장을 통해 다양한 생산과 서비스로 충족시켜야 한다. 물론 시장을 통할지, 분배 측면에서 정부가 나서 공정과 공평을 우선할지도 정치제제와 밀접한 관련이 있다. 시장경제의 경우, 수요 증가와 감소가 시장가격을 결정한다.

근대 들어 시장의 가격조절과 수급 기능이 본격화되기 이전, 구석기와 신석기 시대 등에서는 과잉생산이 어떻게 처리되었을까? 초과공급 혹은 소비된 생산품을 '잉여(surplus)' 생산/소비라 한다. 만일 생산이 소비보다 부족한 경우, 생산을 늘리기 위해 추가적인 노동과 자본을 투입한다. 반대로 생산이 과잉인 경우, 즉 초과공급인 경우 가격이 하락하게 되고, 기업주는 이윤 유지와 감소 방지를 위해 노동과 자본 등 생산요소를 줄인다. 비용을 절감해야 하기 때문이다.

물론 생산요소에 토지도 포함된다. 토지에 대한 수익과 비용을 '지대(地代, rent)'라고 한다. 농업사회에서는 토지가 기초자산이고 생산요소다. 잉여 생산물을 저장하거나 보관할 수 있는 시설과 장비가 전무했던 태고 시절엔 세 가지 방법으로 이를 해결할 수 있었을 것이다. 억지로 먹어치우거나, 다른 물건과 교환하거나, 버리는 것이다.

'다른 물건과 교환'한다는 것은 시장(市場, market)이 존재한다는 의미다. 시장에서의 거래는 석기와 청동, 철기 시대 초기에는 대부분 '물물교환'이었을 것이다. 콩과 쌀을 바꾼다거나, 쇠 농기구와 염소를 교환하는 식이었을 것이다. 이처럼 초기 시장활동과 시장경제는 대개 왕과 영주의 보호하에 이루어졌다. 시장의 기능이 가격결정이나 수급균형 이외에 다양한 순기능과 역기능이 표출될 만한 규모와 범위는 아니었다.

한편 생선이나 육류처럼 빨리 부패하는 상품은 즉시 소비해야 했던 반면, 곡물과 일부 저장 가능한 식품은 일정기간 보관하기 시작했을 것이다. 생산한 후 소비되고 남은 '잉여산품'에 대한 저장과 보유는 점차 '사유재산'의 개념으로 발전했을 것이고, 이후 '가진 자'와 '가지지 못한 자'로 신분이 나뉘는 단초가 된다. 당연히 정복자는 가졌을 것이고, 피지배 계급은 대부분 가지지 못한 자였을 것이다. 빨리 부패하는 식품과 오랜 저장이 필요한 상품에 대한 '니즈'는 이후 전기와 수송기술 발달로 이어진다.

단지 생산도구가 돌에서 쇠로 바뀌었을 뿐인데, 나비효과처럼 실제 생산량과 인구 증가, 다양한 서비스 산업 발생, 세금과 분배 등의 제도와 행위, 공간과 이동 등 인류의 생활에 커다란 변화가 시작된 것이다. '왕경일치' 시대에는 사유재산 개념이 극히 제한적이었다. 하지만 정치체제 혹은 통치체제가 인류의 진화와 새로운 변화, 특히 물질문명의 급속한 발전에 따른 기술발전은 단순히 돌과 철의 도구 문명 혁신에서 새로운 문명으로 급속한 도약을 촉발한다.

그다음은 정치가 경제를 주도하는 게 아니라 경제가 정치와 사회 변화를 주도하는 모양새다. 경제는 종교적 철학과 가치를 대체하기도 했다. 마르크스의 사회주의 이념과 오랜 민주주의적 철학과 가치가 대립하기에 이르기 때문이다. 칼 포퍼(Karl Popper)의 『열린사회와 그 적들』에서는 이러한 서구 경제발전과 통치철학의 변화를 정리했다.

자유시장경제 체제에서 사유(私有)와 시장(市場)은 인간의 모든 정치적·경제적·사회적·문화적 행동과 심리는 물론이고 이를 통제하고 보호, 관리, 감독하는 제도에까지 엄청난 규모와 범위에 걸쳐 파생적 영향을 주고 있다. 인간은 경제적 동물이다. 좀더 실질적으로 표현하면, 물질적 소유와 증식 본능을 소유한 먹이사슬 단계의 가장 상위에 위치한 동물이다. 모든 인간정서의 판단과 가치기준의 설정은 바로 이 점에서 출발한다.

'모티브(motive)' 혹은 '동기부여' '인센티브(Incentive)'로 불리는 건 좀더 언어 순화적인 표현을 썼을 뿐이다. 물론 품격 있는 표현도 필요하다. 사회질서와 계층 간에 전개될 '소유의 차이'를 두고 벌어질 수 있는 충돌은 최소화하고, 효율적 경제시스템을 운용해 가장 합리적으로 정치체제를 유지하는 것은 절대적이기 때문이다. 정치권력과 경제권력 모두에 말이다.

간단한 예로, 씨족-부족사회-부족국가로 이어지는 과정에서는 절대군주가 모든 국가 영토와 산물의 절대적 소유자였다. 당시 사유재산은 왕이 각별히 하사하거나 신분별로 인정하는 범위에 한정되었다. 군주는 언제든지 나누어주고 거두어들일 수 있었다. 그 대가로 왕은 신하와 국민에게 대를 이은 무한한 충성을 요구했다. 이른바 '왕경일치' 경제였다.

시장거래는 무엇을 가져왔을까? 당시 사회·정치·경제 제도뿐만 아니라 문화적 변화가 불가피했을 것이다. 앞에서도 설명했듯, 자본가가 탄생하고, 경제권력이 정치적 절대권력인 왕권에 도전하고, 이어 유일한 '서포터'였던 종교마저 왕권에서 떠남으로써 경제권력 시대가 도래했다. 식민지 개척이 경제권력과 절대왕권의 결합이었지만 이 또한 오래가지 못했다. 이런 중세와 근대 시기에 엄청난 경제이론과 사회철학, 인권과 생명 존중, 윤리와 철학 등이 종교를 대신하고, 자본이 정치를 대체했다. 대격변 시대가 20세기 초에 등장한 것이다.

제1차 세계대전과 제2차 세계대전의 틈새는 이런 대변화로 채워지게 되었다. 자본과 시장은 뒤에 숨어 있었지만, 겉으로 보이는 '하드웨어전쟁(hardware war)'은 국가의 부가가치를 그 이상 합리적으로 증대시키는 승수효과를 가져오지 못함으로써 20세기 중반 이후 자본, 즉 미국의 달러를 중심으로 새로운 시장이 탄생하게 되었다. 인간이 더 본질적이고 본능적인 물질적 가치를 중시하는 정치와 경제, 사회와 문화적 타협을 이루는 길에 들어선 것이다.

시민사회와
경제

──────── 자본 혹은 재화를 축적함으로써 '부(富, wealth)'가 형성되고, 물질의 소유에 관한 양적 규모가 곧 '권력'이 되었고, 이는 곧 사회적 성공 혹은 신분의 귀천을 판단하는 기준이 되었다. 이렇게 정의하면 반드시 그렇지 않다고 한다. 겉과 속은 다르다고 한다. 하지만 사람들은 종교를 만들어 스스로 종교의 노예가 되었듯

이, 부를 만들어 여기에 또 다른 노예가 되었다. 이를 사회주의와 시장경제의 가치경쟁으로 치부한다. 인간은 군주가 아닌, 그보다 훨씬 본능적이고 원초적인 '신상(神像)'을 만들어내고 스스로 그 앞에 무릎을 꿇은 셈이다.

절대군주 체제하에서 '왕경일치' 체제는 시민사회의 급속한 등장으로 개혁의 물살에 휩쓸린다. 자본가 계급에 맞설 시민계급이 등장하고, 이 새로운 부류가 국민 다수를 차지하면서 민주주의 체제 속에 대중의 힘이 본격적으로 표출된 것이다. 이들이 기존의 소수 자본가 계급의 이해관계와 유사한 이해관계를 가질 때, 즉 개발도상국이나 신흥국 시기에는 '부의 불평등'에 반발하지 않는다.

하지만 경제발전과 부의 분배과정이 일정한 수준을 넘어서는 순간, 자신이 가진 지갑 속 돈의 양과 부자들의 부를 비교하게 된다. 절대에서 상대로 개념과 가치기준이 변화하면서, 소수에서 다수의 반란과 폭동이 발생한다. 바로 1870년대 전후 유럽의 정치상황, 1929년 대공황 전후다. 전자는 공화정이 본격적인 정치체제로 구축되는 시기가 되었고, 후자는 자본주의 시장경제에 대한 '거대조정(Crude tunning)' 시기가 된 셈이다.

대공황 직전, 미국과 유럽 간 주고받은 '관세전쟁'의 모습과 이후 제2차 세계대전 발발, 미국과 서방 진영의 승리, 틈새전략으로 사회주의 국가건설의 선두에 서는 구소련과 중공 등의 변화는 '시민계급' '시민사회'가 주도한 변화의 중간평가적 결말이라 보면 어떨까? 아직 최종 결론은 나지 않았다. 언제, 어떻게 일어날지는 아무도 예측할 수 없지만, '역사는 반복한다'는 말이 틀리지 않는다는 것은 이해할 수 있다. 21세기 초입의 모습이 또다시 이와 같지 않은가?

미국과 유럽 사회 모두 산업혁명 이후 노동, 토지와 함께 축적된 자본을 가진 자본가 계급이 등장했다. 자본가 계급의 등장은 19세기 중반까지 인류사의 '군주 중심 사회'를 무너뜨리는 경제적 계기가 된다. 군주제하에서 생각할 수 없었던, 인간에 대한 존엄이 상식이 되고, 그간 '더러운 죄악의 근원'이라 여겨지던 자본이 새로운 윤리와 도덕적 가치를 인정받으며 시민사회의 출발과 함께 새로운 정치, 경제, 사회 및 문화가 탄생하게 된다.

인간 가치와 존엄에 대한 인정, 자유와 평등, 박애는 시민사회와 시민이 국가의 중심이 되는 계기가 된다. 역사의 긴 호흡 속에 드디어 일반 대중이 신의 절대적 지지 속에 존립해오던 군주를 내몰고, 시장이라는 새로운 분배 시스템을 통해 역사의 주인공으로 본격 등장한 셈이다. 아이러니하게도 신과 군주를 이렇게 무참히도 분리시켜버린 것은 바로 루터와 칼뱅의 '종교개혁'이었다.

시민계급은 자신들이 생각하는 이기적이고 개인적인, 소위 합리주의와 정의로 가다듬은 이해관계를 더 체계적인 논리와 상식으로 정리한다. 다수가 가지는 생각의 합리성과 정의성은 당연시된다. 이러한 평균적 다수의 힘은 절대권력마저 무력화시킨다. 수천 년간 신으로부터 추인받아온 왕권을 근본을 알 수도 없는 자본가와 상인들에게 쉽게 나누어줄 수 없었다. 혁명과 시대변화를 앞세운 명분 앞에 종교가 먼저 무릎을 꿇거나 합의한다. 이후 왕권 붕괴는 자연수

순이 된다.

민주적인 선거를 통해 다수의 침묵하는 목소리가 표출되고, 시장 경제를 통해 형성된 자본권력이 왕권을 대신한다. 극단적으로 자본가 계급이 시민사회를 앞세워 여러 가지 권력쟁취 과정을 절대화시킬 수 있었다. 그들이 포기한 경제권력의 크기보다, 일정한 지분을 양도하거나 포기하면서 시민사회 계급과 공존하는 것이 절대왕권을 인정하는 것보다 더 효율적이기 때문이다.

하지만 분명히 새로운 시민계급의 탄생에 있어 그 저변을 지배했던 새로운 가치는 오늘까지 인류문명을 진보적 가치로 진화시키고 있다. 그에 비해 보수적 가치는 변화를 두려워한다. 변화를 주도하거나 적응하기 두려워하는 그 어떤 사회, 계급, 철학 등은 소멸된다. 대단한 가치철학이 필요한 게 아니라 이는 단지 상식이다. 당 태종도, 수양제도, 나폴레옹도, 칭기즈칸과 그 후손도, 부르봉 왕조와 러시아 차르도, 박정희도 모두 시대변화에 올라타지 못했다.

기아, 질병, 전쟁
= 사람

──────── 20세기 기아 사망자 수는 약 7천만에서 1억 명에 달한다. 질병에 따른 사망자 수 또한 엄청나다. 하지만 여러 자료를 보면 전쟁보다 기아와 질병에 따른 사망자 수가 뚜렷하게 높다는

것을 알 수 있다. 인류사에서 변화의 중심은 기아, 질병, 전쟁이었다. 경제 외적인 변수로 인류에게 불가항력적으로 주어진 변화는 '기아와 질병'이었다.

여기에서 발생한 국가의 부나 개인 자산의 손실을 보충하는 방법은 총, 즉 전쟁이었을 것이다. 어차피 모든 사회 또는 국가의 이해관계는 경제적 부가가치를 더하기 위해 전쟁을 한 것이 아닐까? 가치와 철학의 차이를 강요하기 위한 전쟁은 아니었을 것이다. 즉 우수한 문명이 미개한 문명을 가르치고 전수하기 위해 전쟁을 일으키지는 않았을 것이다. 설득하면 될 일 아닌가. 겉으로는 전쟁에 그런 명분을 대겠지만, 속내는 이윤을 남기려는 것이 아니었을까.

이윤이라고 표현하니 매우 세속적으로 들릴지 모르지만, 이는 사실 가장 원초적이고 본능에 충실한 것이다. 전쟁에서 피지배 식민을 어떻게 대우하고 피정복 국가를 어떤 정치체제로 변화시키는가에 따라 역사는 정복자를 달리 기록하고 있다. 변화와 역동성은 맞지만, 이런 변화가 사회 시민 다수가 희망하고 지키려 드는 헌법적 질서와 합의를 무시할 때 불확실성과 불안정성이 사회를 덮는다. 사회는 경제와 정치, 문화의 집합체다. 이런 역순환과 시대정신에 대한 '배신'은 역사 반복으로 이어져오고 있다.

21세기 정치질서의 한 가지 변화 단면은 정치권력을 더 작게 나누어 가져갈 것인지, 아니면 절대적 일당독재 정치권력으로 회귀하려는지에 대한 의문이다. 그 실험적 상황이 펼쳐지고 있다. 중국의 시진핑, 러시아의 푸틴, 16년간 독일을 안정시키고 있는 메르켈, 일본 자민당의 장기집권 등의 모습이 그렇다.

2020년 11월에 선출된 바이든 미 대통령의 미래도 그다지 순탄치만은 않을 것 같다. 흩어지고 양극단으로 나뉘려는 미국의 시민사회와 그 배경으로 볼 수 있는 경제적 양극화를 어떻게 극복할 것인가? 제2차 세계대전 이후 승자로서 '겸손'을 전제로 한 '동맹외교'가 오늘의 미국을 지탱한 기본철학이요 가치라고 할 때, 과연 중국의 거센 도전을 미국이 어떻게 해석할 것인가가 치밀하고 미세한 자본, 가치, 정보 전쟁터에서 가치기준이 될 듯하다.

산업혁명의 진화,
도구에서 기술로

──────── 1760~1830년 사이 영국에서는 급격한 자본주의 산업화 혁명이 일어났다. 당시 산업혁명은 토인비가 이야기하듯 갑작스럽게 모든 것이 일시에 변화하는 격변이 아니라, 사실상 그 이전부터 점진적으로 이루어져오던 기술혁신의 과정에서 분출된 것이었다.

뒤에서 이야기하겠지만, 미국은 당시 동부 13개 주에서 서부개척 시대가 진행되고 있었다. 1850년대 초반 미국은 미 대륙 전체를 흡수했다. 미국이 내부확장 시대를 맞이했을 때, 사실상 원조 격이라고 할 수 있는 영국은 기술개발과 산업발전, 사회계층과 이념논쟁의 인문·사회·자연과학적 격변을 선험하기 시작했다.

어느 것에나 '순환(circulation)'이 있지만, 역사의 순환은 참으로 신기하기만 하다. 영국 제임스 와트의 증기기관 발명은 가내수공업 체계를 대량생산 기업체계로 전환시켰다. 생산량 급증, 즉 급격한 공급 증가는 크게 다섯 가지 사회 및 시장 구조의 변화를 가져왔다.

첫째, 자본가 계급의 급성장과 주식이라는 미시적 자산축적, 즉 잉여 생산물 보관방식을 과거 상품 그 자체에서 금융적 수단으로 변환시켰다. 파생시장의 발전은 현대 자본주의 시장경제의 사실상 실질적 기본원리가 되었다.

둘째, 가진 자와 갖지 못한 자, 즉 자본가와 노동자라는 계급의 분화를 명확히 했다.

셋째, 이를 통해 마르크스와 엥겔스의 사회주의 이론이 등장하면서 정치발전도 이데올로기적 우월성에 초점이 맞추어지기 시작했다.

넷째, 인간본능, 즉 '효용증가(utility maximization)'가 끝없는 기술개발 경쟁을 촉발함으로써 자본과 노동은 더 크게 분화하고 뚜렷하게 대립하게 되었으며, 이 과정에서 '인권(human rights)'의 추상적 가치가 현실에서 더욱 강조되기 시작했다.

다섯째, 자본주의는 끝없는 달리기로만 유지할 수 있다는 점을 재확인했다. 인류는 '톱니효과(Ratchet effect)'에서 절대 자유롭지 못하다. 즉 자신이 한번 거쳐간 생활과 문화의 수준을 후퇴시키는 것은 견뎌내기가 쉽지 않다는 의미다. 연 소득 8천만 원 노동자가 그 아래 소득 수준으로 경력 이동하는 일은 고통스럽다는 말과 같다.

1차 산업혁명이 불러온
시대변화

——————————— 대개 산업혁명이라 하면 제임스 와트의 증기기관 발명 이야기가 주가 된다. 영국의 섬유산업과 면방직 등의 생산기술이 어떻게 와트의 증기기관 발명과 관련되었는지에는 큰 관심을 두지 않는다. 하지만 앞에서도 이야기했듯이 모든 것은 '순환'한다. 이 순환, 즉 연결고리를 제대로 이해하지 않고 체제 혹은 시스템의 변화를 이해해서는 안 된다.

섬유산업과 면방직의 급성장은 기술발전과 밀접하다. 기술발전은 소재와 부품, 화학 및 시장개척 등의 유무형적이며 부차적인 발전 없이는 불가능하다. 예를 들어 산업혁명이 가능했던 것은 철 제련기술이 더욱 정제화되기 시작했고, 이를 이용한 동력생산이 증기로 전환되었으며, 이 과정에서 동력원인 석탄산업이 발전하고, 동시에 석탄·철을 이용한 다양한 산업발전과 기초화학·물리학의 발전이 뒷받침되었을 것이다. 유리산업의 급성장, 시멘트의 발명 등도 도시발전에 크게 기여했다.

한국도 예외는 아니다. 한국경제가 1960~1980년대에 급성장한 것만 보고 부동산 가격 앙등과 가진 자와 가지지 못한 자의 사회경제적 부의 분배를 이야기할 수도 있지만 산업과 경제, 기술 발전 측면에서는 다양한 분야의 엄청난 기술, 부품 및 소재 부문의 발전까지 이루어졌음을 알 수 있다. 사회문화적 발전은 덤이다.

경제수준과 소득이 올라간다는 것은 그만큼 사람들의 욕망과 욕구가 변화하고 상승한다는 의미이고, 절대 다시 아래로 떨어지는 것은 용납되지 않는다. 이러한 이해관계가 경제 외적 변수에 따라 발생할 경우는 다시 일으켜세울 수 있다고 보지만, 정치사회적 변화에 따라 일어날 경우 시민들은 당연히 이에 대해 정치사회적 저항을 할 것이며 이를 '시대변화'라고 할 수 있다.

2차 산업혁명이
가지는 의미

──────── 2차 산업혁명은 1차 산업혁명의 연장선상이다. 철강의 경우 이전보다 제련기술이 앞선 베세머 공법(Bessemer Process)으로 강철의 품질을 개선시킴으로써 향후 내연기관의 발전 등에 기초가 된다. 하지만 산업발전에서 이 공법의 중요성을 알아차리고 대규모 설비투자를 통해 그 잠재력을 극대화한 것은 바로 카네기스틸 등 미국기업이었다.

이처럼 영국이 먼저 개발하고 미국이 뒤이어 기술을 업그레이드시킨 사례는 많다. 이런 현상은 매우 자연스러운 것이었다. 예를 들어 19세기 중반에 등장한 전신기계의 경우도 영국에서 먼저 개발했으나, 기술적인 완성도를 높여 유럽과 대륙 간 전신망 부설사업에서 가장 큰 이익을 거두어들인 것은 지멘스(Siemens) 등 독일기업이

었다.[3]

2차 산업혁명은 크게 두 가지 의미를 갖는데, 바로 '표준화 (standardization)'와 '글로벌화(globalization)'다. 산업과 기술이 급격하고 다양한 방면으로 발전하면서 일종의 규격화와 표준화는 불가피했다. 글로벌화는 기술과 산업, 교통과 통신의 발달로 인구이동이 급격히 증가하면서 나타났다.

먼저 표준화를 알아보자. 1차 산업혁명 이후 급속히 증가한 다양한 기술, 기초물리 및 화학, 기계발명 등은 사회를 더욱 발전시켰고, 소득증가는 소비확대로 이어졌다. 자본의 축적은 새로운 기술개발과 투자로 이어졌다. 아울러 석탄보다 더 효율적인 에너지원, 즉 석유가 개발되고 이를 위한 정제기술까지 발전했다.

경영상으로는 자본거래와 노동투입, 사회운동의 강화로 새로운 경영기법이 등장할 수밖에 없었을 것이다. 새로운 기술과 제도의 변화는 정보화되었을 것이고, 이런 정보는 통신수단을 통해 모든 인류에게 급속히 퍼져나가는 형국이 아니었을까? 철강왕 카네기의 탄생처럼, 바야흐로 모든 기업의 규모와 생산활동의 범위, 산업의 시장점유율도 높아지는 출발점이 되었다.

한편 산업발전 에너지원은 석탄에서 석유로 조금씩 움직이기 시

---

3   영국 산업경제의 전성기였던 19세기 중반까지 영국은 철 생산에서 세계 제일이었다. 그러나 철 산업의 중심이 강철로 바뀌면서 영국의 철강산업은 미국과 독일에 곧 추월당했다. 예컨대 강철 생산에서 가장 중요한 혁신 중 하나인 베세머 공법은 영국에서 개발되었다. -김태유, 김대륜, '패권의 비밀', 2017. 9. 25.

작했다. 원유는 다시 기초화학의 발전을 토대로 석유정제기술을 발전시켰고, 섬유·플라스틱 등 소재산업부터 항공산업까지 산업의 다양성과 급팽창을 가져왔다. 산업이나 사회의 성장과 발전 과정은 단절이 아니라 연속의 과정이다. 부문별 발전이 독립된 것이 아니라 과학과 학문, 제도, 산업 모두가 하나의 연립방정식을 풀듯 동시다발적으로 발생할 수밖에 없다.

원전 하나를 폐기하면, 이와 연관된 수많은 기계, 금속, 정밀 부품 및 소재 산업이 움츠러든다. 자동차 산업마저 내연기관에서 전기차로 움직이면, 부품 3만 개 중에서 1만 개 정도만 남는다. 물론 1만 개 중 50%는 센서와 빅데이터, 에어컨 등의 주요장치인 'e-compressor'와 같은 새로운 기술 발전이 전제된다. 따라서 산업발전과 노동, 소득 등 파생적인 경제, 기술 문제에 대한 선제적 대응과 안전망 구축 없이는 지속 가능한 성장을 기대하기 어렵다.

3차 산업혁명의 핵심은
정보산업

──────── 20세기 초 3차 산업혁명의 핵심은 정보산업에 있다. 빛의 속도, 즉 광속은 초속 30만 km, 시속으로는 10억 780만 km인 셈이다. 빛은 입자다.[4] 입자는 전자, 즉 광전자를 가지고 있으니 전자의 파동, 즉 전파의 흐름을 통한 정보전달 역시 같은 속도다.

구석기 시대 이후 시대발전은 지역확장을 통한 공간에서 기술발달에 따른 속도 및 시간 영역으로 전환되는 모습이다.

3차 산업혁명의 실질적 시작은 1947~1969년이 원년이다. 컴퓨터 기술이 발전하면서 1969~1989년 인터넷과 컴퓨터 산업 발전, 1989~2005년 world wide web 개발과 인터넷 산업 발전, 본격적인 개인 컴퓨터 시대 이후 오늘날까지 웹, 소셜 미디어 및 셀폰의 등장까지 이어지고 있다.

3차 산업혁명 산업발전 형태의 특징은 '경박단소(輕薄短小)'다. 2차 산업혁명까지 중공업과 같은 '중후장대(重厚長大)'한 산업이었고, 3차 산업혁명은 가볍고, 짧고, 얇고, 작은 산업으로 신지평을 열었다. 제조업의 제품 생산 역시 새로운 기초화학과 물리학 및 기술 등의 발전으로 다양한 분야에서 제품이 쏟아져 나왔다. 예를 들어 스마트폰, 배터리, 반도체, 센서 등만 놓고 보더라도 향후 4차 산업혁명이 어느 방향으로 갈지 추측할 수 있을 정도다.

2차 산업혁명이 에디슨의 '전기발명'에 따른 신동력 발견에서 비롯되었다면, 3차 산업혁명은 전기를 컴퓨팅과 같은 또 다른 형태의 산업발전 에너지원으로서 응용하는 기술개발에서 시작되었다. 컴퓨팅 기능의 핵심은 대량정보를 입력하고 동시에 이를 계산하는 시간

---

4   아이작 뉴턴(Isaac Newton)은 빛을 입자라고 했고, 같은 시대 호이겐스는 파동이라 했으나, 1801년 토머스 영(Thomas Young)의 '이중슬릿 실험'에서 파동임이 입증되었다. 하지만 20세기 초 알버트 아인슈타인(Albert Einstein)이 빛의 광전자 활동을 통해 다시 입자임을 증명함으로써, 지금은 빛이 입자이면서 파동임을 모두 받아들이고 있다.

을 크게 단축시키는 데 있다.

3차 산업혁명은 초기에 아폴로 우주선의 달 착륙, 슈퍼컴퓨터를 통한 기상 예측, 우주 천체물리학의 발전에서처럼 물리학의 영역을 우주로 확장하는 새로운 계기를 마련했다. 공간에서 시작한 인류문명의 활동영역이 시간을 지나서 우주로 향하는 가운데, 시공을 떠나 우주 최초의 모습과 아직도 팽창하는 우주의 모습을 어떻게 해석해야 할까? 그 의문에 대한 답을 찾는 데 있어서도 지난 2차 산업혁명에서 경험하지 못했던 수많은 분야의 파생산업과 전문분야가 새롭게 등장했다. 이는 '영원함'에 대한 의문을 다르게 표현할 것이 아닐까.

'포용성장'은 양극화 문제의 해법이 될 수 없다. 양극화 문제 이전에 4차 산업혁명의 성격을 생각하면, 인류문명의 시작부터 신분계층의 분화와 고착화는 불가피한 문제 같아 보인다. 다만 국가가 그 차이를 어느 정도 보완할 것이며, 이를 헌법과 같은 최고 법률에 어떤 철학정신을 반영할 것인지가 중요하다.

이미 기술이 사회와 문명의 발전을 후행적으로 만들어가고 있다. 대중의 이해관계보다 극소수 개인이 사회 전반 혹은 국가를 운영하고, 더 나아가 그들이 미래마저 선점해버리는 상황까지도 우려해볼 수 있다. 예를 들어 영화 〈터미네이터: 미래전쟁의 시작〉에서 그려진 제미노이드 F, 그를 운영하는 개체의 신분 등에 주목해야 한다.

기후환경 변화의 피해를 줄이기 위해 재생에너지와 자연에너지를 개발해서 쓰면 지구는 더없이 청정해질 듯한 착각이 들지만 이런

'피싱'에 걸려들지 말아야 한다. '에너지·질량 보존 법칙'에 따라 지구에서 난 것은 지구에서 어떤 형태로든 '제로섬(zero-sum)'의 기본 원리에서 벗어날 수 없기 때문이다. 근시안적으로, 풍력과 태양광을 쓰면 깨끗한 전력이 공급된다고 하지만 풍력과 태양광이 과연 청정하고 가장 효율적인 에너지원일까? 제일 깨끗한 것은 에너지를 쓰지 않는 것 아닌가?

4차 산업혁명의 시작은
호기심

──────────── 2003년 독일 정부는 독일경제의 미래 신성장 동력을 찾기 위해 경제 관련 부처를 중심으로 TF를 구성했다. 그 이름이 바로 'Industry 4.0'이다. 세계경제포럼인 다보스포럼의 창립자 클라우스 슈바프(Klaus Schwab)가 이를 인용했고, 이를 누군가 '4차 산업혁명'이라고 번역했다. 아마 일본 언론인 듯싶다. 아무리 디지털 시대를 지나 초격차 시대로 가는 길목이라 하더라도 이처럼 아날로그 신호가 뒤바뀌면 그 결과는 엄청난 피해나 오해를 일으킬 수 있다는 점에 먼저 유의해야 한다.

그렇다면 '4차 산업혁명'이 아니라 무엇인가? 초격차 시대인가? 김난도 서울대 교수는 'V노믹스'라고 이름을 지은 듯하다. 하지만 인간의 위대함을 이해한다면 이는 단기간에 해법을 찾는 과정의 마케팅 용어일 뿐이다.

1, 2차 산업혁명 이후 본격적인 기술경쟁은 소재와 부품, 정밀 산업의 발전으로 퀀텀점프를 한다. 물류이동은 정보와 사람의 이동과 궤를 같이한다. 사람과 정보의 이동은 크게 두 가지가 다르지만 같은 성격을 띤다. 먼저 사람의 이동은 많은 것, 즉 사람, 식품, 기계, 정보를 동시에 이동시킨다. 정보의 이동은 곧 돈의 이동이고, 상품과 서비스의 이동이다. 이는 이윤과 비용의 이동이다.

당시 이 둘의 이동은 매우 느렸지만 3차 산업혁명의 영향으로 전기의 신호가 '디지털'이라고 하는 '0'과 '1'로 된 이진법으로 이루어지면서, 바야흐로 컴퓨팅 시대의 도래와 함께 사람의 이동과 관계없이 대용량 정보가 이동하는 시대가 되었다. 또한 과거에는 물류이동이 오프라인이라는 구체적 수송수단을 통했지만, 물리적 수송수단 없이 온라인이라는 전자 디지털 신호를 통한 이동이 가능해짐에 따라 이 분야의 발전속도는 이미 광속에 맞먹는 빠른 속도로 진화하게 되었다.

4차 산업혁명은 인류문명의 태동기부터 늘 위기와 기회를 지닌 양날의 칼과 같았던 변화의 새로운 '정형(定型)', 즉 패러다임의 변화를 찾는 것을 의미한다. 새로운 패러다임은 새로운 플랫폼을 요구한다. 새로운 플랫폼은 새로운 지식과 기술을 필요로 하고, 이는 또 다른 새로운 가치와 철학, 사상을 지원군으로 한다. 인문학에서는 시와 소설, 영화와 연극 등으로 표출되기도 한다.

문명의 발전은 영속성과 일관성을 전제로 한다. AI든 IoT든 이미

2차 혁명기에 개발된 0과 1의 신호체계를 이용한다. 만일 이와 다른 양자물리학의 반전을 통해 새로운 조합의 0과 1을 사용할 경우, 이러한 새로운 기술이 어떤 변화를 야기할지는 알 수가 없다.

예를 들어 금융위기가 발생했던 2008년에 비트코인이 시장에 소개되었다는 것은 많은 의미를 함축한다. 미래화폐는 정보와 시간이 된다는 것이다. 따라서 사람도 정보와 시간적 가치가 큰 사람이 다분히 새로운 상류층을 형성하게 될 것이다. 문제는 새로운 상류층은 이미 과거 기득권을 가지고 많은 정보와 지식을 축적한 사람들이 차지할 것이라는 점이다. 그 집단 혹은 그룹의 수는 결코 늘어날 수 없다. 인간의 본능이 그것을 허락하지 않기 때문이다.

4차 산업혁명의 시작은 '호기심'이다. 이를 두고 '창조경제'라거나 '사람이 먼저'인 경제를 운운할 필요는 없다. '창조'나 '사람이 먼저'도 다 정치적 용어로 퇴색할 뿐이다. 모두 사람이 하는 일이다. 결국 4차 산업혁명에 대한 호기심을 어떻게 구현하고 사회가 받아들여 대중을 선도해갈 것인지가 관건이다.

미국의 역사와 경제발전 속에서 가장 중요한 상수는 다름 아닌 이민과 교육이었다. 토머스 에디슨(Thomas Edison)의 전기 발명, 일론 머스크(Elon Musk)의 우주여행, 빌 게이츠(Bill Gates)와 워런 버핏(Warren Buffett)의 천문학적 자산, 마크 저커버그(Mark Zuckerberg)의 페이스북도 모두 호기심에서 나왔다. 사회는 그들의 생각을 어떻게 받아들일지에 관해 괴짜와 천재의 경계선을 늘 유연하게 유지·발전시켰고, 그들이 만들어낸 부는 당연히 아무도 생각지 못했던 '생각'

과 '실천'에 대한 보상이다.

수억 인구가 그들이 이루어낸 호기심의 결과를 이용하면서 무료나 공공재로서 성격을 강조할 수는 없다. 그건 자본주의 시장경제에서 '동기부여(incentive or motivation)'이기 때문이다. 1970년대 이후 우리나라가 급속한 경제성장을 이룬 배경에도 KAIST와 정부의 적극적인 재정 및 물적 지원이 있었다는 점에 주목해야 한다.

1495년이 미국 역사의 시작은 아니다. 그전에는 아메리카 인디언의 땅이었다. 콜럼버스가 처음 도착한 곳은 쿠바였다. 여기를 전진기지로 삼아 미국 대륙을 탐험하기 시작했다. 유럽의 청교도 이민은 16세기 이후 본격화했다. 이들의 본성은 '노마드(nomad)', 즉 유목민이다.

1776년 독립전쟁이 일어났다. 100년 단위이던 큰 역사적 변화가 50년 단위로 좁혀지기 시작했다. 중세 이후 유럽은 르네상스와 함께 식민지 개척을 통한 부의 축적과 상권 확대가 봉건제도를 붕괴시키고, 새로운 정치체제를 출범시키는 진통의 시대를 거친다. 이렇게 느린 역사의 축소판이 근현대 미국의 변화다.

속도는 빨라졌다. 이처럼 속도의 변화는 문명의 성숙도와 비례한다. 어느 나라와 국민도 역사의 순환궤도를 벗어나는 변이현상을 일으킬 수 없다. 적자생존의 자연법적 원칙이 사회법칙에도 적용된다. 끊임없는 미래지향적 변화 주도권을 가질 때 국력은 비례한다. 뒤이어 정치안정, 민주화와 경제발전은 충분조건이다.

2장

미국의 변화를 보면
한국이 보인다

우리는 왜
미국을 알아야 하는가

─────── 1492년 콜럼버스가 아메리카 대륙을 발견한
이후 270년 역사는 아메리카 인디언과의 타협, 융화 혹은 전쟁의
역사였다. 전쟁에는 승자와 패자만 존재할 뿐 그 중간은 생략된다.
1776년 독립 이후 약 250년 역사는 크게 50년씩 나누어볼 수 있다.
1800년은 서부개척 시대, 1900년은 태평양 시대, 1950년은 미국
패권 시대, 2000년은 9·11 테러와 미국이다. 그렇다면 2050년 미국
과 중국의 미래는?

이번 장에서 미국의 정치, 경제 및 사회 발전을 간단히 들여다보
는 이유는 한국의 정치, 외교, 경제 및 사회 등 모든 분야에서 미래
좌표를 어떤 형태의 동맹관계로 가져가야 할지에 대한 문제의식을

출발시키기 위해서다. 특히 우리나라의 정치, 외교, 경제 및 사회문화적 '국가 이해관계(National Interest)'에 대한 심도 있는 논의가 국회는 물론 사회 어디에서든지 반드시 이루어지기를 기대한다.

미국과 동맹외교로 가는 것이 맞을까, 새롭게 부상하는 중국과 더 친밀해져야 할까, 그 중간을 택해 전략적 포지셔닝을 하는 것이 맞을까? 선뜻 결론을 내리기 힘들다. 그럴 땐 역시 중도론이고 '균형자'론이다. 하지만 '균형자'도 힘이 있어야 한다. 화폐가 힘 있는 기축통화라든지 군사력이 월등히 높을 때 외교력에 힘이 있을 것이다.

역사는 국제관계에서 '중간자'라는 포지셔닝을 그다지 높게 평가하지 않는다. 특히 이미 국제관계에 있어 '소리 없는 전쟁'이 벌어지고 있고, 더 나아가 '자국마저 남지 않는 전쟁'으로 들어가는 마당에 과연 우리의 '국가 이해관계'는 무엇이고, 그 전략적 목표를 위해 무엇을 어떻게 해야 하는가? 간단히 말하면, 우리의 '헌법(憲法, Constitution)'을 어떻게 지킬 것인가 하는 문제다.

1800년 미국,
Wild Wild West

─────────── 영국에서 독립한 미국은 영토확장 기간을 거친다. 서부개척 시대의 대표적인 세 갈래 개척 루트는 오리건 트레일, 모르몬 트레일, 산타페 트레일이다. 오리건 트레일을 예로 들어보자.

지금의 미 대륙 동서횡단 고속도로 가운데 70번과 80번은 미주리주 인디펜던스시에서 출발한 이주민의 이동경로다.

이들은 캔자스강을 건넌 후 캔자스주 로렌스에서 잠시 휴식을 취하고 두 갈래로 흩어진다. 하나는 뉴멕시코로 향하는 산타페 트레일이고, 다른 한 갈래는 네브래스카 대평원을 지나 와이오밍주 로키산맥을 거쳐 다시 아이다호주의 포트 홀에 정착한다. 이들은 다시 지금의 오리건주 포틀랜드로 나서고, 다른 한쪽은 캘리포니아주의 셔터스 밀에 정착하게 된다.

이렇게 동부 13개 주에서 스페인과 프랑스로부터 일부 주를 매입하고, 멕시코 전쟁을 통해 국경을 확장한 미국은 1850년대에 이르러서는 바야흐로 미 대륙 전역을 관할하게 된다. 1958년작 서부영화 〈OK 목장의 결투(Gunfight at OK corral)〉는 당시 캔자스주 도지시티(Dodge City)에서부터 주인공들의 인연이 시작되어 오클라호마주(OK)와 애리조나주 툼스톤까지 걸쳐 일어난 에피소드를 영화화한 것이다.

이러한 '이동'을 이끈 동기는 '금'이었을까, 자신의 땅을 갖기 위한 욕심이었을까? 소위 존 케네디가 말하는 미국의 '프런티어 정신(Frontiership)'의 동기는 무엇이었을까? 기업가 정신은 이런 이동에 어떤 영향을 주었을까? 아메리카 인디언과도 모피와 무기를 거래 대상으로 삼았던 기업은 철도와 도로 등 새로운 운송수단이 필요했을 것이다.

평범한 농부와 광부 등 그들은 무엇을 원했던 것일까? 16세기 이후 유럽 청교도의 미 대륙 이동과, 다시 그 대륙 안에서 일어난 또

한 번의 대이동은 어떤 차이가 있을까? 미국의 헌법과 수많은 법체계에 어떤 영향을 주었을까? 펜실베이니아주의 베낸고 카운티에서 석유 시추가 시작된 이후 미국의 서부개척 정신은 다시 '속도'로 업그레이드된다.

대양개척의 시대, 1900년 태평양 시대를 열다

──────── 석유 발견은 미국이 태평양 시대를 열면서 대양제국의 꿈을 키우고 새로운 시대를 향해 큰 걸음을 내딛는 배경이 된다. 1752년 프랭클린의 피뢰침 발명, 1879년 에디슨의 백열전구 발명과 1882년 뉴욕에서 최초의 상업용 발전소 건설까지, '전기'라는 새로운 동력은 석유 발견 이후 더욱 급속한 에너지 활용방법을 개발하는 단초가 되었다. 인구이동이 다양한 상품과 질병 등을 동시에 운송하듯, 단지 '외로운 큰 섬'으로만 머무르던 미국은 드디어 대양을 향한 큰 꿈을 시작한 것이다. 여기에는 미국의 하와이 합병이 있었다.

미국의 주 병합은 대개 미국인이 먼저 이주하고 일정한 세력을 형성한 후 미 본토에 합병 가능성을 타진하고, 미 연방정부에서 이를 받아들여 합병하는 형태를 띤다. 하와이는 19세기 중반부터 미국과 극동 아시아를 잇는 중간기지 역할을 해왔다. 하와이로 이주한 미국인은 사탕수수와 파인애플 재배로 설탕산업이 발전하자 중국인, 일본인, 한국인 등을 이주시켰다. 하와이가 미국에 합병되기 10년 전인 1887년에는 진주만을 미 해군기지로 제공하기도 했다.

미국의 인도-태평양 시대의 특징은 다음과 같다. 미국은 늦은 산업화에도 1900년대 초 영국과 독일, 프랑스 등에서 유입된 신기술과 동아시아 패권에 참여함으로써 제1차 세계대전과 제2차 세계대전의 기초체력을 강화했다. 특히 1929년 대공황 당시 미국과 유럽의 긴장관계는 지금 미국과 중국의 관계와도 같았다.

미국은 제1차 세계대전 이후 유럽농가가 회복되어 유럽 농산물 수입이 급증하자 이에 대해 관세를 40~60%까지 부과하기에 이르렀다. 소위 '스무트-홀리 관세법(Smoot-Hawley Tariff Act)'이다. 이 법안은 극단적 보호주의 무역 법안이었으며, 1천 명에 가까운 경제학자들의 반대에도 불구하고 당시 미 31대 대통령이었던 허버트 후버(Herbert Hoover)는 이에 서명했다. 그 결과 미국에 대공황이 발생하고, 유럽 또한 그 영향권에 들어갔다. 여기에서 발발한 것이 제2차 세계대전이다.

전쟁발발의 영향은 다양하게 해석될 수 있다. 극단적 포퓰리스트 히틀러의 집권은 제1차 세계대전 이후 패전국으로서 독일경제의 급락에서 이유를 찾기는 하지만, 지난 역사에서 세계경제의 15회에 걸친 대공황과 공황적 상황에서 무려 13회는 부동산과 주식 시장의 버블 붕괴에서 비롯했고, 결론은 '전쟁'에 의한 해결이었다. 미국은 그렇게 아픈 만큼 성숙해지고 있었다.

1950년 미국,
고속도로를 건설하다

──────────── 미국 역사에서 세 번째 50년의 키워드는 '고속

도로'다. 미 대륙을 잇는 고속도로는 1900년대 초 포드가 대중 자동

차를 생산하면서 시작되었다. 1953년 아이젠하워가 대통령에 당선

되고, 제2차 세계대전 이후 미국경제가 급속히 성장하면서 도로망

의 중요성이 떠오르자 아이젠하워는 고속도록 건설을 강력히 추진

했다. 아이젠하워는 어디에서 힌트를 얻었을까?

미국이라는 거대한 대륙에서 모세혈관과 힘줄을 연결하는 이 대

공사는 제2차 세계대전 당시 연합군 총사령관으로 유럽에서 활약했

던 아이젠하워의 '견문'에서 시작되었다. 바로 독일의 고속도로 '아

우토반'이었다.[5] '아우토반'은 히틀러의 작품이다. 유럽 침략을 두고

준비한 군수물자와 군인 수송을 위한 진출 루트인 셈이다.

아이젠하워 고속도로가 완공된 것은 1992년이다. 총 공사비용은

약 1,140억 달러인데 2019년 가치로 따지면 약 5,300억 달러다. 우

리나라 1년 예산규모에 맞먹는다.

──────────

5 1933년 9월 23일 히틀러가 아우토반 건설의 첫삽을 떴다고 알려져 있다. 첫 공사구간은 1935
   년 개통된 프랑크푸르트(Frankfurt)에서 다름슈타트(Darmstadt)까지였다. 첫 1천km 고속도로
   는 이듬해인 1936년에 완공되었다. 제2차 세계대전이 발발한 1941년까지 총 2,372.5마일(약
   3,819.7km) 구간이 완공되었다. 독일의 아우토반이 히틀러의 아이디어에서 나왔다는 것을 부정
   하는 논리도 있다. 예컨대 1932년 독일 퀼른과 오스트리아 본을 연결한 아우토반을 최초로 본
   다면, 1913~1921년 사이에 건설된 베를린의 아부스 고속도로(Avus Experimental Highway)를 들
   기도 한다.

고속도로 건설은 모든 것을 바꾼다. 고속도로 한 구간이 건설되면 대도시 주변으로 파생도로가 건설된다. 철도에만 의존하던 승객 및 화물 수송 등 물류이동이 다양해진다. 도시 인구의 밀집도도 바뀐다. 주택가격도 안정되리만큼 대도시 주변지역이 개발되면 또 다른 도시에 도로가 건설되고, 주택단지와 상권이 개발된다.

물류수송에 있어 철도 외에 대체수단이 존재하니 수송비용도 절감된다. 독점보다는 과점이 저렴하다. 관광과 여행 산업도 활성화된다. 이는 모텔, 식당, 여행지 개발 등 또 다른 서비스 산업의 발전을 촉발한다. 아울러 동부의 추운 지방에 거주하던 은퇴한 노령인구는 소위 '선 벨트'라 불리는 서부나 남부 주로 이동해 주거 안정을 찾을 수 있다. 디즈니랜드와 디즈니월드가 플로리다주와 캘리포니아주에 건설된 이유도 여기에 있다. 농촌지역에서 도시지역으로 쇼핑이나 식품구매를 위한 이동도 간편해진다.

하지만 이러한 변화는 또 다른 진화적 변화를 가져왔다. 이전까지 공장 이전이 불가능하던 지역에 제조업 공장이 설립되었고, 값싼 노동비는 미국제품의 경쟁력을 강화시켰다. 월마트(Walmart)와 페덱스(FedEx)의 첫 출발지역은 미국 남부다. 미국 동서횡단 고속도로 건설의 파급효과는 여기에서 끝나지 않는다. 역사도 껴안고 있다. 1800~1850년 서부개척 시대 이주민이 이용하던 우마차 '길(Trail)'과 그다지 차이가 나지 않는다. 그래서 그 길을 따라가면 역사와 전통과 대화할 수 있다.

고속도로를 건설함으로써 미 대륙은 인구·물류·정보 이동과 같은 시공을 단축하거나 건너뛰는 효과를 경제발전에 이전시킨다. 제2차 세계대전이 끝나고 1945년 브레턴우즈 체제로 인해 미 달러화가 세계 기축통화로 지정되었고, 일반무역 및 관세에 관한 협정(GATT)으로 미국은 세계무역의 공정성을 감독 및 관리하는 국가가 되었으며, UN을 통해 전쟁보다는 평화적 해법을 찾는 데 있어 주도국이 되었다. 미국은 이 길고 긴 고속도로의 건설 이후 마치 나비의 작은 날갯짓이 엄청난 태풍으로 다가온다는 '나비효과'와 같은 변화를 맞는다.

고속도로 건설은 단순한 물질적 '망(network)'의 건설만을 말하지 않는다. 사람의 신경세포와 혈관과 같은 기능을 고스란히 복사한다. 그런 경험은 1968년 착공해 1970년 7월 7일 완공한 경부고속도로 건설을 두고 벌어진 찬반논쟁 과정에서도 나타났다. 당시 반대하던 이들은 지금 어떤 말을 할 수 있을까? 그냥 '라떼는 말이야'로 묻히면 그만인가?

미래를 보는 직관과 비전은 리더가 갖추어야 할 충분조건이고, 적어도 이런 비전과 직관을 믿고 지지할 수 있는 국민적 이해는 교육과 오랜 활동의 경험을 통해 축적된 지혜에서 나온다. 이보다 더 중요한 키워드는 리더나 국민 모두가 '시대는 변화한다'는 원칙을 이해해야 한다는 점이다.

미국의 관심,
이제는 우주다

─────────── 땅과 바다를 지배한 후 미국은 무슨 생각을 하고 있을까? 무엇을 보았을까? 중국에 모든 것을 집중하고 있을까? 수많은 질문이 꼬리에 꼬리를 물고 나온다. 우리나라의 '국가 이해관계'와 밀접한 관련이 있기 때문이다. 미국과 중국의 전략, 특히 미국의 생각을 읽어내야 한다. 그래야 중국의 대응전략이 나올 것이고, 그 역시 철저히 분석해 국가정책의 근본으로 삼고 미국과 중국의 상호작용과 반작용을 이해해야 한다. 미국과 중국의 갈등관계에 우리의 모든 상상력을 동원해야 한다.

미국은 우주를 보고 있다.[6] 소련과 미국의 우주경쟁 결과는 결국 1970년대 이후 미국의 정보통신 및 양자물리학 발전을 통한 디지털 및 바이오 분야 발전에 지대한 영향을 주었다. 우주를 이야기한다는 것은 지구와 완전히 다를 수 있는 환경적 요인을 모두 고려한다는 것을 말한다.

─────────
6   중국 역시 우주기술이 만만치 않다. 힐러리 클린턴 2016년 미 대선후보는 국무부 장관 시절, 미국이 재래식 무기 개발과 지역전쟁에 참전하며 엄청난 비용을 지불하고 있을 때, 중국은 단지 기술개발에 집중하는 편익을 취하고 있다고 비난했었다. 대선후보 시절, 중국을 때리는 데는 우주 무기를 사용할 수 있음을 명시하기도 했다. 재래식 무기의 정점이 핵무기라면, 최첨단 무기체계는 우주와 정보통신 등 디지털 기술과 밀접한 관련이 있다. 여기에서 경제도 중요한 안보적 가치와 수단이 된다면 이해할 수 있겠는가. 자유무역협정(FTA)과 같은 경제협력 관계도 안보적 관점에서 바라본다. 그렇다면 이에 배경이 되는 자본, 디지털, 바이오와 같은 미래산업 분야도 안보와 밀접한 관련이 있다. 사실상 현대에서는 안보 아닌 사항이 없다. 중국의 과학기술은 뒤에서 좀더 자세히 다루기로 한다.

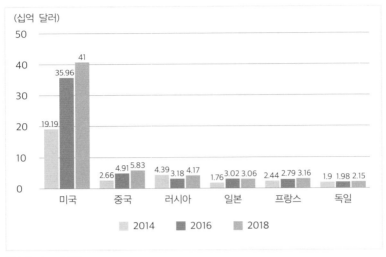

자료: Statista, 2020.

2020년 3월 31일 기준 지구궤도를 돌고 있는 인공위성 수는 모두 2,666개다. 이 가운데 미국이 1,327개로 가장 많고 다음이 중국 363개, 러시아 169개 순이다. 기타 나라가 운영중인 인공위성도 807개나 된다. 2008년과 2019년 사이 약 10년간 인공위성 시장규모는 거의 배가되었다. 2,710억 달러니 약 271조 원 규모다. 1980년대부터 개인기업들이 인공위성 발사 등 우주산업에 적극적으로 참여하면서 시장규모는 점점 커지고 있다.

우주기술은 엄청난 투자를 필요로 한다. 위 그래프에서 보듯 우주 관련 투자가 미국은 중국의 8배, 러시아의 10배에 달한다. 미국(2018년 기준 410억 달러)은 일본(2018년 기준 30억 6천만 달러)과 프랑스

(2018년 기준 31억 6천만 달러)에 비해 약 14배, 독일(2018년 기준 21억 5천만 달러)에 비해 20배가량 투자 규모가 크다.

미국의 '힘'은 여기에 있다. 미국은 대륙을 통일하고 제1차, 제2차 세계대전을 통해 대양국가로 거듭난 후 세계 인재의 집합소로서 '꿈의 국가(Dream land)'임을 견지해오고 있다. 소위 20세기 이후 세계 주요 자연과학기술의 화수분으로서 타의 추종을 불허하는 지위와 역할을 수행해온 것 자체가 이미 글로벌 질서의 '패권국가'임을 인정받을 수밖에 없는 조건인 셈이다.

그런 기술은 우주로까지 향하고 있으며, 국가 차원과 개인기업 수준의 지속적인 우주개발 노력 과정에서 또 다른 기술과 산업혁명의 씨앗을 배양하고 있다. 이 모든 것이 50년 단위로 이루어졌다는 점은 그 안에 자그마한 오차는 존재할망정 적어도 경제의 큰 줄기는 50년 주기로 이루어진다는 의미가 된다. 실제로 미 재무성 채권 중 30년 만기 채권금리가 미 연준이 물가안정과 실업률 관리차원의 지표로 삼는 연방준비은행금리(기준금리)라는 의미인 셈이다.

청교도의 미 대륙 정착기를 거쳐 매 50년마다 미국을 바꾸어놓은 기술과 가치, 철학 및 사상을 근간으로 세계의 글로벌화 및 표준화를 도맡아 이루어온 역사는 하루아침에 쉽게 무너져 내리지 않는다. 물론 트럼프 행정부 동안 미국의 리더십에 상당한 대미지(damage)가 있었지만 '겸손(humble)'과 '정직(honesty)'을 바탕으로 세계 리더십을 유지해온 저력은 계속 이어질 것이다.

바이든 정부의
주요정책 다섯 가지

———————— 2021년 1월 20일 우여곡절 끝에 바이든 정부가 시작되었다. 46대 대통령이다. 트럼트 전 대통령의 몽니와 초유의 미 의사당 난입 사태에도 불구하고 미국의 새로운 역사는 시작되었다. 미 상하원에서 선거인단 투표 결과까지 부정선거와 불법선거를 주장하며 승복하기를 거부한 일은 어떤 의미가 있을까.[7]

그동안 단순히 '티 파티(tea party)'라는 보수단체의 이름 뒤에 가려 있던 극우 보수단체의 실체가 하나씩 드러나고 있다. 'Q-Anon' 'The Proud Boys' 'Oath Keepers' 'Three Percenters'와 같은 극우세력들이 지난 미 의사당 점거에 활동한 극우단체들이다.

역사는 전진할 수밖에 없다. 바이든의 말처럼, 미국의 위대한 민주주의의 발전과 양극화 문제 해결을 통한 빈곤퇴치는 바이든 행정부가 가지고 갈 가장 큰 정책적 이슈라 하겠다. 내치가 허물어지면, 50개 주로 이루어진 미국의 경우 현대판 남북전쟁과 같은 갈등을 겪을 수밖에 없다. 역사는 과연 반복될 것인가?

바이든 행정부가 고려해야 할 많은 정책 가운데 가장 핵심은 무

---

7   트럼프 전 대통령의 탄핵이 미 하원을 통과하고 미 상원에서 의결될 때, 일각에서는 "이미 대통령직에서 물러난 시민의 한 사람을 탄핵할 수 있느냐"고 질문한 적이 있다. 있다. 예컨대 1876년 당시 전쟁장관 윌리엄 벨냅(William Belknap)이 매관매직을 위한 뇌물수수죄로 미 하원에서 증거와 함께 탄핵된 후 미 상원에서 이를 가결해 탄핵한 바 있다. 이후에 벨냅은 사면을 받았지만, 비록 한 사람의 시민으로 지위가 변했다 하더라도 상원에서 그에 대한 탄핵을 할 수 있다.

엇보다 국민 '통합'에 있다. 이를 위해서는 양극화, 이민, 소수인종 등 인권과 관련된 문제도 중요하지만, 역설적으로 트럼프 지지자들의 목소리에도 귀를 기울여야 할 부분이 있다. 예를 들어 그들은 1960년대 이후 '위대한 미국'을 위한 '진보적 가치'의 확대[8]라는 사회적 통념 앞에 늘 도외시되거나 소리를 내지 못한 사람들이다. 수십 년간 그들을 대변할 사람이 없었고, 그들의 목소리를 대변해줄 지도자도 찾지 못했던, 상대적으로 소외된 수백만 미국 국민이 있었다는 점이다.

트럼프는 2016년 대선에서 바로 그들을 찾아냈고, 소위 '러스트 벨트'로 불리던 미시건과 오하이오 등 오대호 연안의, 과거 제조업이 번영하던 시기의 공장지대 백인의 목소리를 확대하는 전략이 맞아떨어진 것이다. 트럼프를 지지했던 이 '열정적인 보수들'은 그동안 주변의 식당이나 상점, 심지어 TV 프로그램 등 어디에서도 자신들의 목소리를 낼 수 없었다는 점에 주목해야 한다. 만일 그들이 어떤 의견이라도 낸다면 '편견'에 사로잡힌 '구석기 시대적 사고'를 하고 있는 '무식한 자(Neandertals)'로 규정되어온 게 현실이다.

이번 사태를 통해 트럼프를 지지하는 암묵적 열성 보수계층이 국민의 거의 절반에 이르고 있다는 점을 간과해서는 안 된다. 이들이

---

8 이민문제, 흑백 갈등 종식, 메디케어 및 메디케이드 등 사회 약자를 위한 대의명분의 축적이 1960년대 이후 미국의 사회적 가치와 윤리적 기준으로 자리 잡는 순간, 컴퓨터와 디지털 기술이 급속히 발전해 이들이 상대적으로 갖게 된 박탈감은, 공화당 정부가 들어섰다 하더라도 그 누구도 자신들을 대변해주는 리더가 없었다는 회한이 존재한다.

느끼는 상대적 박탈감과 패배주의 의식에 함몰되어 있는 현실을 직시할 필요가 있다. 트럼프가 이들을 대변했다는 것이 핵심이다.[9]

바이든에게 거는 기대와 희망 중 하나가 바로 이들 소외된 계층의 목소리를 귀 기울여 듣는 것이다. 그들은 과연 무엇을 요구하고 있는가? 기후변화도 아니고, 소수인종과 이민 등 인권문제도 아니다. 엄밀히 말하면, 일자리다. 소득증가와 양극화 갈등 속에 자신들의 일자리와 소득증대 문제는 가려져 있다는 피해의식이 아닐까.

바이든 행정부의 핵심정책은 다음 다섯 가지로 요약된다.

첫째, 코로나19 안정화다. 백신 접종과 사회적 거리두기 등 방역문제를 강조한다. 그래야만 경제활동도 할 수 있기 때문이다. 미국은 소비경제다. 만일 사람의 이동이 제약받는다면, 미국경제의 침체도 장기화할 수밖에 없다.

둘째, 화합과 통합이다. 트럼프 지지자 가운데 90% 이상은 아직도 바이든 정부가 미국경제와 사회를 이끌어갈 능력에 부정적이다. 앞서 지적한 트럼프 지지자들의 소외감과 박탈감의 원인을 찾아야 한다.

셋째, 대중국 전략 재구축이다. 2020년 중국 경제성장률은 2.3%다. 2021년 중국의 경제성장률 전망치는 8~9%대 초반이지만, 미국

---

9 2021년 1월 10일부터 13일까지 미국 NBC 방송국에서 실시한 여론조사에서 트럼프에 대한 공화당원의 지지도는 무려 87% 수준이었다. 비록 비슷한 기간, 미국 CNN의 전국 지지율 조사에서 29%라는 낮은 지지도를 보였으나 공화당 내 트럼프 지지도는 2024년 대선후보 자리에 다시 도전할 수 있을 것이라는 자신감을 갖기에 충분하다.

의 경제성장률 전망치는 3%대 초반이다. 2010년 중국이 일본을 제치고 세계 2위 경제대국으로 자리바꿈을 할 때 미국경제의 40% 수준이었던 규모가 70%를 뛰어넘었다. 만일 중국경제가 이 성장세를 유지한다면, 2028년 미국은 중국에 추월당할 가능성이 높다. 바이든 정부가 한국에 주는 메시지는 매우 간결하다. 전통적·전략적 동맹관계 강화다. 방위비 문제와 주한미군의 전력강화는 이러한 요청의 겉내일 뿐이다. 그렇다면 속내는 무엇일까?

넷째, 국가부채와 재정적자 문제의 해법 찾기다. 2020년 기준 미국의 국가부채는 미국 GDP 규모와 엇비슷한 약 21조 달러다. 이런 속도면 2050년에는 GDP 대비 200% 수준에 도달하게 된다. 국가재정이 이렇다 보니 메디케어와 장애인 보험기금, 사회보장연금(social security), 고속도로 신탁자금도 곧 고갈될 위기에 직면해 있다.

재닛 옐런 재무장관이 '강한 달러를 지향한다'는 전통적인 통화정책을 강조하는 가운데, 코로나19 백신 접종과 경기부양에 재정지원을 강화할 수밖에 없다는 점에서 가장 큰 경제적 고민이 아닐 수없다. 일부 전문가는 전체 부채에 대한 이자비용 부담 비중이 GDP의 1%대면 큰 문제가 아니라고 하지만, 이론과 현실의 문제에는 늘괴리가 존재한다.

다섯째, 기후환경 변화에 적극적으로 대응하는 것이다. 이는 미래산업사회의 구조적 전환을 가져올 가장 혁신적인 변화의 단초를 규정하는 대목이다. 전기자동차, 무인자동차, 드론, AI 등 대부분의 디지털 혁명, 즉 I4.0과 친환경 재생에너지 산업의 확대를 의미한다.[10]

그렇다면 바이든 정부의 대북정책은 어떨까? 대부분 북핵과 같은 하드웨어 문제에 초점을 두지만, 코로나19와 같은 소프트웨어 문제가 더 중요할 수도 있다. 북한의 주한미군 철수 문제는 논외다.

트럼프 전 대통령이 주장했던 방위비 부담 증가는 당연히 제기될 것이다. 재정적자의 한 부분이 국방비이기 때문이다. 2021년 1월 16일 '글로벌 파이어파워(Global Firepower)'가 발표한 'GDP에서 군사비가 차지하는 규모'를 보면 한국(480억 달러)은 세계 8위다. 북한(35억 달러)은 59위지만, 2019년 대비 74위에서 무려 15순위 수직 상승했다. 국방비 지출이 가장 많은 나라는 당연히 미국(7,405억 달러)이며, 2위 중국(1,782억 달러)의 4배가 넘는다.

미국의 중국 견제정책은 사실 다양하다. 산업과 기술 분야 제재부터 미 달러화 표시 자산에 대한 가치상각과 환율절상 문제, 대만과의 외교관계 강화 등 지속적인 '중국 포위전략' 강화 등을 생각할 수 있다. 미국 입장에서 미국의 대내외 문제의 해법은 반드시 내부적

---

10 2021년 1월 15일, 바이든 당선자는 1.9조 달러 규모 경기부양안, '미국 구조 플랜(American Rescue Plan)'의 청사진을 제시한 바 있다. 아마 백신 접종이 완료될 때까지 또 한 번의 미국 가계 및 기업 지원정책이 발표될 가능성도 있다. 이 프로그램의 구체적 집행내역은 다음과 같다. 첫째, 모든 미국 시민에게 1인당 1,400달러를 지급한다. 2020년 12월에 통과된 7천억 달러 경기부양안의 600달러 지급과 합해 2천 달러를 받게 되는 셈이다. 둘째, 2021년 9월까지, 즉 백신 접종 완료 시점까지 실업수당을 주급 600달러로 정한다. 셋째, 연방 최저임금을 시간당 15달러로 한다. 현재 13달러다. 넷째, 9월까지 개인 및 기업 파산과 주거지 퇴거를 연장한다. 다섯째, 주정부와 연방정부 지원에 3,500억 달러를 배정한다. 여섯째, 유치원부터 고등학교(K-12)까지 학교에 1,700억 달러를 지원한다. 일곱째, 코로나19 테스트에 500억 달러를 지원한다. 여덟째, 전국 백신 접종 프로그램에 200억 달러를 지원한다. 이와 같은 경기부양안은 일자리 창출, 인프라 구조개혁, 기후환경 변화에 대응, 인종평등 문제 및 1만 달러 대학생 학자금 이자상환 면제 등 중장기 경기부양 정책을 모두 포함하고 있다.

통합과 화합에서 시작되어야 할 것이다. 미 상원과 하원에서 다수석을 차지한 민주당은 2021년 이후 바이든 정부의 행보가 21세기 정치, 경제, 사회 및 문화 환경과 관련된 뉴노멀(New Normal)과 질서를 구축하는 데 그 시작점임을 분명히 하고 있다.

바야흐로 세계는 새로운 21세기 질서의 재편이라는 큰 그림 아래 미국과 중국의 갈등, 브렉시트 이후 영국과 유럽 국가와의 관계, 러시아와 일본의 포지셔닝 등의 굵직한 문제의 매듭을 하나씩 풀어가야 하는 시점에 있다. 소위 '티핑포인트(Tipping Point)'에 서 있는 형국이다. 여기에서 자칫 한 발자국 잘못 디디거나, 빌 게이츠의 말처럼 기후환경 변화에 따른 자연 재앙이 또다시 덮칠 경우에 인류는 정치적 이데올로기도 필요치 않다.

사실(fact) 속에는 진실과 거짓이 늘 숨어 있게 마련이다. 팩트를 오용하면 포퓰리즘이 된다. 정치적 이념은 이런 재앙적 상황에서 아무런 존립근거를 찾지 못한다. 코로나19 상황에서 자본주의와 사회주의의 이념적 논쟁은 무용하다. 미국 사회의 갈등처럼, 우리 사회의 구조 속에 잠재한 모든 갈등의 불씨는 이러한 사회적 윤리와 가치에 대한 확신과 철학이 존재하지 않을 때 더욱 위험하다. 자연재해와 기후환경 변화가 가져올 위험은 산불에 부는 바람과 같을 뿐이다. 과연 어떤 변화를 가져올 것인가?

중세와 근대의 차이는 '사람'에 있다. 문화의 융성은 사람을 바라보는 시각을 바꾸어놓았다. 절대왕권이나 종교권력은 사람을 구성하는 다양한 정신적·물질적 욕구를 채우는 작업을 효율적이고 정의롭게 이행하지 못했다. 따라서 시대는 변화를 요구했다.

중세사 이후 일본의 변화는 여타 국가의 정치적 대결 및 경쟁사와 크게 다르지 않다. 하지만 1850년대 시작된 정치체제의 변화는 일본이 경험한 서구 열강의 산업화와 국가의 이해관계가 맞아떨어졌다. 19세기 말 입헌군주제를 선택한 것은 일본의 정치적 모방이었으며, 아시아 국가 중 최초의 실질적 근대화였다. 1871년 이후 이와쿠라 사절단 107명에는 이토 히로부미를 비롯한 일본 개혁의 주역이 모두 포함되어 있었다. '교육'은 국가발전의 가장 큰 자산이자 자본이다.

3장

일본의 변화를 통해
한국을 유추한다

쇄국을 건너
번과 막부의 시대로

─────────── 발전과 성장, 안정과 행복을 원한다면 변화를
찾아야 한다. 기업가는 혁신을 통해 새로운 도전과 변화를 만들어
간다. 이윤(利潤)은 기업가들이 기꺼이 변화와 혁신을 선택한 리스크
(risk)에 대한 보상(return, award)이다. 국가경제의 발전과 성장, 국민의
행복과 안정적 삶을 위해 정부는 사회적 변화와 혁신을 국민적 관심
사와 국가적 이해관계로 끌어올려야 한다. 국가와 사회 발전의 근본
은 창조적 파괴, 즉 변화에 대한 합의에 있다. 하지만 이런 변화와 욕
망은 국가의 성장이 고도화할수록 내수와 서비스 산업의 발전 속에
내재된 국가와 국민의 인문철학적 교양 수준에 수렴한다.

변화를 이야기할 때 일본의 메이지 유신을 빼놓을 수 없다. 근대

프랑스혁명, 영국 산업혁명, 중국의 역사는 일반적으로 널리 알려져 있지만, 이웃 국가인 일본의 메이지 유신은 그렇지 않다. 브래드 글로서먼(Brad Glosserman)의 저서 『피크 재팬』에서도 일본의 쇠잔함을 근대 메이지 유신 이후 변화를 두려워한 탓으로 이야기하고 있다.

먼저 메이지 유신에 앞서 16세기 일본의 개항사를 간단히 정리해 본다. 16세기 중엽 이후 일본은 오다 노부나가(織田信長, 1534~1582)와 그를 승계한 도요토미 히데요시(豊臣秀吉, 1537~1598)[11]의 막부(幕府) 시대가 본격화된다. 조선은 13대 명종(1534~1567, 1545년 즉위)과 14대 선조(1552~1608, 1567년 즉위) 시기다. 서인과 동인, 남인과 북인 등 사림의 대립, 즉 붕당정치(朋黨政治)와 사색당파의 절정기에 이르는 시점이었다.

일본의 쇄국정책은 16세기 일본의 통일 과정에서 신문물을 일찍이 받아들인 오다 노부나가와 도쿠가와 막부의 쇼군(將軍)들이 지역 영주(다이묘, 大名)들이 주도했던 독자외교노선을 견제하는 과정에서 나타났다. 일본 초기 대외정책은 엄격한 의미에서 '쇄국(鎖國)'이 아니었다. 도요토미는 막부의 힘을 견제하면서 자신의 힘을 강화하는 기회로 임진왜란을 활용한 셈이다.

1598년 도요토미 히데요시가 사망하자, 임진왜란에서 패배한 많은 다이묘의 몰락과는 달리 임진왜란에 참전하지 않은 도쿠가와 이

---

11 1582년 오다 노부나가가 죽고 그 뒤를 도요토미 히데요시가 계승했다. 10년 후 임진왜란이 발생했고, 임진왜란에 참전하지 않은 도쿠가와 이에야스가 도쿠가와 막부 시대를 열게 된다.

에야스(德川家康, 1543~1616)는 자신의 세력을 고스란히 간직한 끝에 권력을 차지하게 되었다. 1603년, 도쿠가와 이에야스는 마침내 일본 황실로부터 '쇼군' 호칭을 부여받았다.

국가권력을 두고 벌이는 다툼이 늘 그러하듯, 당시 도쿠가와 가문은 지방과 중앙 또는 신구 세력 간 합종연횡(合縱連橫)을 통해 내치 안정에 초점을 두어야 하는 시기였을 법하다. 임진왜란과 정유재란이 끝난 지 얼마 되지 않았고, 외세의 개항 요구도 거세지는 상황에서 내치중심의 정치체제 안정은 절대적으로 중요하다. 포르투갈, 스페인, 네덜란드 등과는 16세기 중반 이후 본격적으로 교역했다.

당시 도쿠가와 이에야스 막부는 대외정책의 기조를 지방세력과 대상인 등 경제세력을 견제하기 위한 수단으로 보았을 것이다. 오히려 막부 중심의 대외무역은 크게 제재하지 않은 특징이 있다. 즉 도쿠가와 이에야스 막부의 대외정책은 엄밀한 의미에서 '쇄국'이라기보다는 지방 '번(藩)'과 상인의 세력을 견제하고, 대외교역에서 막부가 사실상 독점적 지위를 갖고자 한 '대외무역 독점정책'이었다. 따라서 도쿠가와 막부는 크게 네 군데 '번' 지역 개항만 허락하면서 개항지와 일본 내 무역을 극히 제한했다.

그렇다면 소위 말하는 쇄국의 시작점은 언제부터인가? 도요토미의 쇄국정책은 유럽의 패권질서 변화와도 밀접한 관련이 있다. 스페인은 비록 1588년 영국과의 칼레해전에서 대패하기는 했지만, 1571년 필리핀 점령 이후 동아시아 진출에 본격적으로 나서고자 했다. 동아시아와 멕시코를 잇는 태평양 횡단 항로를 개척하고자 할 때 일본이 중간

기항지가 되어줘야 한다는 것이 개항 요구의 명분이었다.

　이후 일본은 스페인과 불편한 관계를 지속하다가, 1590년 후반 들어 스페인의 개항 요구가 거세지면서 1597년 스페인 선교사 4명과 일본 신자 등 26명을 처형하는 사태가 발생했다. 이때를 일본의 쇄국정책이 본격화한 시기로 본다.

　일본의 본격적인 쇄국정책은 에도(江戶) 시대 264년간(1603~1867)이다. 엄밀하게 말하자면 264년 중에 241년 동안 도쿠가와 막부(德川幕府)는 고립적인 대외정책을 시행했다. 예를 들어 1635년에는 외국 선박의 입항이나 무역을 나가사키(長崎)와 히라도(平戶)에만 한정시키고, 일본인의 해외 도항과 귀국을 금지하는 법령을 반포했다.

　이어 일본은 1639년에는 이른바 '쇄국령'을 내려 유럽인의 일본 도항을 전반적으로 금지하고, 네덜란드인과 중국인만 나가사키에서 무역활동을 하도록 허용했다. 그뿐 아니라 기독교 교회를 폐쇄했으며, 기독교인을 추방하며 전도를 불허했다. 그 결과, 일본은 조선보다 서구문물을 받아들이는 데 오히려 뒤처지게 되었다. 이는 역사의 아이러니다.

　조선은 서구문물을 흡수하는 데 적극적이었던 반면, 일본은 오히려 문을 닫기 시작했다. 이러한 한일 간의 상반된 모습은 19세기 중후반에 이르러 다시 상황이 역전된다. 이 점은 주목할 만하다. 동시에 한일 양국에 있어 미국과의 관계 또한 근대 이후 동아시아 역사에서 많은 부분이 겹치는데, 이것이 어떤 의미를 함축하는지도 곱씹어볼 필요가 있다.

바람에 맞선 사자,
메이지 유신

────────── 19세기 중후반 일본은 서구 열강의 개항 요구
와 함께 정치 격변기를 맞는다. 천황이 정치화하면서 막부 시대의
종식과 함께 '번'의 하급 사무라이 계급이 유신의 주체세력으로 급
부상했다. 이들은 1867년 12월 왕정복고의 쿠데타에 성공하면서
신정권을 창출했다. 이로써 일본의 봉건체제는 붕괴되고 조세, 화폐
및 군역 제도에 일대 변혁이 일어났다. 1870년대 변화의 물살이 거
셀 때 다소 저항을 받았으나 1890년까지 헌법 제정을 목표로 개혁
과 변화를 주도했다. 마침내 1889년 헌법이 공포되고 양원제 의회
가 탄생하면서 일본 메이지 유신은 산업화를 통한 군국주의 시대를
열게 되었다.[12]

메이지 유신이 성공한 데는 다음과 같은 세 가지 이유가 있다.

첫째, 엘리트가 있었다. 난학자(蘭學者)들은 100년 역사 속에 신기
술 지식 축적과 학문으로서의 성숙함을 견지하고 있었다. 미국과 유
럽 열강을 신사유람단으로 견문한 건 그들에게 또 다른 시간여행이

───────
12 당시 조선은 1860년 동학창도, 1871년 신미양요, 1876년 조선과 일본의 강화도조약 체결,
1884년 갑신정변, 1894년 동학난, 1895년 을미사변, 1905년 을사늑약 체결 등 역사적 과정
을 거치고 있었다. 일본의 헌법제정 등 근대화 시기와 조선 말기가 겹치는 상황에서 1884년
갑신정변 이후 일본의 조선에 대한 영향력과 야욕이 얼마나 심대했는지 잘 알 수 있다. 일본의
군국화에 조선은 더할 나위 없는 '테스트 베드'였다. 이는 역사적 사실이었으며, 지금도 이와
같은 일본의 국가적 욕망은 결코 소멸되었다고 할 수 없다. 일본의 국가 이해관계의 핵심이기
때문이다.

고 충격이었다. 이들은 실질적이고 실용적인 과학자이자 정치제도 연구가였다.

둘째, 시대변화의 흐름에 국민도 순응했다. 일본 역사에서 막부체제가 한계에 다다르고 바야흐로 경제발전과 함께 새로운 정치체제 등장에 대한 욕구가 누적되고 있었다. 신구의 대립은 지극히 소모적인 내부총질일 뿐, 그 틈새를 서구 열강의 탐욕이 비집고 들어오게 마련이다.

셋째, 자본주의 시장경제에 대한 이해가 빨랐다. 새로운 기술과 정치제제의 변화가 시대적 요구라는 사실을 두고 갑론을박을 벌이기보다 정치개혁의 불쏘시개 역할을 할 수 있는 상업자본주의가 본격화한 것이다.

메이지 유신이 성공할 수 있었던 또 다른 정치사회적 이유를 살펴보자.

첫째, 글로벌 환경이 비교적 우호적이었다. 미국과 유럽 등 서구 열강의 개항 요구는 당시 인도와 함께 세계경제 규모의 55%를 차지하던 중국에 비하면 국내 정치와 경제에 큰 피해 없이 시대적 변화를 감지할 수 있을 정도의 마찰이었다.

둘째, 이들과 직접 접촉하며 시대적 변화를 감지하고 있었던 지방 '번' 세력들은 중앙정부의 '막부'체제에 비해 군사력이나 경제력 면에서 더 실속이 있었을 것이다.

셋째, 천황이 가지는 역사적·정치적 상징성이다. 즉 막부세력들은 천황이 통치해야 할 일본의 정통적 권력을 자신들의 이해관계에만 집중하는 데 오용했다는 점을 항거 명분으로 삼았다. 고려 말과 조선 초 사대부들이 정치적 이상과 새로운 지식계급 신분으로 부상한 것과 닮아 있다.

늘 그렇지만, 이런 변화를 하나로 묶을 수 있는 직관과 비전을 가진 리더십의 등장은 필요조건이다. 그런 리더십은 변화에 둔감한 조직이나 그런 조직 내 인사에서 나오지 않는다. 늘 새로운 변화를 꿈꾸어오던 사회적 소외계층이나 지식계급 출신이다.

일본에서 1868년 막부 시대가 소멸될 때, 즉 메이지 유신을 주도할 때 1830년대 출신들은 30대 초중반 연령대였다. 이들은 청나라와 영국의 아편전쟁 이야기도 들었고, 10대 후반 혹은 20대 초반에 서구 열강들이 일본에 내항한 이야기도 들었을 것이다. 이들이 배우는 학문의 범위와 내용은 신기술과 신지식으로 축적된 일본이 받아들인 신문물이었을 것이다.

하지만 약 260년간 지속되어온 쇼군과 막부체제하에서 그들은 가난한 하급 사무라이였을 것이다. 젊은 나이와 호기심, 변화에 대한 두려움보다 갈망이 더 컸을 그들이 바로 '메이지 유신'의 주인공이 된 것은 필연적 결과다.

메이지 유신의 주인공은 사무라이 정신으로 무장된 자들이다. 다이묘의 조언자, 대외교섭 실무자, 새로운 군사조직 활동가들로서 군사적 실전경험과 함께 축적된 학식으로도 인정받았다. 계급만 하위 무사였을 뿐 실질적 서구세력과의 충돌 및 교섭에 앞장선 자들이었다. 젊은 피와 결합된 서구 세계에 대한 동경은 이들에게 그야말로 미래에 대한 호기심과 책임의식 등을 불러왔을 것이고, 이것은 새로운 시대에 대한 도전에 동기부여가 될 만큼 충분했을 것이다. '혜안'이 열린 것이다.

그들이 비록 하위 무사계급이라고는 하지만, 적어도 소수의 위에서 시작된 혁명이라는 점에서 메이지 유신의 주체를 놓고 영국과 프랑스 등 유럽 열강국과 미국 등에서 일어난 시민혁명과는 분명한 차이가 있다.

부국강병의
민족국가

──────────── '부국강병(富國強兵)'은 자국민에 대한 정치적이며 파쇼적인 메시지일 뿐이다. 산업화의 전제가 부국강병이라면 이는 시대적 상황을 놓고 보면 전제군국화가 목적이다. 메이지 시대의 경제사회적 변화를 부국강병에 초점을 두었다고 해석하는 것은 오류다. 메이지 유신을 성공시킨 사무라이 계급은 그들의 DNA가 싸움과 전쟁이었다는 점을 결코 잊지 않는다. 정한론보다 더 큰 야망이 내재되어 있다는 점을 간과해서는 안 된다.

대동아공영권은 지금으로 치면 중국 시진핑의 '중국몽(中國夢)'이며, 일대일로(一帶一路)의 완성이다. '동아시아 균형자론'은 너무나 순진한 발상이다 못해 가장 낮은 수준의 포퓰리즘이다. 21세기인 현재도 일본에 과연 그런 DNA가 남아 있는가? 있다! 아베 일가와 일본 주요 정가의 계보를 보면 짐작할 수 있다. 이 점은 뒤에서 좀더 자세히 설명하기로 한다.

메이지 유신으로 서일본 세력이 동일본 세력을 제압하면서, 에도는 도쿄로 명칭을 바꾸었다. 통치권도 다이묘에서 천황으로 이전되었다. 전국의 다이묘가 도쿄로 이주하면서 중앙관리로 등장했다. 정치적으로는 천황제의 부활이 이루어졌고, 경제적으로는 혁신을 상징하는 신기술 도입과 산업화를 통해 두 마리 토끼를 모두 잡는 유신을 시작한 것이다.

이윽고 독일 헌법을 모델로 삼아 헌법을 제정하고, 참의원·민의원 등 양원제 의회제도도 도입했다. 초대 총리는 이토 히로부미다. 군사강국을 위해 징병제도를 실시하면서 모든 성인 남자는 3년간 군복무를 해야 했고, 이후 4년간 예비군에 편입되었다.

문명의 대변화를 위해 농업중심 사회에서 교통·통신 산업 발전을 주도하는 가운데 산업화 인프라를 구축했다. 일본 최초 철도를 1872년 도쿄와 요코하마 사이에 영국 기술자들이 부설했다. 1882년에는 총 길이가 2,250km에 이르렀으며, 전국에 전신선이 연결되기 시작했다. 한편 정부의 재정과 유럽식 금융제도 등에 따라 기업활동을 적극적으로 장려했고, 이에 필요한 과학기술을 모두 받아들이기 시작했다.

일본 천황을 중심으로 한 20세기 초 서구 열강과 나란히 할 수 있는 국가체제를 지향하는 부국강병과 대동아공영권의 야망은 결코 숨길 수 있는 것이 아니었다. 이런 변혁의 시대가 첫 단계를 지나는 시점이 1912년 메이지 천황의 죽음이었을 뿐이다.

　메이지 유신은 당시 일본에 불어닥친 시대변화에 역행할 수 없었고, 이를 수동적으로 받아들이기에는 서구 열강 식민지화의 희생양이 된다는 점 또한 위험요인이었기에 일어났을 것이다. 따라서 사쿠마 쇼잔(佐久間象山)과 그의 제자 요시다 쇼인(吉田松陰)의 후대 제자들은 쇠락하는 막부와 다시 권력을 잡고자 하는 천황 간의 권력 틈새를 파고들어 일대 산업화의 계기를 마련했다.[13] 그들이 보고, 듣고, 지식으로 축적한 것은 학문적 가치와 사상체계가 아니라 실질적이고 실용적인 산업화와 국부 변화에 관한 모든 것이었다.

　정치, 경제, 교육, 군사 및 재정 등 모든 거시적·미시적 사회변화의 흐름이 서구 열강의 세계에서 시작되었음을 직시한 유신세력은 그들의 속내에 품었던 사무라이 정신, 즉 조선과 필리핀, 중국까지도 자신들의 영토로 식민화하겠다는 대망(大望)을 감추고 있었을 뿐이다.

　'유신'은 국가 주도의 개혁이고 변화다. 일본이 군국주의와 제국주의를 지향한 이유다. 개혁의 명분이 서구처럼 봉건제 붕괴 이후

13　요시다 쇼인 역시 '일본이 독립하기 위해서는 조선을 반드시 정벌해야 한다'고 주장하는 정한론주의자다. '대동아공영권'도 그의 아이디어다. 하지만 과연 그럴까? 그 뿌리는 오래다. 정치적 수사는(rhetoric) 늘 이렇다. 자국 중심이고 주관적이다. 상대방 입장에서는 '식민화' 혹은 '근린궁핍화(近隣窮乏化)'다. 이런 일본 자신의 '혼'이 지금도 건재하다는 점은 아베 정권의 정책과 스가 신정부의 정책에도 분명히 숨어 있을 것이다. 일본의 의지가 이러한데도, 우리 정부는 단순한 역사 감정이나 포퓰리즘에 치우쳐 자국민에게만 한정하는 너무나 위험한 수동적 방어기제를 보이고 있다.

오랜 역사 속에 기득층 세력과 서민층 간 갈등이 '아래에서 위로' 이루어진 것이 아니라 '위에서 아래로' 이루어졌다는 점이 사뭇 다르기 때문이다. 그 중심세력은 정한론을 당연한 이치로 주장하던 사무라이들이었다.

자부심과
자긍심은 다르다

──────────── 정한론과 대동아공영권은 21세기에도 여전히 유효하고 살아 있는 일본의 이해관계다. 그들의 철학적 언어로는 '일본혼(日本魂)'이라고 한다.

일본은 21세기 새로운 문화의 창조에 몰입해야 한다. 자신을 변화시켜야 한다. 정한론과 대동아공영권을 포기한다고 일본의 존재이유가 사라지는 것이 아니다.

일본은 독일이 통일과정에서 보여준 미국, 영국, 프랑스 및 러시아 등과의 외교관계, 즉 주변국가들과 어떻게 관계를 정상화했는지 살펴야 한다. 아울러 독일이 통일이라는 어려운 정치 및 경제 환경속에서도 유럽통합과 유로존을 결성하는 데 중심자 역할을 수행하고 있다는 점을 제대로 보아야 한다. 과거의 영광은 시대변화에 순응하고 개척해나갈 때 지속 가능하다.

지금처럼 자존심을 앞세우며 19세기 '일본 제일 우선(Japan first

again)'을 주장한다면 매우 위험하다. 독일처럼 과거사에 대한 진심 어린 사과와 반성이 선행될 경우, 아시아와 글로벌 국가들은 '일본의 시대'가 다시 열리는 기회를 인정할 수 있다. 여기에서 말하는 '일본의 시대'는 반드시 일본 제국주의나 국수주의적 편협함을 이르는 것이 아니다. 공영(共榮)과 공존(共存)을 말한다. 과거사에 얽매여 있는 많은 아시아 국가가 일본을 시기하고 질투해서도 아니고, 일본을 증오하고 미워해서도 아니다.

이에 대한 답과 일본이 가져야 할 결의는 간단하다. '왜 메이지 유신을 했을까. 무엇이 목적이었을까?' 메이지 유신으로 개혁과 근대화를 이루려던 본래 목적이 지금에 이르러 오롯이 복원되어야 한다. 시대변화에 순응하고 지역 및 글로벌 질서체제를 선도하거나 선행하는 가운데 일본의 리더십을 인정받을 만한 역할을 스스로 찾아야 한다.

예를 들어 미국, 중국, 러시아 등과 이해관계 자체만을 놓고 분열과 타협을 '협상'하기보다는 한반도 통일이 일본과 지역국가의 경제, 사회, 문화에 어떤 긍정적 영향을 줄지를 살펴야 한다. 그 안에서 일본의 역할을 긍정적으로 평가받을 때 1602년의 메이지 유신은 비로소 완성된다.

자존심과 자긍심은 완전히 다르다. 아베 신조 전 총리의 의기양양했던 정치는 자긍심도 아니었고, 자존심을 살리는 길은 더더욱 아니었다. 일본이 정점을 찍고 침몰하지 않기를 바란다. 1991년 이후 부동산 버블 붕괴와 함께 일본경제를 정의하는 '잃어버린 30년'이 시사하는 바는 크다. 한국의 경제, 정치, 사회 및 문화에도 매우 엄중한 메시지를 던진다. 아시아 지역에서 일본의 역할은 중국이라는 큰 벽을 넘지 못하면서 더 빠르게 침몰할지도 모른다. 일본이 늙어가고 있다.

일본의 '잃어버린 30년'을 모방하는 한국

──────────── 제2차 세계대전 이후 냉전체제가 공고화되었다. 그 과정에서 미국이 대서양과 태평양 양 축에 두 패전국의 국가경제 재건을 지원했다. 유럽에서는 독일이었고, 아시아에서는 일본이었다. 1960년 이후 양국의 경제성장률을 비교하면 흥미롭다. 1961년 독일경제의 연평균 실질 성장률은 3%대 초반에서 1968년 8%대에 근접한다. 1988년 다시 1960년대의 3%대 초중반 성장률로 하락하지만 일본의 12.04%, 12.9%, 6.8%, 0.9% 하락보다는 완만하다.

　독일과 일본 경제는 모두 수출이 중심인 제조업 경제다. 기초화학, 생물학, 물리학 등을 기반으로 부품 소재산업의 강력한 경쟁력이 제조업 기술발전과 신성장 산업 육성의 기간 인프라가 된다. 1991년 구소련 붕괴 직전까지 독일과 일본의 성장전략 차별화는 그다지 분명하지 않았다. 미국이라는 거대시장을 놓고 서독과 일본이

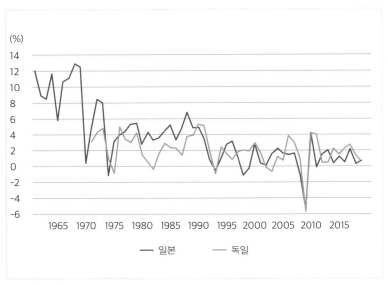

Ⅰ 1960년 이후 독일과 일본의 연평균 실질 경제성장률 추세비교 Ⅰ

자료: 세계은행

제조업 중심으로 수출경쟁을 펼친 건 시대환경과 생태계를 고스란히 반영했기 때문이다.

하지만 양국 간 성장동력의 차이와 배경은 1991년 이후 뚜렷이 나타나기 시작했다. 세 가지 주요원인은 다음과 같다.

첫째, 규모의 경제, 범위의 경제 및 밀도의 경제에서 독일과 일본 경제 간 격차가 심화되었다. 둘째, 주변국과의 관계설정에서 독일과 일본의 정치외교적 입지는 완전히 다르다. 셋째, 냉전체제 붕괴 이후 안전보장 이외에 미국과의 동맹적 이해관계보다 주변국과의 다면적 이해관계가 더 중요해졌다.

예컨대 28개 회원국으로 구성된 EU 공동시장과 18개국이 참여하는 유로존이라는 화폐 단일화에 성공함으로써 유럽경제는 미국과 맞먹는 거대시장으로 재탄생했다. 영국의 브렉시트도 유럽 대륙과의 오랜 헤게모니 다툼의 연장선상에서 이루어졌을 수도 있다. 따라서 독일은 냉전체제하에서 유럽 안보의 미국 의존도가 확연히 감소함에 따라 미국과의 외교적 동맹관계가 새로운 경제동맹으로서 국가 또는 지역 이해관계에 민감하게 전환될 수밖에 없었을 것이다.

반면에 일본은 다르다. 비록 1978년 중국이 시장을 개방하고 2001년 WTO에 가입함으로써 일본과 한국 등 동남아 경제에 또 하나의 거대시장으로 성장하고는 있지만, EU와 같은 공동체 단일시장으로 발전하기에는 너무나 국가 간 이해관계가 상이할 수밖에 없는 조건이기 때문이다. 무엇보다 독일과 달리 역사에 대한 철저한 자기반성이 생략되어 있다는 점은 일본의 실리외교적 확장선에 심대한 악영향을 주고 있다. 이는 동남아 국가들과 인적 교류와 새로운 협력에 크나큰 장애요인이 될 수밖에 없다는 점에 주목해야 한다.

수출중심 경제국가가 대외전략에 있어 국가전략의 최우선순위에 무엇을 두어야 하는지는 분명하다. 일본의 핵심적 국가 이해관계는 대외적으로 신뢰를 기반으로 하는 지속 가능한 경제성장과 이를 위한 수출산업 육성에 있다. 산업적 인프라는 충분할지 모르지만, 향후 중국을 비롯한 동남아 신흥 개도국들과의 신뢰회복에는 정치, 경제, 사회 및 문화 환경의 부정적 요인이 잠재하고 있다.

한국경제의 핵심 이해관계는 과거 이들 두 국가의 경제 및 사회의 발전 성장전략과 결코 크게 다르지 않다. 첫째, 한국경제 역시 수출주도 제조업 경제다. 둘째, 분단체제의 안보적 위협에 노출되어 있어 여전히 일본과 같이 미국의 안보우산 아래 놓여 있다. 셋째, 한미, 한중 및 한일 외교의 새로운 패러다임 전환에서 독일의 통일 이전 외교전략과 같이 균형과 소통을 통한 주변국과의 신뢰구축이 중요하다.

일본의 '잃어버린 30년'은 한국경제에 더없이 훌륭한 반면교사다. 미래 국가 발전전략 구상에 있어서도 중요한 '실패'의 빅데이터인 셈이다. 글로벌 질서 변화에 선제적으로 대응하는 국가만 가차없이 변화하는 이 시대 생존경쟁에서 살아남을 수 있는 것이다. '아래에서 시작된 개혁'과 함께 미래 지향적 국가발전의 직관과 비전을 가진 리더에 의한 '위에서 시작된 개혁' 혹은 혼합형 개혁은 시대적 요구라는 점에 이견이 있을 수 없다.

큰 변화의 교차점에 와 있는 한국으로서 향후 10년의 정치적·경제적·사회적 변화의 조화와 균형은 새로운 세계질서 변화에 순응하기 위한 기본 전제조건이다.

안팎으로 모든 것이 변화할 준비를 하고 있거나 이미 변화하고 있다. 사회적으로 저출산, 고령화 및 노동인구 감소현상이 현저하다. 미국이 초강대국 지위를 지속적으로 유지하는 가운데 중국의 성장과 사회불안은 미래 불확실성의 지연뇌관일 수 있다. 설사 중국경제가 미국경제를 대체하는 초강대국 경제가 된다 하더라도, 글로벌 질서체계를 선도해온 경험이 일천한 중국으로서는 어쩌면 더 크고 빈번한 글로벌 경제의 불확실성을 만들어낼 수도 있다.

이 가운데 시장과 기업은 국가의 간섭과 제재에서 더 많은 독립과 자립성을 요구할 수도 있다. 새로운 기술발전이 노동생산성의 하락을 대체함으로써 기술문명이 사람중심의 인본주의적 가치를 과소평가하려는 시도 역시 불가피하다. 정부의 역할과 기능이 시대정신 변화와 함께 새로운 가치를 창출할 수 있어야 하는 이유다. 이처럼 우리는 지금까지 한국사회가 보여준 역동성을 잃지 않기 위해 급변하는 변화를 즐길 수 있어야 한다.

결론적으로, 우리가 최근 21세기 글로벌 질서 변화와 뉴노멀의 출범과 함께 일본의 메이지 유신에서 이해해야 하는 점은 크게 두 가지다.

첫째, 시대적 사조의 변화를 정확히 읽어내야 한다. 임진왜란 발발 가능성을 두고 김성일과 황윤길의 보고가 달랐고, 30여 년 후 병자호란 당시 최명길과 김상헌의 입장 차이는 단순히 두 사람의 논쟁과 이견에서 끝나지 않는다. 국가 리더의 정보 수집과 분석 및 판단은 국가 전체의 안위와 직결되어 있다. 이 같은 리더십의 실패는 주변 강대국 이해관계의 경쟁 대상이 된다. 역사는 그렇게 말하고 있다. 이는 끊없는 정치혼란, 국론분열과 국가운영의 불확실성을 초래한다.

둘째, 국가의 발전과 성장은 경제, 외교 및 교육의 세 축을 근간으로 이루어진다. 이들 세 핵심분야는 서로 독립된 변수가 아니라 국가 정책과 전략 수립의 동시변수(simultaneous variables)다. 아울러 하급 사무라이 계급이 메이지 유신을 이끌어냈다는 점에 주목해야 한다. 이들이 정확히 읽고 있었던 민심의 흐름은 국가체제의 완전한 전환을 통해 실질적 국가발전의 추동력을 창출한 배경이 된다. 이것이 바로 국민 공감대다.

국민 공감대는 상호 간 이해관계에 대한 소통과 이해를 바탕으로 한 암묵적 혹은 명시적 합의를 말한다. 갈라진 국민의 목소리로는 결코 글로벌 경쟁시대에 국가 이익을 국가 중심적으로 생각할 수 없다. 국가 이익을 결정하는 것은 국민이 뽑은 정부의 역할이다. 어느 경우에도 타국이 자국의 이익을 위해 스스로의 이익을 희생하거나 포기하는 경우는 없다. 이러한 국익의 우선순위 결정은 바로 경제, 외교 및 교육 인프라의 전략적 우위에서 나온다.

일본과 같이 자연자원이 풍부하지 않은 우리로서는 결국 인적자원 개발과 교육에 집중해야 한다. 실증과 현장경험 위주의 현실적 교육체계와 함께 사회의 질적 발전을 도모하기 위한 철학과 인문학적 교육, 빅데이터 축적에도 주목해야 한다. 경제학, 사회학 및 심리학은 인문학적 수사학의 빅데이터인 셈이다.

메이지 유신 당시 '이와쿠라 사절단'과 같은 외교와 경제의 병진 전략은 지속되어야 한다. 미국과 중국의 이해관계와 외교전략의 우선순위를 이해하고 합리적이고 효율적인 균형외교의 중심축을 만들어내야 한다. 국가 간 협력과 경쟁의 속내와 '겉내'를 제대로 이해할 때 외교전략의 균형을 이야기할 수 있게 된다.

뉴질랜드 개혁의 본질은 크게 세 가지로 요약된다. 첫째, 리더십의 직관과 비전의 중요성, 둘째, 리더십의 일관성과 추진력, 셋째, 국민 소통과 변화의 공감대다. 변화는 말처럼 쉽지 않다. 사회문화에도 '습(習)'이 존재하기 때문이다. 특히 '위에서 시작된 변화'는 자칫 국민 혹은 특정 이해관계자에게서 거센 저항을 피할 수 없다. 이를 돌파하고 설득해나가는 과정은 결국 경제적 성과와 정치적 안정으로 대응할 수밖에 없다.

불확실성 확대에 대한 우려를 잠재울 수 있는 방법은 직접적이지 않다. 1958년 마오쩌둥의 대약진운동과 1966~1976년 문화대혁명은 실패했다. '톱다운 방식' 개혁은 때로 정치적 도구로도 활용된다. '키위의 개혁'은 정권연장의 수단이 아니라 뉴질랜드 농촌개혁이 곧 경제개혁의 출발점이라는 '절실함'에서 시작되었다.

4장

뉴질랜드의 농촌개혁[14]에서 우리의 모델을 배우자

배고픈 자에게는
철학을 기대할 수 없다

―――――――― 뉴질랜드는 소규모 개방경제의 선진농업국가
다. 현대 국가개혁 가운데 뉴질랜드를 눈여겨봐야 하는 이유는 일본
의 메이지 유신과 달리 '아래에서부터의 개혁'이었다는 점이다. 뉴
질랜드 개혁은 의회민주주의를 바탕으로 정파적 이념 차이를 뛰어
넘는 일관된 개혁이었다. 정치 리더의 추진력, 일관성, 정책 투명성,
민심 개혁에 대한 정확한 목표는 변화를 성공적으로 이끌어내기 위
한 충분조건이다.

---

14 곽수종, '뉴질랜드의 경제개혁과 산업구조정책', 삼성경제연구소, 1996년 10월 연구보고서
참조.

일본 메이지 유신이 군국화를 목적으로 산업화와 신기술 습득을 내세운 반면, 뉴질랜드는 생존을 위한 변화의 불가피성을 모두가 공감하고 공유했다. '배고픈 자에게는 철학을 기대할 수 없다'는 것이다.

뉴질랜드 개혁의 성공요인을 다음과 같이 세 가지로 간단히 정리해보자.

첫째, 정치적으로 위기의식에 근거한 정부의 결단력에 있었다. 한번 결정된 정책은 추진력과 정부정책의 일관성을 통해 대국민 신뢰를 축적함으로써 노동당 및 국민당의 개혁정책은 그 자체가 정파의 이해관계를 떠나 뉴질랜드의 확고한 미래 비전이 되었다. 이는 정치와 국민 간에 신뢰의 연결고리를 더욱 강화시키는 선순환 구조를 낳는다.

둘째, 사회적 관점에서 뉴질랜드 국민의 실용주의 성향이다. 이러한 실용주의 정신은 개혁의지와 공감대 형성과정에서 전통적인 근검절약 정신으로 전환되었고, 엘리트 집단의 역할 또한 통합과 소통의 기본원리에 입각한 실천력을 보여주었다.

셋째, 경제적 측면에서 소규모 개방경제의 입지를 강화하는 데 성공했다. 시장개방과 자유무역이라는 '신자유주의 경제정책'이 글로벌 추세였다는 점에서 뉴질랜드는 경제발전 정책의 지향점과 좌표를 찍는 과감한 도전을 받아들였다. 아울러 중장기적 긴축재정정책을 통한 국가부채 축소, 통화정책을 통한 물가안정으로 국민의 기본 생활 물가를 잡았고, 산업구조를 과감히 개혁해 농촌국가인 뉴질랜

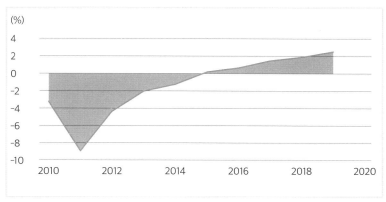

ㅣ 뉴질랜드 GDP 대비 재정수지 변화 추세 ㅣ

자료: Tradingeconomis.com, 뉴질랜드 재무부

드에서 관광과 문화를 통한 서비스업 시장경제 구조로 전환하는 데 성공했다.

뉴질랜드는 1980년대 중반 이후 개혁조치에 따라 고성장, 재정수지 흑자 전환, 소비자 물가안정 및 저실업률이라는 거시경제 지표를 달성하게 되었다. 본원통화량 공급조절을 통해 소비자 물가가 1992년부터 1994년까지 0~2%대로 안정되었다. 산업구조 역시 제조업과 건설업 부문이 급성장함으로써 고용이 창출되고, 실업률은 1990년대 초반 10%대에서 1995년 6.3%대로 개선되는 모습을 보였다.

아울러 총 외채 규모 역시 1994년 6월 말 기준 GDP의 84.74%에서 1995년 6월 말 기준 76.7%로 크게 감소하면서 안정적 재정정책이 국가의 경제정책 운용 폭을 확대하는 데 일조했다. 참고로 뉴

질랜드 정부의 재정은 2019년 6월 말 기준 GDP 대비 2.5% 흑자
기조다. 그러나 2020년 팬데믹은 뉴질랜드 역시 비껴가지 않았다.
2020년 경기부양을 위한 재정지출 확대로 뉴질랜드의 재정수지는
GDP 대비 -7.5%로 급락했다.

뉴질랜드 개혁의
역사적 배경

——————— 뉴질랜드 개혁은 첫째, 경제성장의 둔화, 둘째,
사회계층 간 갈등 악화, 셋째, 국가비상법 발동 등의 순서로 진행되
었다. 뉴질랜드는 농축산물 수출이 총 수출액의 60% 이상을 차지하
는 선진농업경제로서 1983년 기준 GDP 규모는 미국의 0.69%, 영
국의 5.1%, 호주의 14.3% 수준이었다. 1983년 기준 GDP 대비 무
역의존도가 63.1%로 나타나 전형적인 농축산물 중심 농업무역국가
라 할 수 있었다.

이런 산업구조는 글로벌 경제환경 변화에 매우 취약하다. 원자재
가격이 상승하고 수입기기 가격이 급등하게 되면, 제조업이 취약하
기 때문에 농축산 농가에서는 수입원가 상승에 따라 심각한 타격을
입게 된다. 아울러 환율약세에 따라 수출가격이 하락하면 추가적인
손실이 불가피하다.

한편 1983년 기준 뉴질랜드 인구는 약 320만 명이며, 이는 우리

나라의 부산광역시 인구 규모였다. 이런 인구구조가 제조업 발전에 제약조건이 되며, 농축산물 가공 위주의 제조업은 그 규모 자체도 영세한 상태여서 국제경쟁력 면에서도 매우 초라한 상황이었다. 고용구조 역시 전체 고용인구의 55%가 3차 서비스업에 종사하는 구조이며, 1차 산업과 3차 산업의 양 끝단 고용이 제조업 고용보다 월등히 많은 왜곡된 구조를 보이고 있었다.

1960~1970년대의 뉴질랜드 경제는 세계 보호무역주의와 오일쇼크의 영향으로 성장둔화 시기를 거친다. 1958년에 유럽 6개 국가가 유럽공동시장(CM; Common Market)을 발족하면서 뉴질랜드는 1960년대에 유럽 내 농축산 국가들과 경쟁하며 시장개척에 어려움을 겪기도 했다.

1970년대에는 앞서 지적한 대로 모두 세 차례에 걸쳐 경기침체를 경험한다. 1973년 5월 OECD에 가입하자마자 곧바로 경제지표가 악화되었고, 세계 농산물 시장의 불안으로 농업투자와 생산증가를 위한 투자가 감소했으며, 수입 대체산업 보호와 고관세정책 등으로 농업은 물론 제조업 자립과 성장을 저해하는 보호주의 무역정책을 강화했다.

아울러 1980~1983년 2차 오일쇼크 기간에는 단기위주 경기부양책의 실패로 생산과 소비의 불규칙한 변동이 지속되는 스태그플레이션이 발생하기도 했다. 성장은 둔화하는데 물가는 연평균 10%를 상회하는 상황이었다. 경기둔화는 곧바로 사회계층 간 갈등과 관료주의의 부정부패라는 역풍을 만들어냈다. 완전고용정책을 최우선하는 정부가 수입면허나 보호관세 등을 통해 유치산업인 뉴질랜드의 제조업을 보호한 결과 국제경쟁력은 더욱 약화되었고, 자원배분 효율성이 떨어지면서 효율적인 제조업 자립과 성장이 악화하는 악순환의 고리가 만들어진 것이다.

뉴질랜드의 경제개혁은 정치적으로나 경제적으로 더는 배수진을 치지 않으면 안 되는 상황까지 몰린 이후에 벌어진 일이다. 1982년 뉴질랜드 경제는 약 −0.7%에 이르는 마이너스 성장을 보이면서 급격한 하향세를 탔다. 1981년 통화 및 재정 확대정책으로 회복세를 보이다가 1982년 소비자 물가가 17%로 급등하면서 긴급 통화긴축정책을 통해 갈팡질팡하는 리더십이 경제위기를 더욱 키우는 꼴이 되었다.

물가가 뛰고 성장이 멈추면 스태그플레이션이다. 재정팽창을 통한 경기부양 후유증과 함께 대외수지 적자가 크게 늘어나면서 유동성의 급증이 물가를 뛰게 한다. 이를 다시 조정하기 위한 단기적 재정 및 통화 긴축은 경기침체를 탈출시키기는커녕 연평균 15~20%에 이르는 고인플레이션과 7%대의 높은 실업률을 지속시키는 악순환을 되풀이하게 할 뿐이다. 이에 따르는 당연한 결과로 사회갈등, 농촌 보조금 지급과 관련한 공무원 조직의 부패가 만연하면서 뉴질랜드는 '살찐 고양이(Fat Cats)' 경제로 치달았다.

노동당의
경제개혁

───────── 1984년부터 1990년까지 노동당의 경제개혁
은 크게 네 가지 정책입안으로 나타났다. 첫째, 농촌개혁(1984), 둘째,
자본시장 개방(1984), 셋째, 국영기업 민영화(1986), 넷째, 준비은행법
(1991) 입법화로 요약된다.

이어 1991년 이후 국민당의 경제개혁은 고용계약법(1991)과 재
정책임법(1994)으로 이어졌다. 이 가운데 전통적인 농업경제로서 뉴
질랜드 정부가 지급하던 농촌보조금은 1987년 폐지되었다. 아울러
정부 재정에 커다란 압박요인이던 사회보장제도를 축소했으며, 조
세제도 역시 1986년 개혁되었다.

먼저 농촌개혁의 일환으로, 전통적으로 국민당 지지층인 농촌지
역에 대해 1984년 첫 예산에서 '비료 및 제초 보조금' '관개수리 보
조금'을 폐지했고, 농촌은행(Rural Bank) 금리를 시장금리 수준으로
점진적으로 인상하는 것을 골자로 하는 농촌개혁을 시작했다.

둘째, 거시경제 정책 가운데 만성적 재정적자를 타파하기 위해 정
부지출 억제와 세수확대 정책에 초점을 두었다. 정부의 회계제도를
발생주의식으로 전환해 경제개혁의 실질적 성과와 정부 재정수지의
균형관리를 투명하게 볼 수 있도록 했다. 단기위주의 재정 및 통화
팽창정책이 고물가는 물론이고 대외 경상수지 악화로 이어진다는
점에서 1994년 '재정책임법'을 제정해 재정정책 실행을 더 용의주

도하게 수정하기 시작했다. 당시 뉴질랜드 정부는 1999년 GDP 대비 8% 흑자 달성을 재정 목표로 설정했고, 2년 앞서 흑자재정으로 전환하는 성공적 결과를 가져왔다.

셋째, 노동당 정부의 자본시장에 대한 이해는 아주 단순했다. 즉 수출증대 노력을 통한 외화수익보다 자본유입이 더 간편하고 경제성장에 효과적이라는 판단하에 자본유입을 적극적으로 장려했다. 마침 1987년 미 증시의 '검은 월요일' 여파가 뉴질랜드 증시에까지 미치면서 뉴질랜드 증시도 붕괴했다. 노동당 정부가 금융과 자본시장에서 환위험과 같은 자본유입에 따른 부차적 부작용을 간과한 게 사실이다.

금융기관별 일정비율에 따라 국공채 매입 의무조건을 폐지하면서 자산운용의 전면 자유화가 가져온 결과는 너무나도 참혹했다. 따라서 1989년 중앙은행법을 제정해 중앙은행의 독립성을 보장하되 물가안정을 핵심목표로 설정했다. 시장을 개방하자 대외채무가 급격히 증가했다. 자본유입 자체가 곧 외채라는 점을 노동당은 간과한 것이다. 특히 세계경제가 침체기일 때 국제금리는 급등하고, 각 기업과 정부 역시 배당금 지급과 국가채무에 대한 이자납부가 여유롭지 못하다는 사실은 1997년 아시아 외환위기에서도 직접 경험한 바 있다.

넷째, 산업구조 조정정책은 매우 진보적이었다. 규제를 폐지하고, 보호무역정책을 버리고, 시장을 완전히 개방했다. 국영기업의 민영화 추진과 외국인 직접투자를 유치하고, 노동시장 유연성 제고를 위해 고용정책을 크게 개선한 것이다. 하지만 1987년부터 1990년까

Ⅰ 1978년 이후 30년간 뉴질랜드 노동생산성 및 개혁의 성공 변화 Ⅰ

자료: 뉴질랜드 통계, ANZ

주: 1978년(기준년도)=1000

지 운송산업 민영화, 국영기업 외국기업 매각, 외국인 국내주식 소유제한 폐지 등 각종 규제를 철폐함으로써 외국기업의 투자가 활발해졌다.

특히 풍부한 에너지 자원을 개발해 석유화학 및 임업 관련 분야에 대규모 투자를 추진하면서 성장기반을 구축하고 경제체질을 개선한다는 노력의 일환으로 제철·제련·비료 공장, 보험사 등에 대한 민영화를 대대적으로 시작했다.

다섯째, 노동시장 유연성을 강화하기 위해 노동시장에 임금결정 기능을 맡기게 된다. 예를 들어 균형임금을 위해 1987년 '노사관계법(Labor Relations Act)'을 제정하고 종전 정부주도 임금교섭을 기업과 산별 임금협상체제로 전환했다.

1991년에는 '고용계약법(ECA: Employment Contracts Acts)'을 제정하고 종전 노조 의무가입제도를 임의가입제도로 전환해 복수노조 설립을 허용했다. 노조 파업은 근로계약 만료 후 단 한 차례만 허용하고 정부 개입에 의한 임금교섭을 중단함에 따라 전체 고용자 중 노조가입 비율이 1991년부터 1993년까지 45%에서 30%로 감소하는 현상을 보였다.

뉴질랜드의
개혁과 리더십

──────────── 뉴질랜드의 개혁은 강력한 정치적 리더십을 바탕으로 한 '위에서 시작된 개혁'이 아니라, 의회 민주정치를 바탕으로 민의를 수렴하는 '아래에서 시작된 개혁'이었다.

먼저 노동당 정부에서 농촌개혁에 이어 자본시장 개방, 국영기업 민영화 등을 추진하자 곧바로 구조적 실업이 발생하면서 민심이 크게 동요하기 시작했다. 민심이 흉흉하면 같은 개혁 그룹 내에서도 의견이 분분해진다. 개혁 속도와 범위에 대한 의견대립으로 노동당 내분이 발생하기는 했지만, 뉴질랜드 개혁의 성공요인은 정치적 인기에 영합하지 않는 개혁의 당초 본질적 가치를 지속적으로 추진했다는 점에 있다.

뉴질랜드의 경제발전 과정에서 이들 두 당이 보여준 결단력과 실행력, 리더십은 다음과 같이 재평가되고 있다.

첫째, 정치적 대응은 매우 합리적이고 실용적이었다. '위에서 시작된 강한 개혁'이 아니었으므로 경제주체의 자율적 경제위기 관리능력을 배양하는 방향으로 의사결정이 진행되었다. 이는 의회 민주정치와 책임정치의 장점으로 주목받는다.

둘째, 개혁의 우선순위와 속도에 이견이 있을 수 있지만, 개혁 본연의 필요성에 대해서는 정파적 이념과 가치를 떠나 뉴질랜드 국가 이해관계에 모두 동의하는 상황이었다. 변화 없이는 뉴질랜드가 더는 존재할 수 없다는 위기감이 그랬다.

셋째, 두 정당 모두 개혁에 따른 정치적 희생을 감수했다. 정치적 인기에 연연하기보다 실질적 개혁을 통해 더 큰 정치를 구현하고자 했다.

넷째, 농산부와 재무부 장관의 부침이 컸지만 소신 있는 책임정치를 추구했다. 공무원은 정책수행에 필요한 권한과 독립성을 부여받고, 그에 합당한 결과를 도출하지 못했을 경우는 책임을 지는 정부 개혁의지의 투명성을 강화했다.

그 결과, 개혁은 대성공이었다. 1984년 농촌개혁을 필두로 뉴질랜드는 10년 만인 1994년 6.3% 고성장을 구현했다. 국가 총생산의 증가는 가계, 기업, 정부의 소득증대를 의미한다. 성공요인은 크게 정치적, 사회적, 경제적으로 나눠볼 수 있다.

먼저 정치적으로 살펴보면, 정부의 결단력과 추진력이 실질적 개혁을 가능케 했다. 그 효과는 사회 전반에 고루 퍼질 수 있도록 배려함으로써 개혁의 추진동력, 즉 민심의 지지를 유도해내는 데 성공했기에 얻을 수 있었다.

사회적으로는 개혁목표에 대한 선명성, 일관성 및 투명성을 강화했다. 정책의 투명성은 국민에 대한 신뢰 회복과 구축에 민감한 변수다.

경제적으로는 정부 정보를 공개하고 대민교류를 활발히 하는 등 적극적으로 소통함으로써 뉴질랜드의 개혁목표를 정확히 공유했다.

뉴질랜드 개혁이
우리에게 주는 교훈

──────────── '배고픈 자에게 철학을 기대할 수 없다'고 하지만, 그 반대도 성립한다. 즉 '배가 고파야 철학이 나온다'는 것이다. 1997년 외환위기 이후 과연 한국경제는 배가 고팠는가? 현재 우리가 예상할 수 있는 불확실한 다섯 가지 미래의 변화가 있다.

첫째, 향후 우리 경제의 잠재성장률은 어떻게 될 것인가? 대부분 전문가의 견해는 2% 밑으로 떨어진다는 것이다. 잠재성장률은 우리가 지닌 노동과 자본을 모두 투입했을 때 성장 가능한 수준이다. 초고령화 사회에서 기술과 자본의 비중 확대는 양극화의 단초가 된다. 잠재성장률 하락으로 더 많은 자본과 기술이 노동을 대체할수록 양극화는 악화한다.

둘째, IT와 AI 등 디지털 정보통신 기술과 바이오 기술은 어디까지 변할 것인가?

셋째, 팬데믹 이후 적극적인 투자활동을 벌이고 있는 미국의 로빈후드, 우리나라의 동학 및 서학 개미, 기업인수목적회사(SPAC; Special Purpose Acquisition Company) 등의 참여는 자본시장을 어떻게 변화시킬 것인가?

넷째, 미 바이든 대통령이 강조하는 기후변화 문제는 얼마나 심각해질 것인가?

다섯째, 인류는 무엇을 하고 있을까? 모든 것이 기계중심 사회로 급속한 변화가 일어나는 과정에서 사람의 역할과 기능, 개인과 가족의 삶과 행복에 대한 정의는 어떻게 변화할 것인가?

이와 같은 미래 사회의 불확실성은 현대 경제질서의 모순에 기반을 두고 있다. 예컨대 기축통화제도와 미국 달러화의 위상변화, 금융산업 비중 확대, 탐욕으로 대변되는 정부, 기업, 가계 등 경제주체의 무차별적인 도덕적 해이가 그것이다.

1980년대 중반 이후 선진국들은 신자본주의 산업에 정책목표를 두기 시작했다. 정부도 채권을 발행하면서 금융산업에 뛰어들었다. 국영기업 민영화와 신자유주의 정책은 모든 경제주체가 '이윤추구'에 집중하게 만들었다. 농업은 주요 선진국의 핵심 이해관계와는 거리가 멀었다. 뉴질랜드는 제조업 기반이 약하다. 대부분 수입에 의존하고, 일부 내수용 제조업은 유치산업 보호정책에 따라 기업 경쟁력은 다분히 온실 속에서 보호되는 구조가 고착화해 있었다.

1982년 이철희·장영자 어음사기 사건이 있었다. 정치권력 유착형 사기사건으로는 역대 최대 규모였다. 이를 계기로 당시 금융실명제 도입이 제기되었다. 1982년 7월 실명자산 소득에 대한 종합과세제도 실시, 즉 7·3조치가 발표되었고, 5개월 후인 1982년 12월 금융실명거래에 관한 법률이 제정되었다. 하지만 금융실명화율은 60%에 불과할 정도로 비실명 관행의 뿌리는 깊었고, 전산 및 세무행정의 처리능력 등 실명제 실시에 필요한 인프라는 턱없이 부족했다.

당시 한국경제는 2차 오일쇼크와 경상수지 적자 등으로 저성장의 불황을 벗어나지 못하고 있었다. 결국 금융실명거래 의무를 부과하는 조항이 유보되면서 유야무야되고 말았다. 한편 1988년 10월, 노태우 정부는 '경제의 안정성장과 선진 화합경제 추진대책'과 함께 1991년 1월부터 금융실명제를 전면 실시할 것을 또 한 번 예고했지만, 1989년 하반기 이후 경제성장률 둔화, 국제수지 악화, 증시 침체, 부동산 투기 조짐 재현 등으로 경제위기론이 제기되면서 금융실명제는 또 유보되었다.

마침내 1993년 8월 12일 20시를 기해 김영삼 정부가 대통령 긴급명령 형식으로 금융실명제를 전격 실시했다. 뉴질랜드의 전격적인 국내시장 개방과 수입자유화 등 농촌개혁과 유사하다. 후속 조치로 세제개혁과 1995년 소득세법 개정, 실명거래 의무화로 인해 이자·배당 소득에 대한 종합과세, 주식양도 차익에 대한 종합과세를 단계적으로 분리해 실시한 바 있다.

김영삼 정부는 우리 경제 초유의 1997년 외환금융위기와 IMF 구제금융 신청이라는 불명예스러운 결과를 낳았다. 정권 초 90%대까지 육박하던 대통령에 대한 국민의 지지는 임기 말에는 8.4%, 한 자릿수로 전락했다. 6공화국 문민정부를 상징하는 단어는 '개혁'이었다. 하지만 6공화국이 내세운 개혁은 국가 전반에 걸친 사회 인프라와 제도 개혁과는 거리가 멀었다. 인기영합주의라 할 만큼 즉흥적인 개혁이 정권 초기부터 시작되었다.

준비된 개혁이었지만 1994년 성수대교 붕괴, 1995년 삼풍백화점 붕괴 등 1960년대 이후 노후화한 사회 인프라와 이를 지탱해온 왜곡된 기업가 정신의 개혁이 선행되지 못한 데서 실패하고 말았다. 결국 1997년 1월 한보철강이 부도를 맞았고, 대통령의 차남이 뇌물 수수 비리와 권력남용으로 구속되면서 12월 외환위기 사태까지 터졌다. 1997년 외환위기를 단순히 한 시대로 끊어보기만 해도 될까. 모든 사회, 정치, 경제적 변화와 개혁의 결과는 그렇지 않다. 연속성을 갖고 항상 철저한 인과관계의 자연법칙을 따른다.

당시 필자는 대학교 교수로 처음 임용되었다. 불과 10개월 후 가르치던 학생들이 하나둘씩 교실에서 사라지는 모습을 보았다. 가족 간에 원치 않는 이별을 하는 경우도 있었다. 오늘날 그들은 40대 후반 혹은 50대 초반이다. 정치적 견해는 진보 성향을 띠는 경우가 다수일 거라고 본다. 그들이 경험했던 구시대적 제도와 정책의 부정의함과 불공정함은 이들 세대에게 커다란 가슴속 응어리로 남았다.

중국에서 1958년부터 1960년 초 사이에 일어난 대약진운동과

1966년부터 1976년까지 10년간 일어난 마오쩌둥의 문화혁명은 중국의 60대 이후 세대에게 어떤 현실적 트라우마를 남겼을까. 중국 덩샤오핑의 1980년대 도광양회(韜光養晦)로 불리는 대외정책 기조와 2003년 후진타오의 화평굴기(和平崛起)는 이후 세대와 이전 세대 간, 국가발전과 개인 이해관계 간에 새로운 최대공약수로 무엇을 찾았을까?

개혁이나 혁명은 때때로 개인의 정치적 권력과 관련된 이해관계 차원에서 정치적 불확실성을 돌파하는 도구로도 사용된다. 하지만 진정한 의미에서 국가개혁과 혁신은 개인 또는 특정 이해집단과 기관의 이해관계와 분명한 차이를 보인다. 개혁 주체의 고민은 여기에 있다. 국가와 국민을 두고 과연 누가 주(主)가 되고, 누가 부(副)가 될 것인가?

국익은 늘 국민의 이해관계와 일치하지 않는다. 역사의 동일선상에서 볼 때, 어쩌면 이 둘은 늘 이해상반의 갈등을 담고 있다. 겉으로는 국민의 행복을 위한 것이 개혁의 명분이 되지만, 속내는 개혁의 주체나 일부가 운영하는 국가의 이해관계를 내세운 특정 집단의 이해관계를 목적으로 할 가능성도 잠재한다.

국가의 개혁과 변화는 국민의 행복과 국민의 이해관계를 우선해야 한다. 국민 모두 동등한 인격체로서 국가로부터 평등하고 공정한 대우를 받고 각자의 권리를 추구할 수 있어야 한다는 가치철학이 이를 뒷받침해야 한다. 어차피 개혁 혹은 변화가 누구를 위한 것인가라는 '변화의 진실' 문제는 역사의 긴 호흡속에 드러날 수밖에 없다.